내셔널리즘의 역설

상상의 공동체에서
오타쿠까지

＊일러두기

1. 원서에는 '내셔널리즘', '울트라 내셔널리즘', '내셔널리스트', '울트라 내셔널리스트'라는 용어가 등장한다. 내셔널리즘은 번역 없이 그대로 내셔널리즘이라고 표기하였으며, '울트라 내셔널리즘'은 '초국가주의'로, '내셔널리스트'는 문맥을 고려하여 '민족주의자', '국가주의자', '국수주의자'로, '울트라 내셔널리스트'는 '초국가주의자'로 옮겼다.
2. 주요 개념어의 경우, 일본과 한국에서 사용하는 용어에는 상당한 차이가 있다. 따라서 한국어판은 한국에서 사용되는 용어로 번역했다. 단 저자의 의도가 역자의 개입에 의해 제대로 전달되지 못할 위험을 방지하기 위해서 일부는 일본어 표현을 그대로 사용했으며 해당 언어 뒤에 한자, 혹은 일본어와 영어를 병기하였다.
3. 각주에는 '저자 주'와 '역자 주'가 있다. 역자 주의 경우는 주 옆에 '역자 주'라고 표기하였다.
4. 저자가 강조한 대목은 권점을 찍어 표기했다.
5. 저자가 인용한 책이나 글이 한국어로 번역된 경우, 독자가 참조할 수 있도록 '[ ]' 안에 한국어판 제목도 병기하였다.
6. 단행본, 전집, 정기간행물에는 겹낫표(『 』)를 그리고 논문, 에세이, 단편, 강연, 드라마, 영화 등의 영상물에는 홑낫표(「 」)를 사용했다.
7. 이 책에 실려 있는 그림과 사진은 원서에는 없는 것으로, 독자의 이해를 돕기 위하여 실은 것이다. 그림 및 사진에 대한 출전도 함께 표기하였다.

내셔널리즘의 역설

상상의 공동체에서
오타쿠까지

오사와 마사치(大澤真幸) 지음
김선화 옮김

어문학사

일본어판 서문

2011년 3월 11일에 도호쿠東北 지방의 태평양 연안을 덮친 동일본 대지진과 잇달아 발생한 도쿄전력 후쿠시마 제1원자력 발전소 사고, 일본 근대사에 큰 전기轉機를 마련한 이 사건들은 내셔널리즘과 일본의 내셔널리즘에 대해서 많은 것을 생각하게 한다. 내셔널리즘이란 무엇인가? 그것은 좋은 것인가, 나쁜 것인가? 그것은 어떤 점에서 좋고, 어떤 점에서 나쁜가?

예를 들어 일본인은 지진과 원자력 발전소 사고 직후부터, '힘내자! 일본'이나 '일본을 믿는다'고 자신을 설득시켜 왔으며, 또한 다른 나라 사람들로부터 '힘내라, 일본!'이라고 응원받아 왔다. 즉 재해를 '일본(인)'이라는 틀에서 해석하여 자신을 분발하게 하고, 타자에게 호의를 받아왔던 것이다. 확실히 이러한 해석은 '일본인'에게 용기와 기쁨을 가져다 주었다. 이러한 체험은 국민nation과 내셔널리즘은 좋은 것이라고 실감하게 한다.

다른 한편으로 내셔널리즘은 친구에게만 우선적으로 애착과 연대감을 느끼는 감정으로, 편협하고 차별적인 부분을 지니며 외부 사람들에게 배타적·억압적으로 작용한다고 비판한 논자도 있다.

실제로 이러한 비판을 뒷받침하는 사실 역시 역사에 많이 존재한다. 그중에서도 가장 두드러지는 예는 제2차 세계대전의 일환이 된 일본의 아시아 침략 전쟁과 미국과의 전쟁이었다.

그렇다면 내셔널리즘이 없었다면 어떠했을까? 내셔널리즘으로서 개념화될 수 있는 태도와 감정을 우리가 가지고 있지 않았다면 어떠했을까? 그때도 많은 '일본인'이, 도호쿠 지방 외부의 지진과 쓰나미 피해를 직접 겪지 않았던 '일본인'이 도호쿠 지방의 피해자들을 깊이 동정하고 그들을 도와주고자 행동했을까? 혹은 내셔널리즘이 없었다면 지진과 쓰나미 피해는 '남의 일'처럼 되어, 현재 발휘되고 있는 강한 연대의 감정은 도호쿠 지방 외부에서는 치솟지 않았을까?

하지만 동일본 대지진과 원자력 발전소 사고에 대해서는 여러 나라 사람들도 함께 걱정하고 부랴부랴 지원을 보내주지 않았는가? 그렇다고 한다면, 반대로 내셔널리즘이 없으면 혹은 내이션을 구획하는 정치적·심리적인 경계선이 없다면 우리는 더 넓게, 더 깊게 타자의 고통에 공감하고 서로가 함께 도울 수 있게 될까? 생각해 보면 동일본 대지진에 필적하는 곤란과 불행은 세계 도처에 존재함에도 불구하고, 더욱이 '우리(일본인)'는 그것을 알고 있으면서도, 이번 지진만큼 깊이 동정하지 않았고 지원 활동도 하지 않았다. 그것은 왜 그러할까? 내셔널리즘과 국민으로의 귀속 의식이 그러한 타자로의 깊은 공감을 방해하고 있었던 것일까?

요컨대, 내셔널리즘은 보편적인 연대에 대하여 긍정적(적극적)인 것일까, 부정적(소극적)인 것일까? 지진과 원자력 사고는 내셔널리즘에 대한 반성을 자극하지 않을 수 없다. 내셔널리즘이 있었기 때문에 직접 피해를 입지 않았던 사람까지도 지원 활동을 했다고 추측할 수도 있다. 반대로 내셔널리즘 때문에 친구의 곤란과 그 외부의 곤란을 구별하여 전자만 배려하게 되었다고 추측할 수도 있다. 나아가 내셔널리즘에 규정된 친구 의식은 내부의 동료만이 아니라 역설적으로 외부의 타자에 대한 감수성도 높일 가능성도 있다.

*

필자는 본문(제5장) 안에서 일본인의 사회의식을 포괄적으로 파악하기 위해 한 대규모 사회 조사를 인용하고 있다. 이 조사에 사용된 설문지에는 내셔널리즘과 관련된 두 가지 계열의 물음이 포함되어 있다. 하나는 일본에 대한 애착 정도를 파악하는 질문군이며, 다른 하나는 일본인으로서의 자부심 정도를 밝히는 질문군이다. 두 가지 모두 내셔널리즘으로서 개념화된 감정이지만, 흥미로운 것은 조사 결과로부터 판단하는 한 이 둘은 전혀 다른 행동을 나타낸다는 점이다. 즉 '자국에 대한 애착'과 '자국에 대한 자부심'은 '같은 것'도 아니고 '매우 닮은 것'도 **아닌 것이다**.

가령 집안에 대한 애착이 강한 사람은 어쩔 수 없이 외부의 타자에 대해 상대적으로 무관심해지며, 경우에 따라서는 외부의 타자를 미워하는 일도 있다는 통념이 있다. 집안에 대한 애착은 그 바깥에 있는 사람에 대한 애정을 감소시키는 것이다. 하지만 적어도 이 조사는 이러한 통념을 부정하고 있다. 즉 일본에 대한 강한 애착을 표명하고 있는 자일수록 외국과의 교류에 적극적이고, 외국인과 친구가 되고 싶다든지 곤란에 처한 외국인을 돕고 싶어 하는 감정도 강하다.

그에 반해, 일본인으로서의 자부심이 강한 사람은 외국과의 교류를 반대하는 태도를 보인다. 무엇 때문인지 일본인으로서 큰 자부심을 표명하는 자는 외국인과 친구가 되고 싶어하는 감정이 상대적으로 약하고, 외국 지원 활동에 소극적인 경향이 있다. '외국의 타자에 대한 태도'를 지표로 할 때, '일본에 대한 애착'과 '일본인으로서의 자부심'은 다른 것이라는 것이 명백해졌다.

이 조사가 보여주는 것은 내셔널리즘은 다양한 계기의 복합체이며, 각각의 계기는 상이한 행동과 태도로서 나타난다는 것이다. 도호쿠 대지진과 원자력 사고는 내셔널리즘 안에 배태된 이러한 다양한 가능성을 학자의 사변 속에서뿐만 아니라 우리들이 살아 온 실천 속에서 실감하고 반성하게 한 것이다.

*

필자는 2007년에 고단샤講談社 출판사로부터 내셔널리즘을 이론적·일반적으로 고찰한 책 『내셔널리즘의 유래ナショナリズムの由来』를 출간했다. 물론 필자의 탐구 목표 중 하나는 자기 자신의 내셔널리즘, 즉 일본의 내셔널리즘이었다. 이 책에는 『내셔널리즘의 유래』와 동시에 혹은 그 후에 집필한 일본의 내셔널리즘을 주제로 한 논문을 수록했다. 이 책이 지진과 원자력 발전소 사고가 촉발시킨 내셔널리즘에 관한 논의를 더욱더 심화시키는 재료가 되기를 소망한다.

여기에서 각 논문이 쓰인 문맥과 내용에 대해 아주 간단하게 언급해 둔다. 제1장에서는 일본의 내셔널리즘이라기보다 내셔널리즘 일반론을 논하고 있다. 내셔널리즘이 어떠한 의미에서 근대적인 현상인가, 내셔널리즘의 어디에 수수께끼의 핵심이 있는지 밝히고 있다. 이것은 원래 강상중 씨와 함께 편집한 『내셔널리즘론·입문ナショナリズム論·入門』(有斐閣, 2009년)의 서장으로서 썼던 것으로, 『내셔널리즘의 유래』 제1부 전반부의 요약으로서 의미를 지니고 있다.

제2장은 대만의 중앙연구원에서 개최된 콘퍼런스에서 발표된 영어 논문을 이마다 가쓰노리今田勝規 군(교토대학 인간·환경학 연구과 박사과정)이 번역해준 것으로, 『라치오ラチオ』 3호(2007년)에 게재되었다. 주제는 메이지 시대에 탄생한 일본의 내셔널리즘이 어떠한 메커니즘에 의해 쇼와 초기의 초국가주의로 전회했는가에 대한 것이다. 영어판은 *The Dignity of Nations : Equality, Competition, and Honor in East Asian Nationalism*(Sechin Y.S.Chien and John Fitzgerald eds., Hong Kong University Press, 2006)에 수록되어 있다(단, 매우 압축되어 있다).

제3장은 이른바 '야스쿠니 신사 문제'를 주제로 하여 역사에 대해 고찰한 것이다. 최초에 게재된 잡지는 『라치오』 1호(2006년)이다. 역사에 대한 지적 관심은 내셔널리즘과 깊게 결부되어 있다. 세계 모든 국가에서 내셔널리즘의 부흥과 함께 역사학의 지위가 상승한다. 내셔널리즘이 없었다면 역사학이 이렇게 중요한 학문이 되는 일은 없었을 것이다. '역사'라는 지적 탐구의 구조를 묻는 것은 동시에 내셔널리즘을 묻는 것이기도 하다.

제4장은 일본 민속학의 거장인 두 사람, 야나기타 구니오柳田国男

와 오리쿠치 시노부折口信夫를 비교한 논문으로, 첫 발표는 『국문학 해석과 감상国文学解釈と鑑賞』 2007년 12월호이다. 야나기타도 오리쿠치도 일본의 전통적인 민속을 탐구해온 학자로서 일본의 패전에 대해 민족주의자적인 사명감을 지닌 대응을 취하고 있다. 하지만 두 사람의 구상은 대조적이며 그 대조는 두 사람의 민속학에 대한 기본적인 상이함을 반영하고 있다. 두 사람의 차이는 내셔널리즘이 배태하는 다양성을 반영하고 있다.

제5장은 2007년 6월에 개최된 관동사회학회 심포지엄을 위해 준비한 원고를 고쳐 쓴 것이다. 심포지엄의 주제는 '현대 일본 젊은이들의 보수화'였다. 여기에서는 포스트모던의 내셔널리즘, '불가능성의 시대'의 내셔널리즘, 내셔널리즘을 상대화하는 내셔널리즘을 다룬다.

*

이 책을 만들면서 감사의 인사를 드려야 하는 분이 너무도 많다.

우선 제1장의 논문을 집필하는 계기가 된 『내셔널리즘론·입문』을 함께 엮어주신 강상중 씨께 감사의 말씀을 전한다. 돌이켜보면, 강 선생과 처음으로 직접 이야기를 나눈 것은 거의 20년 전 세 사람이 함께한 회담 —고故 히로마쓰 와타루廣松渉 선생을 포함한 회담—에서이며, 그때의 주제도 내셔널리즘이었다. 『내셔널리즘론·입문』을 함께 편집하면서 다시금 강 선생의 위대함과 학문적 견식의 깊이에 감복했다.

제2장의 영어 논문을 일본어로 옮겨준 이마다 가쓰노리 군에게도 매우 감사한다. 이마다 군은 교토대학 인간·환경학 연구과의 박사과정에 재적하여 현재 박사 논문을 준비하고 있다. 이 논문은 영어 실력은 물론이고 사회학적인 이론을 깊이 이해하고 있는 사람이 아니고서는 안심하고 번역을 부탁하는 것이 불가능하다. 이마다 군은 기대에 잘 부응해 주었다.

또한 제5장의 원고를 준비하는 과정에서는 20대 젊은 친구들의 조언이 많은 도움이 되었다. 한 명씩 이름을 거론하지는 못하지만 이 사실은 명기해 두고 싶다. 나아가 발표의 장이 된 관동사회학회 심포지엄을 준비해 주신 분들께도 감사의 말씀을 드리고 싶다. 특히 기획의 중심이 되고 심포지엄에서는 사회를 맡아 주신 오쿠무라 다카시奥村隆(릿쿄 대학), 고이도 아키히로小井土彰宏(히토쓰바시 대학), 두 분은 이 논문의 산파와도 같으신 분이다.

마지막으로 고단샤 학예국의 우에다 데쓰유키上田哲之 씨이다. 우에다 씨는 『내셔널리즘의 유래』도 담당해 주셨으며, 이 책의 제2장, 제3장에 나온 논문을 잡지에 게재할 때에도 도움을 주셨다. 겸손하면서도 매우 엄격한 눈으로 집필자를 지켜보는 분이 우에다 씨이다. 하고 싶은 기분이 들도록 만드는 불가사의한 힘을 가진 편집자라고 생각한다. 우에다 씨께 감사의 말을 전한다.

2011년 5월 26일

오사와 마사치

한국어판 서문

한국의 독자들에게

저의 책이 번역을 통해 한국 독자와 만날 수 있게 된 점을 매우 기쁘게 생각합니다. 일반적으로 학자는 자신의 연구 성과가 좀 더 많은 사람에게 알려지기를 희망하고 있습니다. 그렇기에 자신의 저서가 번역되는 것에 대해 기쁨을 느끼는 일은 매우 당연하다고 생각될지도 모르겠습니다. 하지만 이 책의 한국어 번역에 관해서는 이러한 일반적인 이유에서 오는 감격과는 다른 기쁨이 있습니다.

이 책에서 저는 내셔널리즘, 특히 일본의 근현대 내셔널리즘에 대해 논했습니다. 이러한 주제를 다룬 저작이 한국에서 간행되는 것에는 특별한 의미가 있습니다. 이것이 제가 이 책의 한국어판 간행을 무엇보다도 기쁘게 생각하는 이유입니다.

다들 아시는 것처럼, 한국과 일본 사이에는 전후 계속하여 —아니 그 이전부터— 어색한 관계가 지속되고 있습니다. 이것은 불행한 일이며 동시에 이상한 일이라고 말하지 않을 수 없습니다. 우선 두 나라는 서로 이웃한 나라로, 바다에 둘러싸인 일본에서 가장 가까운 나라는 한국으로 양국 간에는 경제적으로 끈끈한 관계를 맺고 있습니다. 정치적으로도 서로 우호적인 것이 도움이 된다는 것을 양국의 국민과 정부도 잘 이해하고 있습니다. 나아가 두 나라의 문화적 관계는 상당히 밀접하고 두텁습니다. 고대부터 대륙의 선진 문화요소 대부분이 한반도를 통해 일본에 들어왔습니다. 이 문화적인 영향 관계를 생각하면 일본인에게 한반도는 좋은 것을 가르쳐 주는 '형'과 같은 존재였다고 말해도 좋겠지요. 그럼에도 불구하고 한국과 일본의 관계는 원만하지 못합니다. 그 원인은 양국의 내셔널리즘, 특히 일본의 내셔널리즘에 있습니다. 조금은 조심스럽게 이 점에 대하여 해설해 보고자 합니다.

우선 한일 관계가 원만하게 진행되지 못하는 상황의 책임은 어디에 있는가? 저는, 문제는 주로 일본 측에 있다고 생각합니다. 현재 한일 관계가 원만하지 못한 원인의 시초는 물론 20세기 전반 일본이 한국을 강제 병합한 것에 있습니다. 이것은 명백하게 잘못된 정책이었습니다. 저는 그렇게 확신하고 있습니다. 나아가 —한국 사람들의 눈에는 어떻게 비치는지 저는 잘 모르겠습니다만— 일본인 대다수, 상식 있는 일본인 대부분이 이 점에 관하여 저와 동일한 인식을 지니고 있다고 생각합니다.

한편, 그렇다고 한다면 당연히 다음과 같은 의문이 생깁니다. 일본인은 자신의 잘못을 인식하고 있음에도 불구하고 어째서 한국인들에게 확실히 사죄하지 못하는 것인가? 어째서 일본인은 그러한 잘못에 대한 자각에 기초하여 반성하고 책임지려고 하지 않는 것인가? 어째서 일본의 정치가나 일본인은 한국인들에게 상처 입히는 언동을 반복하는 것인가?

이러한 인식과 행동 사이의 뒤틀림은 정신분석학적으로 말하면 '부인否認, disavowal'의 메커니즘과 닮아 있습니다. 정신분석학에서는 주체가 어떤 것을 명백히 인식하고 있음에도 불구하고, 다른 한편으로는 그것을 수용하지 않고 마치 반대 인식을 지니고 있는 것처럼 행동하는 것을 '부인'이라고 부릅니다. 예컨대 프로이트의 연구에 따르면 어린 남자아이는 여자아이에게 페니스가 없다는 것을 알았을 때 그것을 부인하려고 합니다. 한국에 대한 일본인의 태도는 이 부인의 메커니즘의 일종입니다.

문제는 그것의 원인입니다. 어째서 그러한 부인이 행해지는 것인가? 어째서 대다수 일본인은 과거 일본의 식민지 정책(한일강제병합)이 잘못된 것임을 알고 있음에도 때로는 그러한 인식에 반하는 행동을 선택하는 것인가? 그 원인이야말로 내셔널리즘에, 내이션에 준거한 정체성에 있는 것입니다. 사람은 자신의 실패나 잘못을 인식하고 있음에도 그 실패와 잘못으로 인해 자신의 자존심이 완전히 분쇄되어버릴 때, 즉 그 실패와 잘못이 너무나 커서 그것들을 받아들일 경우 정체성의 구성 요소 안에 긍정적인 계기가 거의 남지 않게 될 때, 적극적으로 사죄하거나 책임지는 것이 불가능해집니다. 일본이 과거 한반도에 저지른 엄청난 잘못을 전면적으로 인정하는 것은 '일본인'이라는 정체성을 현저히 훼손시킵니다. '일본'이라든지, '일본인'이라는 정체성에 자기애自己愛적으로 집착하는 한, 일본인은 한국인들에게 사죄하거나 그에 상응하는 행동을 취하기 어렵게 되는 것입니다.

따라서 여기에는 이율배반이 있습니다. 한편으로는 과거의 역사에 비추어서 일본인이 한국인들에게 잘못을 저질렀던 점을 인정하고 그것에 대해 어떤 식의 책임을 자각하기 위해서는 당연하게도 '일본인'이라는 정체성을 받아들이지 않으면 안 됩니다. 잘못을 저지른 것은 개개의 이 사람 저 사람이 아니라, '일본인'이라는 국가적 주체이기 때문입니다. 하지만 다른 한편으로 '일본인'으로서의 자긍심과 자존심을 지키고자 하면 할수록 일본인은 동일한 잘못을 도저히 받아들이기 힘들다고 느껴버리는 것입니다. 여기에는 내셔널리즘이 지닌 딜레마가 작동하고 있습니다.

*

여기서 조금만 개인적인 이야기를 하고자 합니다. 개인적인 이야기란 제 어머니의 이야기입니다.

실은 저의 어머니는 한국에서 태어나고 자랐습니다. 어머니의 아버지, 즉 저의 외조부가 한국에서 일을 하셨기 때문입니다. 어머니가 태어나신 때는 일본 연호로 말하면 다이쇼大正 15년, 서기로는 1926년입니다. 어머니는 일본이 전쟁에서 패배할 때까지 서울에서 생활하셨습니다. 따라서 어머니에게 한국은 일본을 제외하면 가장 사랑해야 하는 나라입니다. 서울은 어머니의 고향입니다. 어머니는 제게 서울이 얼마나 아름답고 활기 가득한 도시였는지에 대해 누차 들려주셨습니다. 결혼 후에 어머니가 생활하신 곳은 일본의 마쓰모토松本라는 작은 도시로, 그곳이야말로 제가 고등학교를 졸업할 때까지 생활했던 토지입니다만 어머니의 말씀으로는 마쓰모토는 서울과 비교하면 너무도 시골이어서 조금은 지루한 마을이었습니다. 어머니 인생에서 가장 행복했던 시기는 아마 서울에서 생활하시던 때가 아닐까라고 저는 생각합니다.

제2차 세계대전이 끝나갈 무렵, 어머니는 당시 '국민학교'라고 불리던 초등학교의 교원이셨습니다. 상당히 젊은 교사였던 어머니에게 아이들과의 교류는 자극적이라고 말할 수 있을 정도로 즐거운 일이었던 것 같습니다. 한국에서의 교원 생활에 관해 이야기하시는 어머니의 말투에서 그런 기분이 배어납니다. 도쿄를 비롯한 일본열도의 도시들과는 달리 서울은 미군의 공습 목표가 되지 않았기 때문에 전쟁 말기가 되어도 어머니는 전쟁에서 지고 있다는 것을 전혀 실감하지 못하셨던 것 같습니다.

하지만 히로시마와 나가사키에 '신형 폭탄'(당시에는 원자폭탄을 이렇게 부르고 있었습니다)이 투하되고, 서울도 언제 공습받을지 모르는 상황이 되면서 초등학교의 교사들은 아이들을 안전한 농촌으로 대피시키기로 결정했습니다. 대피하기 위해 서울을 떠나는 날, 어머니가 담임으로서 가르치던 초등학교 1학년 학생들은 어머니와의 이별을 울며불며 안타까워했다고 합니다. 아직 어렸기 때문에 불안했던 아이들은 "호소카와 선생님(호소카와細川는 결혼 전 어머니의 성입니다)은 언제 오시느냐"며 물었다고 합니다. 학교 교사 가운데 절반은 학생들을 인솔하여 함께 대피하고, 남은 교사들은 잔업을 위해 서울에 남아있어야 했던 것 같습니다. 남은 교사 중 한 사람이었던 어머니도 업무가 다 종결되면 학생들을 좇아 대피하기로 했었습니다. 따라서 어머니는 울며불며하는 아이들을 달래고자 "선생님도 곧 뒤따라 갈 테니까 그때까지 착한 아이로 있는 거예요."라고 말했다고 합니다.

그러나 아시는 바처럼, 그 후 일주일도 채 되지 않아 일본 정부는 포츠담선언을 수락하였고 일본의 패배가 확정되었습니다. 그 이튿날에는 국민에게 종전을 알리는 천황의 라디오 방송, 이른바 옥음 방송이 있었습니다. 전쟁에서 패한 이상 일본의 학교제도에 기초하여 설립된 초등학교는 소멸한 것과 다를 바 없는 것이 되었습니다. 그때의 대피를 위하여 서울을 떠난 날이 결과적으로는 어머니와 학생들의 예고 없는 이별의 날이 되어버렸습니다.

어머니를 포함하여 '일본인' 대부분은 즉시 한국을 떠나 '본토'로 돌아가야 했습니다. 단 외조부는 임무가 남아 서울에 머물도록 명령이 내려졌다고 합니다. 그렇기에 전쟁에서 패하고 며칠 뒤 어머니는 부모님과 작별하고 언니와 남동생과 함께 서울을 떠났습니다. 그때 어머니는 이것이 부모님과의 영원한 이별, '이번 생의 이별'이 될지도 모른다는 생각이 들었다고 합니다. 그 후 일본 본토로 돌아가는 여정은 어머니를 포함한 3인에게 필사적인 도피행이었다는 것에 대해 저는 어머니로부터 수차례 들었습니다만 상세한 이야기는 여기서 하지 않겠습니다. 어쨌든 어머니와 형제들은 무사히 일본 본토로 돌아올 수 있었습니다. 그렇다고는 해도 어머니에게 그곳은 한국보다도 타향이었던 셈이지만 말입니다. 다행히 어머니의 양친도 몇 개월 뒤에는 일본 본토로 돌아갈 수 있게 되었고 가족은 다시 함께 모일 수 있었습니다.

그 뒤 어머니는 일본에서 교원으로서 일하시고 결혼도 하시어 저와 남동생을 기르셨습니다. 어머니는 한국에 대한 강한 망향의 그리움을 품었습니다만 '귀향'의 기회는 없었습니다.

그러던 중 전후 30년 이상이 흐른 어느 날, 즉 1970년대 말의 어느 날, 어머니가 계신 곳으로 낯선 남자가 돌연 방문해 왔습니다. 남자는 벌써 몇 년씩이나 어머니를 찾아 헤맸노라고 했습니다. 그 남자는 뜻밖에도 패전 직전의 어느 날 대피를 위해 어머니와 헤어졌던 학생 가운데 한 사람의 관계자였던 것입니다. 이제는 중년이 된 그 학생은 회사를 경영하고 있으며, 어머니를 찾아온 것은 그 부하였습니다. 즉 대피 당시 초등학교 1학년이었던 어린 학생이 회사의 경영자가 되어 일본 주재의 사원을 통해 어머니를 찾고 있었던 것입니다.

앞서도 이야기했듯이 어머니는 패전의 혼란 속에 한반도에서 일본으로 도망치듯 돌아왔습니다. 그렇기에 정확한 '출입국' 기록이 남아 있을 리 없었습니다. 결혼 후에 어머니는 성도 바뀌었습니다. 어머니가 가르치던 학생에게는 어머니가 일본 어디에서 살고 있는지 알 길이 전혀 없었을 것입니다. 이처럼 어머니를 찾을 어떠한 실마리도 없는 상태에서 이 학생은 부하를 통해 필사적으로 어머니를 찾았던 것입니다. 부하는 아주 작은 흔적을 발견하고 행방을 밝힐 실마리를 찾기 위해 몇 년을 찾아 헤매다 드디어 일본의 평범한 소도시에서 한 사람의 주부가 되어 있는 어머니를 찾아오게 된 것입니다. 이것은 어머니의 학생이 초등학교 1학년 여름에 돌연 헤어진 채 그걸로 끝나버린 '호소카와 선생님'과 어떻게든 재회하길 원했던 바람의 결과입니다.

그 뒤 어머니와 외조부, 어머니의 언니와 남동생은 서울로 초대를 받았습니다. 이것은 어머니에게는 전후 첫 '귀향'이었으며 결국 생애 마지막 한국으로의 여행이 되었습니다(어머니는 아직 살아 계시지만 연령을 고려하면 이렇게 단정할 수밖에 없겠지요). 그 당시 대학생이었던 저는 어머니와 동행하지는 못했습니다만, 나중에 어머니와 외할아버지에게 들은 바로는 경이로울 정도로 엄청난 환대를 받았다고 합니다. 이것은 어머니의 인생 중에서 가장 빛나고 자랑스러운 순간이었을 것입니다.

한편, 여기서 그다지 학문적인 가치가 있을 것 같지 않은 어머니의 에피소드를 소개한 것에는 두 가지 의도가 있습니다. 하나는 저와 한국 사이의 개인적인 연관성을 독자 여러분이 알아주시기를 희망했기 때문입니다.

다른 또 하나의 의도는 이 에피소드에 비추어 보면서 내셔널리즘의 비정한 모습을 이해시키고 싶었기 때문입니다. 어머니와 어머니의 가족들이 한국과 한국인을 얼마나 사랑하고 있었다 한들, 혹은 어머니와 가족들이 일부 한국인에게 얼마나 사랑받고 친절히 환대받았다 한들 그 일은 '일본'이라는 국가가 행한 죄를 가볍게 만들지는 못합니다. 학생들이 어머니를 아무리 사모하고 그리워했다 한들, 어머니는 국민학교의 교사로서 한국인들에게 일본어 교육을 담당하고 있었던 것은 분명합니다. 어머니의 아버지가 아무리 존경받고 사랑받았다 한들 조선총독부의 관리로서 식민지 정책을 추진하고 있었던 것은 틀림없습니다. 개인적인 애정과 친밀함과는 다른 수준으로 국민과 국가의 '의지'와 '행동'이 귀결되기 때문입니다. "호소카와 선생님은 좋은 사람이었다. 하지만 일본인은……"이라는 역접을 초래하는 것이 내셔널리즘입니다.

*

한국과 일본의 어색한 관계, 두 나라 사이의 어긋남은 최종적으로 한국과 일본에서 내셔널리즘적인 부분이 극복되지 않으면 해소되지 않겠지요. 국민으로서의 자존심과 자긍심에 집착하는 한, 앞서 언급했듯이 일본인은 자국이 저지른 과거의 죄와 정면으로 대면하여 그에 상응하는 책임을 질 수 없을 것입니다. 국민으로서의 정체성에 준거하는 한 한국 사람들은 일본의 과거와 현재의 행동에 대한 분노를 완전히 가라앉히는 것은 어렵겠지요.

그렇다고 한다면 우리에게 내셔널리즘은 극복해야만 하는 존재입니다. 하지만 우리는 내셔널리즘에 등을 돌림으로써, 즉 내셔널리즘으로부터 도피함으로써 내셔널리즘을 극복하고자 해서는 안 되며 또한 그렇게 하는 것 역시 불가능할 것입니다. 저는 내셔널리즘은 그 내부에서부터 그것을 돌파시키는 것으로만 극복할 수 있다고 생각하고 있습니다. 그렇게 생각하는 이유는 두 가지입니다.

첫째로, 앞서도 언급했듯이 한국과 일본의 관계를 새롭게 재정립하기 위해서라도 양측의 사람들이 국민으로서의 정체성에 의거할 필요가 있습니다. 일본인이 과거 한국인에게 저지른 죄를 자각하거나 책임을 지기 위해서는 결국 자신이 '일본인'이라는 주체임을 받아들일 필요가 있습니다. 혹은 '한국인'으로서의 정체성을 받아들인 주체가 아니고서는 일본인을 꾸짖거나 반대로 용서할 수 있는 자격은 없습니다.

내셔널리즘을 그 내부에서 횡단하는 것에 의해서만 극복할 수 있다고 생각하는 두 번째 이유는 다음과 같습니다.

우리가 내셔널리즘을 극복의 대상으로 간주하는 것은 일본과 한국 사이 혹은 그 이외의 여러 나라 국민들 사이의 연대를 내셔널리즘이 방해하기 때문입니다. 예컨대 내셔널리즘이 있기 때문에 일본인과 한국인은 같은 역사, 과거에 대해 같은 이야기를 공유하는 것이 불가능합니다.

하지만 잘 생각해보면 내셔널리즘이 그 이전의 어떠한 이데올로기나 사회의식보다도 폭넓고 깊은 연대를 가능하게 한 것 또한 사실입니다. 내이션과 내셔널리즘의 본질적인 특징은 서로가 직접적으로는 만난 적도 본 적도 없는 몇백만, 몇천만의 사람들 사이에 때로는 몇억의 사람들 사이에 깊은 동포 의식을 불러일으키는 것에 있습니다. 내이션이 성립하기 전, 예컨대 부족과 친족, 지역 공동체 등이 사람들의 소속 의식 중심에 있었을 때에는 이러한 폭넓고 깊은 연대는 존재하지 않았습니다. 부족·친족 등의 집단은 내이션의 이러한 추상적인 확장을 지닌 사회적 실체가 아니라, 직접적이고 구체적으로 실감할 수 있는 사회관계의 네트워크로서 존재했기 때문입니다.

우리는 내셔널리즘이 좀 더 넓고 보편적인 연대를 방해하고 있다고 생각합니다. 확실히 그런 면이 있습니다만 보편적인 연대는 내셔널리즘의 앞에 있는 것이 아니라 내셔널리즘의 저편에 내셔널리즘을 꿰뚫고 나간 저 너머에 있음이 틀림없습니다. 제가 내셔널리즘을 극복하기 위해서는 단순히 내셔널리즘을 부정하는 것만으로는 안 되고, 그것을 내부에서부터 돌파해야 한다고 생각하는 이유는 여기 있습니다.

그러나 이러한 입장으로부터 내셔널리즘을 극복하기 위해서는 우선 내셔널리즘이 어떠한 메커니즘으로 성립하고 있는가, 그것이 왜 사람들을 사로잡고 사람들의 마음과 행동을 지배하고 있는가를 해명할 필요가 있습니다. 저는 이 책이 그러한 탐구에 도움이 되기를 바랍니다.

*

이 책의 한국어판 간행을 위하여 노력해 주신 어문학사와 번역자 김선화 씨에게 진심으로 감사를 드립니다.

김선화 씨는 제가 교토대학 대학원 인간·환경학 연구과에서 교편을 잡고 있었을 때 제 밑으로 유학을 온 학생이었습니다. 그녀는 당시 제가 지도하던 대학원생이었는데 매우 총명하고 젊은 연구자였습니다. 언어적 장애를 전혀 느끼지 못했으며, 어떤 대학원생보다도 적극적이고 날카롭게 토론에 참가하던 그녀의 모습을 선명히 기억합니다. 제가 번역을 김선화 씨에게 안심하고 맡길 수 있었던 것은 그녀의 능력과 학문에 대한 순수한 열정을 잘 알기 때문입니다.

2014년 1월

오사와 마사치

| 차례 |

제4장 〈야마비토(山人)〉와 〈마레비토(客人)〉

제5장 현대 일본 젊은이들의 보수화?

제 1 장

내셔널리즘이라는 수수께끼

이 장에서는 우선 내셔널리즘이 얼마나 수수께끼로 가득 찬 현상인가를 설명하고, 근대 일본의 내셔널리즘 탐구를 위한 준비를 정리해 보고자 하였다. 먼저 우리는 제1차 세계대전 촉발 직후에 레닌Lenin이 받은 쇼크를 하나의 실마리로 삼아, 내셔널리즘의 본질이 서로 배반하는 두 가지 지향성의 교차점, 즉 특수주의적인 지향성과 보편주의적인 지향성의 교차점에 존재한다는 점을 명확히 밝히고자 한다.

다음으로 내셔널리즘을 둘러싼 다양한 역설 —이를테면 내셔널리즘이 근대적 현상임에도 불구하고 민족주의자의 주관적인 눈에는 내이션의 기원이 고대에 있는 것처럼 보이는 이유는 무엇인가— 을 이 교차의 변주로서 이해할 수 있다는 점을 명확히 밝히고자 한다.

이어서 내셔널리즘의 성립을 설명하는 대표적인 세 가지 이론, 즉 베네딕트 앤더슨B. Anderson, 어네스트 겔너E. Gellner, 앤서니 스미스A. Smith의 이론을 비판적으로 검토한다. 여기서 내셔널리즘과 자본주의(의 어느 단계) 사이에는 내재적인 관계가 있다는 점이 시사될 것이다. 마지막으로 20세기 말 이후 등장한 '철 지난 내셔널리즘 돌풍'의 특징을 개관하고, 이러한 현상 또한 앞서 제기한 착안점인 보편주의와 특수주의의 교차를 매개로 하여 설명할 수 있다는 점을 제시하고자 한다.

1 내셔널리즘 연구의 중심적인 물음

레닌의 쇼크

내셔널리즘이라는 수수께끼는 제1차 세계대전 촉발 직후에 레닌이 받은 충격 속에 집약되어 있다. 세계대전이 시작되고 얼마 지나지 않아, 제2인터내셔널에 참가하고 있던 유럽 각국의 사회주의 정당은 거의 일제히 자국의 전쟁을 지지하는 것으로 돌아섰다. 망명 중에 신문을 통해 이 사실을 알게 된 레닌은 경악하여, 이것이 혹시 독일 경찰에 의해 날조된 허위 사실이 아닌가 의심할 정도였다.

그렇다면 여기에서 레닌을 경악시킨 요인은 어디에 있는 것일까? 내셔널리즘은 특정한 내이션(국민·민족)에 애착을 갖고 이를 우선시하는 특수주의의 한 형태라고 생각할 수 있다. 한편, 사회주의 및 마르크스주의는 보편주의적인 사상이다. 보편주의자의 갑작스러운 특수주의로의 방향 틀기, 여기에 이 사건을 경악시킨 중심이 있다. 마르크스주의의 공식적인 견해에 따르면 노동자에게는 조국 같은 것은 없으며 그렇기에 그들은 보편적으로 단결할 수 있는 것이다("만국의 노동자여 단결하라!"). 그러나 실제로는 전쟁이 시작되자마자 사회주의자 및 노동조합은 애국주의적으로 행동하며 힘껏 자신들의 국가를 지지했던 것이다.

내셔널리즘은 특수주의의 한 형태라고 간주되므로 이를 비판하거나 넘어서려는 자는 세계시민주의cosmopolitanism와 같은 보편주의적인 사상에 입각하고자 한다. 그러나 제1차 세계대전 직후의 사건은 보편주의에 의해서는 내셔널리즘을 극복할 수 없다는 점만을 확인시킬 뿐이었다. 내셔널리즘은 특수주의와 보편주의의 교차, 즉 특수하게 한정된 공동성으로의 지향과 보편적인 사회성으로의 지향과의 접속을 자신의 본질로 하고 있는 것이다.

둘의 역설적인 접속을 제시하는 사건 및 현상은 얼마든지 열거할 수 있다. 그러나 우선 한 가지만 지적해 두고자 한다. 민족자결의 권리와 민주주의, 이 둘은 오늘날 동일하게 정당한 주장인 듯이 여겨지고 있다. 내셔널리즘과 당장에 직접적으로 관련 있는 것은 말할 필요도 없이 민족자결권이다. 민족자결권과 민주주의, 이 둘은 자주 한 쌍으로 동시에 요구되고 있다. 그러나 조금만 생각해 보면 적어도 이론상에서 이 둘은 서로 배반 가능성을 내포하고 있음을 알 수 있다. 민주주의를 특징짓고 있는 것은 각 개인의 속성에 관한 '그럼에도 불구하고'라는 비한정非限定·탈한정脱限定의 표현이다. 예컨대 납세액에도 불구하고, 신분에도 불구하고, 인종에도 불구하고, 성별

에도 불구하고 등등의 부정을 통해 개인의 구체적인 속성을 환원하고 추상화함으로써 정치 참여의 가능성을 보편화하는 것, 이것이 민주주의 혹은 민주화라는 것이다.

그렇다고 한다면 민주주의는 특정한 민족을 다른 민족으로부터 구획하여 그것에 권리를 부여하려는 사상과는 적어도 그 기본적인 정신은 달라야 한다. 그럼에도 민족자결의 권리와 민주주의, 두 가지가 국제정치에서 동등하게 중시되고 때로는 동시에 요청된다고 할 때 어느 누구도 당황해 하거나 움칠하지 않는 것은 이 명백한 모순을 가시화시키지 않는 어떤 사회적인 메커니즘이 작동하고 있기 때문이다. 그것이야말로 내셔널리즘이다.

보편성으로의 지향과 특수성으로의 지향, 정면에서 대립하는 이 둘의 벡터가 어떤 방식으로 어떠한 메커니즘에 의해 접속할 수 있게 되는 것일까? 보편성으로의 지향은 왜 특수성으로의 지향으로 반전反転하는 것일까? 내셔널리즘을 둘러싼 탐구가 해명해야만 하는 중심적인 물음은 바로 여기에 있다.

'상상의 공동체'

내셔널리즘이란 무엇인가? 내셔널리즘은 어떻게 정의될 수 있는가? 물론 내셔널리즘은 내이션(국민·민족)을 존중하는 규범·태도를 일컫는 것이지만, 이 규정은 동어반복적일 뿐 내용이 없다. 내이션이란 무엇인지가 규정되어 있지 않기 때문이다. 그럼에도 내이션을 완벽하게 정의하는 일은 매우 곤란한 일이다. 그뿐만이 아니다.

나중에 설명하겠지만, 내이션은 집단에 관한 가장 기본적인 사회학적 분류 안에서조차 자리매김하지 못하고 있다. 시턴 왓슨Seton-Watson은 내셔널리즘의 정의를 결국 포기하면서 내이션의 과학적인 정의는 불가능하다고 한탄했지만 그럼에도 이러한 현상은 확실히 존재해 왔으며, 지금도 존재한다고 서술하고 있다(Seton-Watson, 1977:5).

베네딕트 앤더슨은 내이션을 '상상의 공동체'라고 말했다. 이 규정은 너무도 유명하지만, 이 혜안 깊은 학자가 내이션에 대해서만 '상상의'라는 말을 허용한 이유가 무엇인지가 중요하다. 그도 그런 것이, 앤더슨 자신도 인정하는 것처럼 어떠한 공동체라도 상상 속에서 현실감을 갖지 못한다면 공동체로서 성립할 수 없기 때문이다. 예를 들면, 가족도 상상의 공동체 중 하나이며 단순히 동거라는 사실만으로는 성립하지 않는다(거주자가 상상의 연대 안으로 편입되지 않는다면 가족의 일원으로 인정될 수 없으며, 역으로 혈혈단신으로 부임하여 멀리 떨어져 있더라도 상상의 공동체가 있다면 가족이다). 앤더슨이 내이션을 '상상의 공동체'라고 부른 것은 내이션은 다른 공동체와는 달리 상상에서만 실재적이기 때문이다.

내이션 이외의(이전의) 공동체, 적어도 성원에게 그곳으로의 소속이 사활적인 중요성을 가진 공동체(생존 단위survival unit로 되어 있는 공동체)는 각각의 개인을 중심으로 자유롭고 유동적인 친밀성의 네트워크로서 존재한다. 달리 말하면, 이들 공동체는 직접적인 대면 관계를 통하거나 안면 있는 관계의 연결로서 존재하는 것이다. 예컨대 어떤 인물이 다른 인물에게 동지 의식이나 친밀감을 느낀다고 한다면 그것은 동일한 추상적 공동체의 일원이기 때문이 아니라, 자신의 직접적인 친구이거나 친척 관계에 있는 사람이기 때문이다. 이러한 공동체는 상상뿐만이 아니라, 직접적인 지각과 감각의 체험을 통해서만 실재성을 확보할 수 있다. 다만 내이션은 그렇게만은 볼 수 없다. 아무리 작은 내이션일지라도 그것을 구성하는 개개인은 다른 대다수의 성원을 직접적으로 알지 못하고 알 수 있는 기회조차 가질 수 없다. 그럼에도 불구하고 내이션의 성원은 서로가 동지 의식을 갖고 있는 것이다. 이러한 의미에서 내이션은 부정할 수 없이 추상적이며 만약 그것이 실재한다고 한다면 상상에 의해서일 뿐이다. 이것이 앤더슨의 주장이다.

앤더슨이 인식한 내이션의 이러한 특징에서 우리는 앞서 서두에서 살펴본 내셔널리즘이 지닌 서로 배반하는 두 가지 벡터의 흔적을 재확인할 수 있다. 내이션이 상상을 매개로 하여 확보되는 추상적인 공동체라고 한다면, 이는 원리상으로는 무한정으로 포섭되는 성원을 확대하고 보편화할 잠재적 가능성을 가지고 있는 것처럼 보인다. 우리가 만약 직접적인 관계를 갖는 사람에게만 깊은 연대의 감정을 가질 뿐이라고 한다면 그렇게 구성된 공동체는 소규모 공동체로 그치겠지만, 그런 직접적인 관계를 필요로 하지 않는 동맹 의식이나 연대감은 얼마든지 확대될 가능성을 가지고 있어야만 한다. 그러나 내이션 성원들의 귀속 감정membership은 반드시 한계가 있으며, 아무리 거대한 혹은 방만한 내이션일지라도 당장에 지구가 자신들만의 하나의 나라·하나의 민족으로 덮일 것이라고 몽상하는 일은 없다. 내이션은 현실에서뿐만 아니라 가능성에서조차 항상 그 외부에 또 다른 내이션이 있다는 것을 전제로 하는 것이다. 예를 들면, 그리스도교인이나 모슬렘은 언젠가 이 지구가 단일의 교회 및 단일의 움마umma(이슬람 공동체)로 편성될 지도 모른다고 상상할 수 있겠지만, 내이션에 대해서 이러한 기대를 하는 것은 자기모순적이라고 말할 수 있다.

2 내셔널리즘의 역설

내이션의 '오래된 기원'

내이션 및 내셔널리즘은 근대적인 사회현상이다. 즉 근대 이전에는 '내이션'이란 말 자체는 존재했지만[1], 지금 우리가 이해하는 의미로서의 내이션은 존재하지 않았다. 하지만 오늘날 우리는 예컨대 '국민 연합United Nations(국제 연합)'이라는 말을 사용할 때조차 '국민nation'의 존재를 자명시하고[2], 그것이 얼마나 기묘하고 수수께끼 같은 특성을 가지는지는 간과해 버리고 만다. 앤더슨은 내셔널리즘에는

1 '내셔널리즘'이라는 단어에 관해 말하자면, 근대 이전에는 존재하지 않았다. 이 단어가 사전에 등장하는 것은 19세기가 끝나갈 무렵이다.

2 지구에서 가장 중요한 국제조직이 '국가 연합(United States)'도, '민족 연합(United Ethnicities)'도, '인종 연합(United Races)'도, 나아가 '아이덴티티 연합(United Identities)'도 아니고, '국민 연합'이라는 것의 의미를 생각해 보자.

세 가지 역설이 존재하며 이론가들은 이에 대해 쩔쩔매고 있다고 지적하고 있다. 우선 세 가지의 역설 가운데 최초의 두 가지에 주목해 보자.

첫째로, 내셔널리티(국민적 귀속)라는 사회문화적 개념은 형식적으로는 보편적임에도 불구하고 구체적으로는 항상 어찌할 수 없을 정도의 특이성을 지니고 출현한다. 그러므로 정의상, 가령 '그리스'라는 내셔널리티는 완전히 독자적인 존재가 되어버린다.

둘째로, 역사가의 객관적인 눈에 국민(내이션)은 근대적인 현상으로 보이지만, 민족주의자의 주관적인 눈에 내이션은 확연하게 오래된 존재로 보인다. 이상이 앤더슨이 거론한 역설이다.

첫 번째 역설은 내셔널리즘이 서로 배반하는 두 가지 벡터(보편주의와 특수주의)의 교차점에서 성립한다는 지금까지의 논점을 직접 재확인하는 것이다. 여기서 주목할 것은 두 번째 역설이다. 이것은 동일한 교차 —공간적·공시적으로 표현되어 있던 교차— 의 시간적·통시적 표현으로 간주될 수 있다. 즉, 두 가지 역설은 하나의 역설을 두 가지(공간적·시간적)로 표현한 것이다.

앤더슨이 언급하고 있듯이, 내셔널리즘이라는 관념에 내재하는 사람들은 내이션의 기원을 오래된 과거에서 찾고자 하는 뚜렷한 경향이 있다. 내이션의 '고대적 기원'에 대한 환상은 내이션의 본질을 상징한다고 간주되는 유적이나 역사적 사실에 대상화되어 있다. 예를 들면, 일본의 경우는 이세 신궁伊勢神宮[3] 혹은 요시노가리 유

3 이세 신궁(伊勢神宮) : 일본의 미에(三重) 현 이세 시에 있는 황실의 신사 - 역자 주.

적吉野ヶ里遺跡[4]이 그러한 상징으로서 사회적으로 기능하고 있다. 다른 내이션도 유사한 상징을 소유하고 있다. 칼 대제의 조칙, 마그나 카르타Magna Carta, 오르혼 비문(8세기에 터키 민족이 중국 북방에 살았던 것을 증명한다고 여겨지는 유적), 피라미드 등이 그 예이다. 고고학적 발굴에 대한 주목은 종종 민족주의적인nationalistic 정열로 부터 유래한다(Yalman, 1933:36, 38).

내이션의 '기원'은 확실히 내셔널리즘의 근대적 성격을 생각하면 모두 환상적인 것임이 분명하지만, 이것은 신화와 같은 무시간적인 과거가 아니라 역사적 사실이긴 하다. 물론 이 '사실'이 역사가의 객관적인 시점에서 본다면 거의 일종의 날조와 같은 것도 있을 것이다. 하지만 비록 그렇다 하더라도 기원은 역사적인 시간 내부에 위치하고 있다. 오늘날의 내이션과 직결되는 듯한 최초의 사건은 경험적인 시간 내부에 존재하는 특정한 사건으로서 설명되어야만 하는 것이다. 단적으로 말하면, 내이션의 기원은 우주 그 자체의 기원과 동일시될 수는 없다. 내셔널리즘의 상징이란, 기원이라고 간주된 그 사건이 경험적인 실재라는 것을 '입증'하는 사물인 것이다. 기원의 사건을 우주론적인 것으로부터 구별하는 것, 즉 그것을 역사적인 것으로서 경험적으로 자리매김하는 것은 내이션이라는 정체성의 자각에 결정적으로 중요한 것이다. 그 내이션을 다른 내이션으로부터 구별하여 특징짓는 것은 단지 그 내이션이 체험해 온 역사의 특수성밖에 없기 때문이다.

---

4 요시노가리 유적(吉野ヶ里遺跡) : 일본의 사가(佐賀) 현 요시노가리 마을에서 발견된 야요이 시대 최대의 취락·돌널무덤 유적 - 역자 주.

그러나 한편 내이션으로서 공동체의 기원이 먼 과거라는 것, 달리 말하면 현재의 문화 및 생활양식과는 전혀 다른 세계에 속한다는 것 역시 강하게 의식되고 있다는 것이다. 그렇다고 한다면, 기원으로 설정된 사건은 비록 경험적인 역사 내부에 있다고는 하더라도 개인의 구체적인 개별 경험의 범위로부터는 완전히 단절된 것이기에 일종의 선험적(초월론적)인 영역에 소속하는 준거로서 수용될 수밖에 없다.

내이션의 기원이 지닌 특이성을 이해하기 위해서는 기원을 내셔널리즘의 성립 이전의 시간적 이해와 대비시킬 필요가 있다. 유럽 중세에 당시 사람들의 정체성을 이루는 궁극적인 근거가 되는 공동체, 즉 종교적 공동체의 기원은 어떻게 표현되어 있었는가? 대부분의 대중이 문자를 읽을 수 없었던 시대에는 일종의 표현으로서 회화나 음악이 문자적인 요소보다 틀림없이 중요했을 것이다. 예를 들면, 중세교회의 조각상이나 스테인드글라스, 초기 이탈리아나 플란다스 거장들의 회화에는 성서로부터 온 '기원', 즉 낙원으로부터의 추방과 예수의 탄생이 표현되어 있다.

이 표현에 관하여 두 가지 대조적인 점이 주목된다. 한편으로 그것은 내이션의 기원과는 다른 우주론적인 것이다. 그들이 각각 고유하게 속해 있는 각각의 세속적 공동체의 기원은 일반적으로 관심의 대상이 되지 않는다. 문제가 되는 것은 보편적인 우주의 기원이다. 필연적으로 이러한 종류의 기원은 역사가 아닌, 신화의 영역에 속하는 것이다. 달리 말하면, 기원은 경험적인 세계에 속하는 것이 아니라 무시간적인 초월론적 조건의 구상화된 표현인 것이다. 그러나 이러한 초월론적인 성격에도 불구하고, 한편으로는 기원에 대한 중세의 표상 속에 나타나고 있는 인물들은 매우 '현대적'인 모습으로 그려지고 있다. 즉 이 인물들에 관해서 전혀 '시대 고증'이 되어 있지 않은 것이다. 예컨대 예수의 탄생을 축복하기 위해 마구간을 방문한 목자들은 그림이 그려진 당시 실제 농민의 의복을 착용하고 있으며, 성모 마리아는 당시 상인의 딸 모습을 하고 있다.

따라서 기원의 묘사에 관하여 다음과 같은 대조를 발견할 수 있다. 중세에 '현재'와 '기원'은 서로 다른 시간적 위상, 즉 각각은 경험적인 시간과 신화적(초월론적) 시간에 속해 있지만 둘의 외관은 놀랄 정도로 연속적이다. 한편 내이션에 관해서 '현재'와 '기원'은 같은 경험적·역사적인 시간에 속해 있지만 둘의 외관의 단절성이 강조된다. 논리적으로는 단절되어 있는 것이 유사한 외관을 가지며, 본래 연속적으로 이어진 것이 다른 외관에 의해 단절되어 있다. 이러한 상이한 대조는 왜 발생한 것일까?

중세 회화에서 보편적인 우주 기원 상태와 개별의 국지적인 공동체의 현재 모습이 매우 닮은 모습으로 그려지는 이유는 쉽게 이해할 수 있다. 그것은 당시 사람들의 경험 및 지식 부족에서 오는 상상력의 빈곤 때문이다. 우주의 기원이 된 사건을 상상하여 그리고자 한 것이 결국 자신들이 잘 알고 있는 생활과 대동소이한 모습으로밖에 상상하지 못한 연유다. 우물 안 개구리가 넓은 바다를 알지 못하는 것과 같다고 할 수 있다.

내이션의 기원을 탐구하는 활동에는 확실히 복잡한 메커니즘이 작용하고 있다. 내셔널리즘에서는 보편성으로의 지향이 어떤 단계에서 돌연 중지되고, 특수한 공동체 수준에서의 고착이 발생하는 것이다. 이것과 동일한 작용이 시간에 관해서도 일어난다고 한다면 어떠한 결과가 발생할 것인가를 생각해 보자. 보편적인 사회 영역(혹은 우주)을 시간적으로 정초하고자 하면, 그러한 영역의 기원은 사건의 축을 과거로 향하게 하여 무한 역행한 시점, 그렇기에 임의의 경험적인 역사를 초월한 시점이 논리적 형식으로서 가정될 수밖에 없다. 그러나 보편주의 사상이 특수주의로 반전해 버린 것처럼 내셔널리즘 안에서는 시간 차원의 보편적인 역행도 돌연 중지된다. 이때 발견되는 것이 현재로부터 멀리 떨어진 고대의 우주 전체가 아닌 특수한 공동체(내이션)의 기원이 되는 특수한 사건이다. 그러므로 민족주의자의 고대에 대한 취향은 특수주의와 보편주의가 교차되는 시간적인 표현으로 해석할 수 있다.

애초에 역사(학)에 대한 관심 자체가 내셔널리즘으로 강하게 규정되어 있었던 것은 아닌가? 잘 알려졌듯이 유럽에서 역사학은 중요한 학문 분야는 아니었다.[5] 역사학이 인문학적 지식의 중심을 이루게 된 것은 19세기이다. 유럽의 주요 대학에 역사학 강좌가 설치되고, 역사학 전문 잡지가 속속 출간되면서 무엇보다 미슐레J. Michelet 및 부르크하르트J. C. Burckhardt와 같은 위대한 역사학자가 등장했다. 이것은 서유럽에서 본격적으로 내셔널리즘이 성립한 시기와 일치한다.

5 유럽 중세의 대학이 중시한 '자유 7과목(liberal arts)' 안에 역사학은 포함되지 않았던 것을 떠올리면 좋다.

무명용사의 기념비

내이션이라는 공동체가 지닌 역사의 특이성을 이해하기 위해서는 앤더슨의 제안에 따라 '무명용사의 비'를 고찰할 필요가 있다. 많은 국민은 자국의 '무명용사'를 위한 기념비를 갖고 있다. 용사의 이름이 기록되어 있다 하더라도 사실상 '무명용사'와 다를 바 없는 경우도 있다(이름만으로는 각각이 어떤 사람이었는지 알 수 없고, 때로 무수히 많은 이름은 전화번호부와 같은 원리, 즉 알파벳순으로 나열되어 있을 뿐이다). 요컨대 무명용사의 비는 그곳에서 추도되고 있는 용사들을 익명인 상태로 두고 있으며[6], 더욱이 대부분의 경우에는 유골이나 시체가 매장되어 있는 것도 아니어서 공허하기 그지없다. 익명이면서 공허한 무덤은 근대에 이르기까지, 즉 내이션이 성립할 때까지는 존재하지 않았다. 더욱 놀랄 만한 일은 무덤의 익명성이 오히려 그곳을 방문하는 사람들의 국민적 상상력을 강하게 동요시킨다는 점이다. 내이션에 관해서만 이런 기묘한 무덤이 성립하는 것은 왜인가? 무명용사의 기념비는 내셔널리즘의 본성에 대하여 몇 가지 사실을 가르쳐준다.

첫째로, 기념비의 익명성이 의미하고 있는 것은 다음과 같은

---

6 현대 일본에서는 익명이 아니어서 문제가 되고 있는 용사가 있다(이미 사망했다). 이른바 'A급 전범'이다. A급 전범은 이미 야스쿠니 신사에 '합사(合祀)'되어 있으며, 신사 측은 '분사(分祀)'는 불가능하다고 주장한다. 왜 분사는 안 되는 것일까? 일단 '나라를 위해 순사'한 자는 익명적인 집합 '무명용사' 안으로 통합되어야만 하기 때문이다. 한 사람이라도 '나쁜 전사자'가 섞여 있다면, 집합 전체의 완전성이 위협받게 된다. 나아가 무명용사야말로 내이션의 '선(善)함'의 중요한 원천 중 하나이므로 민족주의자에게 무명용사의 집합에 대한 무조건적인 신화가 붕괴되는 것은 치명적이다.

점, 즉 내이션이라는 공동체에 귀의한다고 여겨지는 한, 사람들은 구체적인 특정 인물이라는 자격에서가 아니라 추상적이고 형식적인 개인으로서 주제화된다는 점이다. 여기에는 지금까지 논의해 온 내셔널리즘에서의 기묘한 혼효가 작용하고 있음을 볼 수 있다. 추상적인 형식으로서 간주되는 한에서 개인은 말하자면 누구라도 될 수 있는 것이며, 원리적으로 말하면 그 자격을 어디까지나 보편화하는 것이 가능하다는 것이다. 하지만 그럼에도 불구하고, 누구도 무덤이 대표하고 있는 부재不在한 주민의 국민적 귀속을 의심하지 않으며, 그는 예컨대 프랑스인이거나 미국인이거나 필리핀인이다. 즉 보편화할 수 있는 자격에 의해 특수하게 닫혀 있는 하나의 공동체 성원만이 놓일 수 있게 되는 것이다.

둘째로, 기념비가 가르쳐주는 것은 내셔널리즘이 죽음死 / 영원不死에 대한 관념과 결부되어 있다는 점이다. 기념비는 매장되어 있는 인물을 그들 인생의 숙명적인 유한성을 넘어선 연속성 —말하자면 시간적인 보편성— 에 접속시켜, 그 속에서 의미를 부여한다. 이 점과 내이션을 위해 순사한 자가 익명 상태로 기념될 수 있다는 것을 함께 생각해 보면 다음과 같은 결론이 도출된다. 내이션으로의 귀속이라는 것은 시간적으로 아득한 저편에서 '이미 내려버린 선택'과 같은 것으로 나타난다는 것이다. 내이션은 이 세계에서 내가 '어떤 사람'이 되기 전에 이미 인생의 시간축을 넘어선 곳, 임의의 유한한 시간축을 넘어선 곳에서 선택되어 버린다. 철학적 용어로 말하면, 내이션으로의 귀속을 결정하는 선택은 말하자면 선험적(초월론적)인 선택인 것이다. 그것은 개개인 인생의 시간 내부적 선택으로,

요컨대 의식적인 선택으로 돌릴 수 없는 것이다.

이것이 함의하고 있는 것은 국민적 귀속(내이션으로의 귀속)이 흔히 사회학에서 말하는 '생득적 지위(선천적으로 결정된 지위)와 획득적 지위(후천적으로 획득된 지위)'의 이분법 안으로 받아들여지지 않는다는 점이다. 국민적 귀속이 인생의 시간축을 넘어선 곳에서 확정된(태어나기 전에 이미 정해져 있는) 듯이 취급되고 있다는 점에 주목하면, 이 사회학적 성질은 생득적인 지위에 가까운 것처럼 보인다. 확실히 그것은 직업이라든가 학생 등의 지위와는 본질적으로 다르다. 하지만 여기에서, 인간은 자신이 선택한 것이 아니라면 그것을 위해서 희생하는 것은 불가능하다는 것을 떠올려야 한다. 예를 들면 흑인이어서, 여성이어서와 같은 이유로 순사한다는 관념은 성립하지 않는다. 그러나 반인종주의나 페미니즘을 위해서 순사하는 것은 가능하다. 이 사상들은 순사한 자가 선택한 사항이기 때문이다. 여기에서 만약 무명 페미니스트의 비라던가, 무명 반인종주의자의 비와 같은 것이 있다고 상상해 보면 어떨까? 말도 안 되는 해학이라 생각되리라. 순사한 이상, 그 사상으로의 참여는 특정한 이 사람 저 사람의 선택으로 책임 귀속이 가능하기 때문이다.

그렇다면 왜 내셔널리즘에 관해서만은 무명용사의 비라는 것이 성립하는 것인가? 국민적 귀속만큼은 특정한 사람이 되기 이전에, 즉 선험적으로 선택되기 때문이다. 이렇게 해서 국민적 귀속은 생득적 지위(선택된 것이 아니라 자연적으로 주어진 지위)와 획득적 지위(누군가에게 선택된 지위)의 이분법을 넘어서 버리는 것이다.

내이션으로의 귀속을 둘러싼 선택의 이러한 성격을 공동성·집합 형태의 차원으로 투사했을 때 얻을 수 있는 것이 방금 서술한 내이션의 역사 감각이다. 내이션은 근대의 산물임에도 불구하고, 당사자로서는 그 기원을 가능한 한 심원한 과거에서 찾으려고 한다. 이 양의성은 선험적 선택의 이중성에 대응하고 있다. 한편으로, 그것은 처음부터 존재한 것이 아니라 선택된 것이므로 이 세계의 경험적인 사건이어야 한다. 그러나 다른 한편으로 그것은 경험적인 생의 길이를 넘어선 과거, 즉 선험적인 과거와 같이 느껴진다. 이 두 가지 요청의 균형으로부터 얻을 수 있는 것이 내이션의 창설을 규정하는 '아득한 고대적 기원'이라는 착상이다.

두 종류의 계열성

내이션 및 내셔널리즘은 얼마나 수수께끼로 가득한 사회현상인가? 이것을 제시하기 위한 논의를 지금까지 진행해 왔다. 그러는 도중에 우리는 내셔널리즘 이론의 금자탑으로도 불리는 앤더슨의 『상상의 공동체』에서 몇 가지 단편을 차용해 왔다. 그렇지만 이 저서에서 앤더슨이 우리가 지적해 온 가장 중요한 요점, 즉 내셔널리즘에서 보편성으로의 지향과 특수성으로의 지향이 교차한다는 점을 자각하고 있는 것은 아니다. 그는 그러한 자각 없이도 뛰어난 통찰력으로 중요한 국면을 추출하고 있는 것이다.

하지만 『상상의 공동체』를 1983년에 발표하고(증보판은 1991년) 상당한 시간이 지난 후에야, 앤더슨은 우리가 내셔널리즘에서 발견한 서로 배반하는 두 가지 벡터의 존재를 깨닫고 그것을 이론화하고자 했다. 그 산물이 1998년의 논문 「내셔널리즘, 아이덴티티, 계열성의 이론」이다. 이것은 물론 이론적인 전진이기는 하다. 그러나 이것은 이론적인 후퇴이기도 하다. 앤더슨은 전진하기도 후퇴하기도 하는 듯한 이론적 전개를 제시했던 것이다. 여기서 앤더슨의 새로운 이론에 대한 비판을 시도해 보자. 왜냐하면, 그 비판이 내셔널리즘이라는 현상의 특징 및 수수께끼를 부각시키는 것으로 이어질 것이기 때문이다.

앤더슨은 1998년 논문에서 '계열성seriality'의 개념을 제기한다. 계열성이란, 사물이나 인물 혹은 사건 등을 —부정관사를 붙인 명사로 제시하는 듯한 방법으로— 집합(계열)의 한 요소로서 정립하는 작용을 말한다. 이러한 정립으로 인해, 그 요소는 추상화되고 익명화되어 동일한 집합 내의 다른 요소와 대차 가능한 등가물로서 취급될 수 있게 된다. 앤더슨에 따르면 두 종류의 계열성이 있다. 첫째로, 무한정형의 계열성이 있다. 이것은 경계가 확정되지 않은 열린 계열에 자리잡음으로써 우리가 발견한 '보편성으로의 지향'에 대응하고 있다. 둘째로, 한정형의 계열성이 있다. 이것은 경계가 일의적으로 정해진 닫힌 계열에 자리잡는 것을 의미하며, 우리의 '특수성으로의 지향'에 거의 대응하고 있다.

앤더슨은 무한정형 계열성의 전형적인 예로서 신문을 제시하고 있다. 『상상의 공동체』에서 이미 앤더슨은 신문이 내셔널리즘의 경험과 깊이 결부되어 있다는 점을 시사했었다. 무슨 말인가? 앞서 언급했듯이 내이션은 직접 접촉할 일이 없는 사람들이 같은 사회적 공간에 속해 있다는 실감 없이는 성립되지 못한다. 신문은 두 가지 경로를 통해 이 실감을 뒷받침해 준다.

첫째로, 신문은 직접적으로는 관계없는 사건들을 거의 동시에 (같은 날짜에) 발생한다는 단순한 이유만으로 동일한 지면에 병치한다. 이로 인해 독자는 멀리 떨어진 사건들이 공통으로 소속해 있는 추상적이고 균질한 공간의 존재를 상정할 수 있게 된다. 달리 말하면, 독자는 서로 분리된 사건들을 부감하는 신과 같은 초월적인 시점을 획득하게 되는 것이다. 이러한 시점에서 나타나는 균질한 공간은 서로 직접적으로는 유대가 없는 인간관계를 단일의 공동성 안에 수용하는 내이션과 동질한 것이다.

둘째로, 신문은 하루 동안의 대大 베스트셀러이다. 즉 우리는 매일 아침, 서로를 알지 못하면서도 자신과 같은 지면을 읽고 있는 벗이 각지에 있다는 것을 알고 있다. 직접 접촉하는 일 없이도 같은 지면에 시선이 향해 있는 한패야말로 내이션(국민)이다.

앤더슨의 1998년 논문은 이러한 논점에 다음 내용을 첨가하고 있다. 신문은 약간의 편향이 있다고 하더라도, 신문이 발행되는 지역의 사건뿐만 아니라 '인간 세계'에서 일어나는 모든 사건을 뉴스로 채택한다. 이런 의미에서 신문은 무한정형의 계열성을 대표하고 있다는 것이다.

이러한 앤더슨의 주장에 대하여 우리가 질문해야만 하는 점은 이것이다. 『상상의 공동체』에서의 최초의 논점은 1998년 논문에 의한 확장과 총합해야 하지 않느냐는 점이다. 즉 신문은 무한정형의 계열성에 속함에도 불구하고 내이션이라는 한정된 공동체의 경험을 뒷받침하고 있다. 신문은 내이션을 인간 세계 전체 속의 일부에 불과하도록 상대화[7]하기보다 오히려 각각의 독자가 속하는 내이션을 특권화시키고 내셔널리즘을 보조하는 듯이 기능하는 것이다. 그것은 왜일까? 이러한 질문이 제기되어야만 한다.

한정형의 계열성으로서 앤더슨이 상술하고 있는 것은 '인구'이다. 학술적인 인구조사census가 최초로 집행된 것은 1790년 미합중국에서였다. 프랑스, 네덜란드, 영국 등 서유럽 강국이 인구조사를 한 것은 이보다 10년 정도 늦다. 18세기에서 19세기로 전환되는 시기에 오늘날에는 당연해진 인구조사가 시작된 것이다. 그렇지만 인구조사가 등장한 초기에는 그 산정 단위가 세대였다. 조사 결과를 두고 국가 간 비교가 가능하도록 조사 방법이 표준화된 것은 1853년의 국제통계학회의에서였다. 즉 '유럽이 내셔널리즘의 동란으로 뒤덮였던 1848년 프랑스혁명의 여파가 한창이던 때'이다. 덧붙여 통계학Statistik(국가학)이라는 이름의 기원은 독일 관방학파의 연방국가Staaten 사이의 비교 연구 전통 속에서 통계학이 성립되었기 때문이다.

왜 인구가 한정형에 속하는가? 말할 필요도 없다. 인구는 인간을 국민적 귀속에 따라 배타적으로 구분하고(국민과 외국인을 구별하고), 나아가 민족성ethnicity 및 인종에 따라 국민의 집합을 배타적으로 분류하기 때문이다. 오늘날 사람들의 정체성에서 중요한 거점이 되고 있는 민족성이 명확한 제도적인 가치를 갖기 시작한 것은 인구조사에서였다고 말해도 좋다. '인구'야말로 근대적인 생명 정치biopolitics의 가장 중요한 주제라고 지적한 사람은 미셸 푸코M. Foucault이다. '인

7 '절대화'의 반대. 어떤 가치나 규정이 절대적(보편적)이지 않고, 다른 특정한 것과의 비교나 관계에 의존하여 주어짐 - 역자 주.

구'라는 개념을 기축으로 푸코의 권력론과 내셔널리즘 연구를 연결하는 것이 가능할 지도 모르겠다.

'인구'를 둘러싼 앤더슨의 논의에 대해서는 앞서 '신문'에 관해 언급한 것과 반대되는 비판을 가해야 한다. 인구조사는 인간 전체에 경계선을 설정하여 한정한다. '여기까지가 무슨 나라 사람', '여기까지가 어떤 계 어디 사람' 등으로 말이다. 한편 '인구'라는 주제화 방법은 각각의 인간을 완전히 추상적인 숫자로 환원하는 것을 의미하며, 그 이상으로 인간을 무한정화하는 —무한정 집합의 요소로 편입시키는— 방법은 달리 없다고 말할 수 있다. 즉 '인구'에서 극단적인 한정화와 극단적인 무한정화가 교차하여 만나는 것이다. 양자가 매개되는 논리를 묻는 것이야말로 내셔널리즘 연구의 중심적인 과제이지 않을까?

인구 문제가 중요한 이유는 이것이 근대민주주의의 문제와 결부되어 있기 때문이다. 인구는 국민의 대표를 결정하는 선거에 참여하는 권리인 참정권과 결부되어 있는 것이다. 인구 집합 안에 포함되지 않으면 그러한 권리는 얻을 수 없다. 서두에서 내셔널리즘(민족자결)과 민주주의와의 병행성에 대해 논했지만, '인구'야말로 이 둘을 연결 짓는 고리일 것이다. 일찍이 내이션의 성립 이전 단계에서 사람들은 자신이 인구조사에서 제외되기를 희망했었다. 왜냐하면 인구는 징세의(혹은 오히려 수탈의) 기초가 되기 때문이다. 하지만 내이션이 성립한 이후 근대적인 인구조사에서 사람들은 자신이 포함되기를 적극적으로 희망하게 된다. 인구조사에 포함된다는 것은 주권을 갖기 위한 필요조건이기 때문이다.

선거 때 사람들은 정말로 '인구', 즉 개인의 완전한 기계적인 집합으로 환원된다. 인구란 사회적 유대의 무無, 연대의 0도이다. 말하자면 선거 때마다 공동체는 일단 완전히 해체되는 것이다. 여기서부터 내이션이라는 강한 연대가 —이를 위해서 때로는 사람이 목숨을 걸어도 좋다는 생각이 들게 하는 연대가— 솟아오른다. 인구(숫자로까지 환원된 추상적인 개인의 기계적인 집합)에서 내이션이라는 공동성으로의 갑작스러운 반전, 이것이 어떻게 가능한 것일까? 이것이 문제이다.

그러므로 앤더슨의 1998년 논문에 대해서는 다음과 같이 말할 수 있다. 내셔널리즘을 둘러싸고 특수화로 향하는 벡터와 보편화로 향하는 벡터의 경합을 발견한 것은 평가할 만하다. 그러나 그것들을 한정형의 계열성과 무한정형의 계열성으로 엄격히 분리한 뒤, 모든 현상을 그 어느 쪽에 할당했을 때 탐구되어야 하는 중요한 물음은 여기서 보이지 않는다. 내셔널리즘의 수수께끼란 양자가 일체화되어 작용하고 있다는 점, 본래 서로가 서로를 방해하는 관계에 있어야 할 두 벡터가 일체화되어 작용하고 있는 점에서야말로 존재하기 때문이다.

3 세가지 이론

산업화라는 요청 – 겔너E. Gellner

그렇다면, 둘의 대립적인 벡터가 어떻게 정합적으로 접속되는 것인가? 그것들을 연결하는 사회적인 메커니즘은 무엇인가? 이 물음에 완벽하게 답하는 것이 이 장의 임무는 아니다[8]. 여기에서는 내셔널리즘의 성립 메커니즘에 대한 대표적인 이론을 매우 간단하게 비판적으로 개관하고 해답을 위한 실마리만을 찾고자 한다.

내셔널리즘 이론의 중심적인 쟁점은 내이션과 내셔널리즘은 근대의 산물이냐 아니냐는 물음에 있다. 이미 언급한 것처럼, 우리는 내이션이 근대의 산물이라는 주장근대주의, modernism을 따르고 있다.

8 여기서의 물음에 대한 필자 자신의 해결에 대해서는 오사와 마사치(大澤真幸, 2007)를 참조하기를 권한다.

단 앞에서도 언급했듯이 그렇게 생각하는 경우에는 왜 민족주의자의 눈에는 내이션이 그보다 훨씬 오래된 것으로 보이느냐는 의문이 남게 된다. 여기서 민족주의자의 주관적인 감각을 솔직하게 반영하는 주장도 있다. 즉 내이션은 그 기원을 고대에 두고 있으며, 가족 및 촌락과 동일하게 인류사를 통틀어 거의 항구적으로 존속해 왔다는 주장원초주의, primordialism도 있다.

하지만 몇 가지 실증적인 사실에서 판단할 때, 본격적인 내이션과 내셔널리즘은 18세기 말에서 19세기에 걸쳐 신대륙의 식민지와 서유럽에서 먼저 발생하고, 머지않아 세계 전체로 파급되었다는 결론을 내리는 것이 타당하다. 일본이 내이션이라고 간주되는 상태에 달한 것은 19세기 말부터 20세기 초이다.

그러나 내셔널리즘이 근대에 성립했다고 하면 그것은 어떠한 사회적 메커니즘에 의해서였을까? 근대주의에 입각한 이론으로는 두 가지 주장이 탁월한 설득력을 가지고 있다. 두 가지 주장이란 지금까지 그 이름이 반복적으로 제시되어 온 앤더슨의 주장과 어네스트 겔너의 주장이다. 흥미롭게도 두 가지 주장은 같은 해(1983년)에 출판된 저서를 통해 알려졌다.

겔너는 단 하나의 원인을 설정하고, 사회학 이론으로서는 보기 드문 명쾌함으로 그 원인이 내셔널리즘으로 이어지기까지의 인과관계를 탐색하고 있다. 하나의 원인이란 '산업화'이다(Gellner, 1983).

근대 이전의 사회, 즉 농업사회는 계층적으로 구조화되어 있으며 계층 간의 사회이동이 거의 불가능했다. 그것은 불평등이 용인된 사회이다. 이러한 사회에서 문화의 기능이란 개인이 그들이 소속해야만 하는 계층을 받아들이게 하는 것, 즉 각 계층에 대응하여 적절한 '이야기'를 제공하는 것이다. 각 계층에 대응하는 문화는 독립성이 크고, 각 계층은 거의 자율적이라 할 수 있는 서로 다른 사회를 구성하고 있다. 특정한 규범, 특정한 질서가 지역 사회 전체를 망라하는 일은 없었던 것이다. 무엇보다 중요한 것은 문자를 읽고 쓰는 능력literacy이 특정 계층에 한정되고 있었다는 점이다. 이렇게 공공연히 불평등을 용인하는 사회에서 내셔널리즘은 적합한 정치 원리가 될 수 없다.

겔너에 따르면, 내셔널리즘이란 정치적인 단위와 문화적인 단위가 합치되어야만 하는 정치 원리이다. 이러한 의미에서 내셔널리즘은 산업화된 사회의 고유한 정치 원리라고 겔너는 말한다. 산업사회란 경제 성장이 규범이 되어 정권에 정당성을 부여하는 규준이 된 사회이다. 경제 성장이 필연이 된 사회는 끊임없는 기술혁신이 요구된다. 부단한 혁신은 유동적인 직업 구조로 귀결된다. 혁신은 계층 간의 빈번한 사회이동을 불가피하게 만든다. 직업 구조의 불안정화는 사회의 평등성으로 귀결된다. 이러한 사회에서는 모든 계층 간의 단절을 강조하는 농업사회의 문화·규범은 더 이상 적당하지 않다. 산업사회는 복잡하고 동시에 평등한 듯한 최초의 사회인 것이다. 따라서 산업사회에서는 차이(차별)에 기초한 규범을 대신하여 평등성을 가정하는 규범, 즉 내셔널리즘이 요구되는 것이다. 이것이 겔너의 설명이다. 유의해야 하는 것은 평등하기 때문에 직업 구조가 유동화된 것이 아니라 산업화의 요구로 인해 유동화된 직업 구조가 평등을 초래했다는 점이다.

산업사회는 직업 자체의 질도 전환시켰는데 겔너는 이 점에 주목한다. 농업사회에서 노동은 기본적으로 육체적인 것이다. 그에 반해, 산업사회의 노동은 주로 의미적인 노동이다(즉 언어나 사람을 조작하는 것이다). 산업사회에서 살아가기 위해서는 문맥에서 독립된 메시지를 보내고 또 그것을 이해하는 능력이 반드시 요구된다. 요컨대, 산업사회에서는 문자를 읽고 쓰는 능력이 누구에게나 —평등하게— 요구되는 것이다. 산업사회는 엘리트(관료, 법률가, 신학자 등)의 비일상적인 활동(학문·종교 등)에서만 필요했던 '고급 문화(읽고 쓰기의 교양)'를 모든 사람에게 일상적으로 요구한다. 말할 것도 없이 고급 문화는 주로 학교에서 전달되는 문화이다. 이러한 고급 문화의 보편적인 요구에 대응할 수 없었던 사회, 즉 문화와 정치의 합치를 표현할 수 없었던 사회는 산업화(경제 성장)의 경쟁 속에서 탈락해 갈 수밖에 없다.

결국 겔너에 따르면 산업화에 수반되는 직업 구조의 유동화와 직업 내용의 변화가 사회의 평등성을 초래했으며, 그 평등성을 정당화하고 또한 실현하기 위한 문화로서 내셔널리즘이 요청되는 것이다. 내셔널리즘은 산업화에 수반되는 사회 시스템의 기능적인 부분을 충족시키는 것이다.

하지만 이상으로 개관한 겔너의 논의는 몇 가지 의문을 유발한다. 첫째로, 겔너의 논의는 종교와도 유비될 수 있는 내이션으로의 강한 감정적 관여를 설명하지 못한다. 산업화에서의 기능적 요구라는 근거만 가지고는 자신의 죽음도 불사하며 내이션에 강하게 집착하는 사람이 무수히 많다는 사실을 설명할 수 없다.

둘째로, 겔너의 논의는 내셔널리즘에 의한 내이션의 내부 평등화를 강조하고 있다. 이것은 평등화의 반작용으로서 내이션이 특수화되고 다른 내이션으로부터 차별화되고 있다는 국면을 경시하고 있는 듯이 보인다. 내이션의 특수화에 수반되는 물적·인적·감정적인 커뮤니케이션의 폐쇄는 때로는 산업화와는 무관하며, 나아가 산업화에서 역기능으로 작용하기도 한다. 내셔널리즘과 산업화가 무관한 듯이 생각되는 사례는 특히 초기의 내셔널리즘에서 발견된다. 예컨대 미국독립혁명이 프랑스혁명에 앞서 발생했다는 점에서도 시사되듯이, 신대륙에서 내셔널리즘은 대단히 빨리 등장했지만 당시 산업화라는 시점에서 본다면 신대륙은 매우 원시적인 단계에 있었다.

내셔널리즘이 산업화에서 역기능을 초래한다고 생각되는 사례는 오늘날의 우리들이다. 현대 경제에서 내이션이 다른 언어나 문화를 가지고 있다는 점은 매우 불편한 일이다. 그러나 나중에 언급하겠지만, 그렇다면 20세기 말 이후 내셔널리즘은 쇠락해가는 중인가? 오히려 강화되는 중이다.

출판/자본주의 — 앤더슨B. Anderson

겔너는 산업사회의 기본적인 경향으로서 두 가지 요인, 즉 직업구조의 유동화와 직업 내용의 변화를 발견했다. 둘 중에 기초적인 '지地'를 형성하고 있는 것이 전자(평등화)이다. 후자(특수한 언어능력의 보급)는 전자의 규정을 받으며 전자에 내용을 부여하는 요인이며,

'도圖'에 대응한다. 베네딕트 앤더슨은 이 '도圖'에 대응하는 부분이야말로 오히려 기저를 이루는 요인이라고 간주했다. 그럼으로써 앤더슨이 목표로 한 것은 바로 겔너가 설명하는 데 실패했던 두 가지 요점, 즉 종교적인 관여와 특수주의적 국면이다(Anderson, 1983).

무엇보다도, 내셔널리즘은 언어적인 현상이다. 이 의견을 견지하는 앤더슨에 따르면, 내셔널리즘을 형성하는 주요한 요인은 속어oral vernacular[9]가 출판을 매개로 보급된 것에 있다. 보급된 속어야말로 '국(민)어'로서 받아들여지게 된 것이다. 예를 들면, 에른스트 모리츠 아른트E. M. Arndt는 다음과 같이 노래했다고 한다. "독일 조국이란 무엇인가? 독일의 말이 울려 퍼지는 한, 신이 하늘에서 노래하는 한, 이 나라를 이렇게 묻지 않으리(田中, 1981)." 이 시는 라틴어가 아닌 특정한 속어(이 경우에 독일어)의 사용이 정체성의 기저 부분을 구성하고 있다는 점, 나아가 그것이 종교적인 관여와 유비될 수 있다는 점("독일의 말이 울려 퍼지는 한"이라는 어구와 "신이 하늘에서 노래하는 한"이라는 어구의 병립이 제시하고 있듯이)을 표현하고 있다.

앤더슨의 설명이 향한 의문점은 출판 그 자체가 반드시 속어를 파급시키는 힘을 가지는 것은 아니라는 것이다. 가령 중국의 인쇄술 발명은 유럽보다 500년이나 앞서 있었지만, 내이션의 형성으로 이어지는 어떠한 혁명적인 영향도 남기지 않았다. 이 점을 앤더슨도 잘 알고 있었기에 중요한 것은 단순한 출판 활동이 아니라 출판자본주의라고 설명한다. 처음에 출판물은 라틴어 지식인 시장을 대

9 시나 문장에 쓰이던 세련되고 교양 있는 문자언어와 달리 일상적으로 사용하는 구어, 혹은 방언이나 지방어를 말함 - 역자 주.

상으로 출판되었지만, 그 시장은 머지않아 포화 상태가 되어버린다 (약 500년이 걸렸다고 한다). 포화된 후에 인쇄업자와 출판사는 자본주의적인 활동에 기초하여 한 가지 언어만을 말하는 대중들의 거대한 시장을 개발하려고 했을 것이라고 앤더슨은 설명한다. 하지만 우선 이 설명을 전면적으로 인정한다고 해도 의문은 남는다. 대중이 시장에 소비자로서 등장하지 않고서는 이 자본주의적 활동은 충족되지 않는다. 그때까지 구어를 통한 직접적인 커뮤니케이션에 자족하고 있던 대다수의 민중이 문자에 의한 표현·이해까지 흥미를 갖기 시작한 것은 어떤 이유에서일까?

이 의문은 출판과 자본주의에서 '도圖'와 '지地'의 관계를 앤더슨과는 반대로 해석해야 하는 것은 아닌지를 시사한다. 속어의 문자 표현에 대한 수요는 자본주의적인 사회변동 속에서 유발되었을 것이다. 예컨대 상업·산업 부르주아지bourgeoisie 및 관료 등을 포함한 전문직에 종사하는 사람들이 속어 출판물의 소비자가 되었다. 그들은 겔너가 주목한 '의미적인 노동'에 종사하는 사람들이다. 그렇다고 한다면, 출판이라는 범주 안에 속하는 특수한 자본주의가 문제인 것이 아니라, 출판을 촉진 요인으로서 수반하는 자본주의의 전반적인 운동이 기저를 이루고 있는 셈이다.

겔너는 내셔널리즘을 낳는 규정적인 요인을 경제적인 계기, 즉 산업화에서 찾았다. 겔너가 말하는 '산업화'란 경제 성장이 필연이 되는 현상을 말한다. 그렇다면 산업화된 사회란 '잉여가치'의 부단한 생성을 수반한 시스템, 즉 자본주의 사회이다. 이렇게 보면 겔너의 논의에 관한 검토에서 시작된 고찰은 일종의 뫼비우스 띠를 그리고 있는 셈이다. 겔너와 앤더슨의 주장에 대한 비판적 고찰이 암시하는 것은 내셔널리즘은 자본주의의 어떤 측면 —자본주의 일반이 아니라, 어떤 특정한 단계와 측면— 과 서로 연관되어 탄생한 것은 아니겠느냐는 것이다.

앞서 앤더슨이 열거한 내셔널리즘의 세 가지 역설 중에 두 가지만을 소개했다. 세 번째 역설은 다음과 같다. 즉 내셔널리즘은 근대의 어떠한 '이즘(~주의)'보다도 거대한 영향력을 지니고 있음에도 불구하고 철학적으로는 매우 빈곤하여, 자유주의liberalism나 마르크스주의marxism, 페미니즘feminism 등의 다른 '이즘'과 다르게 위대한 사상가를 배출하지 못했다는 점이다. 위대한 사상가를 배출하지 못했지만, 사회적으로는 절대적인 영향력을 가진 근대의 '이즘'은 하나 더 있다. 자본주의capitalism이다. 유난히 빈곤한 이 두 가지 '이즘' 사이에는 어떤 식으로든 내재적 관계가 존재할지도 모른다.

에스니ethnie의 국가적 기원 – 스미스A. Smith

자본주의는 미래 지향적인 사회 시스템이다. 만약 자본주의의 어떤 측면과 내셔널리즘 사이에 관련이 있다고 한다면, 여기서부터 다음과 같은 역설이 도출될 것이다. 즉 인류 역사상 변혁에 대한 가장 압도적이고 강력한 갈망을 품고 출현한 자본주의라는 사회 시스템은 미래를 향한 갈망의 정도와 비례라도 하듯이 심원한 과거로의 향수도 강화시키고 있는 것처럼 보인다. 이 과거에 대한 향수를 문자 그대로 해석하면, 내셔널리즘의 기원을 고대에서 찾으려는 원초주의가 등장한다. 겔너의 제자인 앤서니 스미스는 근대주의와 원초주의를 절충하는 형태로 내셔널리즘의 성립을 설명하고자 한다 (Smith, 1986).

스미스는 확실히 고유한 의미에서의 내이션은 근대에 성립한 것이지만, 내이션의 소재라고도 할 수 있는 민족 공동체 —이것을 '에스니ethnie'라고 부른다— 는 아득히 먼 고대부터 존재하고 있었다고 말한다. 공통된 혈통 신화나 문화의 공유 등으로 특징되는 에스니가 산업화를 기점으로 하는 근대의 사회변동에 처하게 되면서 내이션으로 이행했다는 것이다. 단적으로 말하면, 스미스의 설명은 민족주의자의 주관적인 통념을 추인한 것에 불과하다. '에스니'와 같은 원초적인 공동체로부터 앤더슨이 '상상의 공동체'라고 부른 내이션의 성질 —직접적인 관계로부터 독립한 공동성— 은 직접적으로 도출되지 않는다. 그렇다면 내이션 이전의 에스니와 같은 공동체와 내이션의 연속성을 강조하기보다는 둘의 질적인 단절에 주목하는 편이 이론적인 관점에서는 보다 생산적이라고 말할 수 있다.

하지만 스미스가 언급한 성질(에스니)이 내이션에 없는 것은 아니다. 이것은 다음과 같은 질문을 세워보면 명백해진다. 내이션은 공동 사회gemeinschaft 아니면 이익 사회gesellschaft인가? 민족주의자는 빈번하게 내이션을 거대한 가족이나 부족 혹은 촌락과 같은 것으로서 표상하고 있다. 즉 내이션을 에스니의 확장으로서 상상하고 있는 것이다. 그런 의미에서 내이션을 공동 사회의 한 형태라고 생각하고 싶다. 그러나 다른 한편으로, 전통적인 부족적 공동체나 촌락 공동체가 해체되어 충분히 도시화된 단계가 되어서야 처음으로 내이션은 등장한다. 그런 의미에서는 내이션은 이익 사회이다. 이처럼 내이션은 가장 기본적인 사회 유형(공동 사회 / 이익 사회)을 빠져나가 버리는 것이다[10].

일견 소박한 스미스의 논의도 그것을 총체적으로 뒤집어 보면 흥미로운 시사를 함축하고 있다. 스미스의 논의를 뒤집는다는 것은 다음과 같다. 스미스는 역사적으로 (사실 문제로서) 에스니가 내이션의 기원이라고 논했다. 이에 대해, 논리적으로는 내이션이야말로 에스니의 기원이라고 반대로 생각해 보는 것이다. 어떤 의미인가? 약간의 설명이 필요할 것이다.

근대로의 이행은 원초적인 공동체(에스니)의 전인격적이고 유기적인 관계로부터 개인을 해방하고, 시민권과 같은 보편적이고 추상적(매개적)인 규정에 의해 내부의 개인들을 연결하는 공동체를 성립시킨다. 여기서 결정적으로 중요한 것은 이 보편적이고 추상적인 결합은 그 자체로서는 전혀 기능하지 않는다는 점이다. 그것이 기능하기 위해서는 보편적이고 추상적인 결합이 민족적이고(특수하고) 구체적인 모습을 띠어야 한다. 바꿔 말하면, 민족적이고 구체적인 결합이 시민 공동체의 보편적이고 추상적인 관계를 표시하고 구현하는 것으로 의미가 부여될 때, 비로소 보편적이고 추상적인 관계가 실효적인 것으로서 사람들을 끌어들이게 되는 것이다.

간단하게 말하면, 어떤 민족 공동체의 좋은 성원인 것 —예를

10 '공동 사회이면서 동시에 이익 사회이다'라는 내이션이 가진 양의성의 극한은 앞서 '인구'와의 연관에서 확인해 두었던 구성이다. 내이션은 한편으로, 서로 간에 유대가 없는 추상적인 개인의 집합(인구) —이익 사회의 극단적인 사례— 으로도 보여지고, 다른 한편으로, 강한 숙명적인 연대에 의해 맺어진 공동체 —공동 사회— 로도 보여진다.

들면, 좋은 '일본인'이라는 것— 이 그대로 좋은 시민이라는 것의 구체화로서 의미가 부여될 때, 시민 공동체가 실효적인 것으로서 사람들을 끌어들일 수 있다.

이 메커니즘을 예시하기 위해서 잠시 우회해 보자. 앤더슨은 내이션을 '상상의 공동체'라고 논했지만, 가라타니 고진柄谷行人은 칸트Kant의 '상상력(구상력)' 이론과 관련지어 매우 흥미로운 사실을 지적하고 있다(柄谷, 2004). 칸트가 감성(느끼는 것)과 오성(생각하는 것)을 엄격히 구별한 것은 잘 알려졌지만, 가라타니는 칸트가 감성과 오성의 성격을 아울러 가지고 있는 듯이 보이는 미학적 취미 판단에 대해 어떻게 논했는가에 주목하고 있다. 칸트는 취미 판단에는 다음과 같은 이율배반antinomy이 수반된다고 주장한다. 즉, '취미 판단은 개념에 기초한 것이 아니다'라는 명제(①)와 그것의 부정인 '취미 판단은 개념에 기초한 것이다'라는 명제(②)가 함께 성립한다는 것이다. (①)은 취미 판단은 논증에 의해 그 타당성이 결정되는 것이 아니라는 것을 의미한다. 하지만 한편으로, 우리는 취미 판단에 대해서도 논쟁을 걸고 타인의 동의를 구하려 하기도 한다. 이것이 (②)의 의미이다. 칸트는 감성과 오성을 구분하면서 동시에 이 둘이 종합될 수 있는 가능성이 있다고 보고, 양자를 매개하는 능력을 '상상력(구상력)'이라고 불렀다. 이것이 중요한 지점이지만, 칸트는 이러한 종합 능력을 그 자체로서 적극적으로 제시할 수 있다고는 생각하지 않았고, 여기에서 본 것처럼 이율배반의 형식으로 간접적·소극적으로만 제시할 수 있을 뿐이라고 주장했다. 그러나 칸트에 이어 피히테Fichte나 셸링Schelling 등의 낭만파 철학자들은 감성과 오성(이성)을 종합하는 능력을 직접적이고 적극적으로 끄집어낼 수 있다고 생각하게 되었다. 예를 들면, 셸링은 직관적 지성이 감성과 오성의 이원성을 넘어 양자를 종합한다고 했다. 여기서 중요한 것은 피히테나 헤르더Herder와 같은 낭만파 철학자들은 내셔널리즘의 기초를 다지는 이론가였다는 점이다. 이에 반해 칸트는 잘 알려졌듯이, 보편주의적인 세계시민주의를 주장했다.

이상의 가라타니 고진의 통찰은 우리 논의의 문맥에서는 어떠한 의미인 것일까? 취미 판단이 개념에 기초하지 않는다는 것(①)은 그것이 어디까지나 개별적·특수적이라는 것을 의미한다. 그에 반해 취미 판단이 개념에 기초한다는 것(②)은 그것이 보편적인 타당성을 요구한다는 것을 말한다. 즉 미학적 취미 판단은 개별성·특수성으로의 지향과 보편성으로의 지향, 두 가지 지향성으로 갈려 있는 것이다. 이야말로 우리가 내셔널리즘에서 발견한 두 가지 벡터인 것은 아닌가? 칸트는 이 둘을 적극적으로는 연결시키지 않았다. 양자를 적극적으로 통합한 철학자들, 즉 감정에 이미 이성적인 것이 있다고 한 —요컨대 이성(도덕)을 감성화(미학화)한— 낭만파 철학자들이 내셔널리즘의 지도자가 되었다는 사실은 우리의 가설과 정확히 대응한다고 말해도 좋다. 내셔널리즘이란 보편주의와 특수주의의 공존과 교차에 의해서야말로 특징지어질 수 있으니까 말이다.

이렇게 정리하고 나서 '스미스의 논의를 뒤집는다'는 것의 해설로 되돌아가자. 앞서 보편적이고 추상적인 관계가 민족적(구체적) 결합이라는 모습을 띠고 출현한다고 논했지만, 이러한 메커니즘은 '이미지'의 기능과 유비될 수 있다. 방금 확인한 것처럼, 내셔널리즘이

'상상력(구상력)'에 대한 이해와 깊이 관련되어 있다고 한다면 이러한 유비도 충분히 정당화될 수 있을 것이다. 예컨대 '삼각형'은 추상적이고 일반적인 개념이다. 그것은 '세 개의 직선으로 둘러싸인 도형'으로 정의할 수 있다. 하지만 우리는 이 추상적으로 정의한 개념만으로 '삼각형'이 무엇인지를 이해하는 것은 불가능하다. '삼각형'이라는 개념을 이해하기 위해서는 삼각형에 대한 구체적인 이미지像가 어떻게 해서든지 필요하다. '삼각형'이 무엇인지 모르는 사람에게 그것을 가르치는 장면을 상상해 보면 이는 금방 이해될 것이다. '세 개의 직선에……'라는 추상적인 정의를 아무리 반복하여도 상대에게 '삼각형'의 본질을 이해시키는 것은 불가능하다. '삼각형'에 대하여 가르치기 위해서는 몇 가지 구체적인 삼각형을 그려 보면 좋다. 머지않아 상대는 '삼각형'을 이해했다는 확신에 도달할 것이다. 이때 구체적인 삼각형의 이미지가 '삼각형'이라는 추상적 개념의 의미를 담당하고 있는 것이다. 유의해야 할 것은 객관적인 관점에서 볼 때 구체적인 각각의 삼각형은 결코 '삼각형'이라는 개념 그 자체는 아니라는 것이다. 그것들은 어떤 크기의 모서리와 어떤 길이의 변을 가지는 특정한 삼각형일 뿐, 결코 삼각형 일반은 아니다. 그럼에도 불구하고 '삼각형'에 대해 진실로 이해하고 있을 때, 어떤 특정한 삼각형의 이미지는 '삼각형'이라는 개념의 현상으로서 보이고 있는 것이다.

이것과 유비적인 관계가 에스니(삼각형의 구체적인 이미지에 대응)와 시민 공동체('삼각형'이라는 개념에 대응) 사이에 성립하고 있을 때, 그 양자의 관계야말로 실로 내이션인 것이다. 각각의 구체적인 삼각형은 결코 개념으로서의 '삼각형'은 아니지만, 그것 없이 '삼각형'이라는 개념을 이해하는 것은 불가능하다. 마찬가지로 시민의 추상적인 공동체는 에스니의 구체적이고 유기적인 결합과는 다르지만, 그것 없이는 구성될 수 없는 것이다. 각각의 삼각형의 이미지가 개념 그 자체와는 합치하지 않음에도 불구하고 개념의 구현이라고 간주되듯이, 에스니가 추상적인 공동체의 직접적인 형태로서 체험되었을 때 내이션이 되는 것이다.

어떤 특정한 구체적인 삼각형이 '삼각형' 일반의 표현이 되기 위해서는 '삼각형'이라는 개념에 대한 이해가 전제되어 있어야 한다. 이것이야말로 에스니가 내이션의 기원인 것이 아니라, 내이션이야말로 에스니의 논리적인 기원이라는 주장 안에 함축되어 있는 관계이다. 어떤 특정한 에스니가 내이션의 시민적 공동성의 구체화로서 의미를 가지는 경우, 추상적인 시민적 공동성으로서의 내이션에 대한 지향이야말로 우선은 논리적인 선행조건이 되고 있는 것이다. 내이션으로의 지향성 그 자체는 에스니에 대한 다양한 조건과는 다른 곳에서 유래한다. 하지만 일단 그러한 지향성이 주어지게 되면, 에스니는 그것을 구체화하고 현실화하기 위하여 유효하게 작용하는 것이다.

4 내셔널리즘의 철 지난 돌풍

20세기 말 이후, 특히 냉전 종결 이후 전 세계적으로 내셔널리즘의 돌풍이 거세게 불고 있다. 현재의 내셔널리즘 돌풍은 완전히 철 지난 것으로, 사회학적인 필연성이 결여된 듯이 보인다. 지금까지 논의해 온 것처럼 내셔널리즘은 처음부터 수수께끼 가득한 사회 현상이기는 하다. 하지만 현대 내셔널리즘에 관해 말한다면 수수께끼는 한층 더 심화되고 있다.

19세기의 고전적인 내셔널리즘도 확실히 불가사의한 현상이기는 하지만 그렇더라도 그 단계에서라면 내이션에 의미와 기능을 부여하는 몇 가지 경제적 혹은 문화적인 근거를 발견할 수도 있다. 겔너가 언급한 것처럼, 내이션이라는 문화적으로 균질한 단위는 일찍이 산업화에 유리한 실체였다. 혹은 앤더슨이 언급한 것처럼, 인쇄

미디어를 중심으로 하는 대중매체에서는 정보를 수집하거나 발신하는 영역은 상당할 정도로 내이션의 확장과 일치하고 있다. 애초에 사람들이 빈번하게 이동할 수 있는 영역이 내이션의 영토를 크게 넘어서는 일은 불가능했다.

하지만 20세기가 끝나갈 무렵, 이것들의 조건은 모조리 상실되고 있다. 내셔널리즘은 그 필요성을 전부 상실했을 때, 즉 사회가 쓰레기화 되었을 때, 그 세력을 가장 증대시키고 있는 듯이 보이는 것이다. 현재의 내셔널리즘은 고전적인 내셔널리즘과 질적으로 다른 것일까? 아니면 양자는 본질적으로 동일한 메커니즘에 의해 작동되고 있는 것일까?

표면적으로 봐서 알 수 있는 현대 내셔널리즘의 특징을 확인해 두자. 첫째로, 현대 내셔널리즘은 이른바 국민을 민족화하는 운동으로서 발생하고 있다. 고전적 내셔널리즘은 주로 국지적인 공동체 —직접적인 면식 관계를 기초로 한 공동체— 를 '국민'이라는 범위에서 포괄적인 단위로 한데 모으는 압력으로서 작용하고 있었다. 하지만 오늘날의 내셔널리즘은 이러한 인민의 국민화와 정확히 반대 방향의 압력을 가하고 있다. 그것은 국민을 '민족(종족)'이라는 좀 더 작은 단위로 분해해 가는 압력으로서 작용하는 것이다.

둘째로, 현대 내셔널리즘은 '민족화'와는 정반대 방향으로 향하는 운동과 깊게 연동하고 있다. 즉 오늘날의 내셔널리즘은 국민국가를 국제적이고 좀 더 큰 정치 단위 안으로 해소해 가려고 하는 경향과 동시대적으로 공존하고 있으며, 나아가 직접 연동하고 있는 것이다. 이러한 경향을 대표하는 것이 유럽 공동체이다. 유럽 공동체는 유럽의 국민국가의 주권 일부를 좀 더 포괄적인 정치적 단위로 사실상 위양하고, 그럼으로써 국민국가를 그 포괄적인 정치적 단위에 포섭하려는 것이다. 혹은 이슬람 원리주의와 같은 국제적인 이슬람교의 운동 또한 이러한 경향을 대표하는 사례로 들 수 있겠다. 이슬람교는 국민국가의 틀을 넘어선 —혹은 국민국가와 무관한— 보편적인 원리이다. 그런 의미에서 이슬람 원리주의 및 이슬람 회복운동은 내셔널리즘을 상대화하는 운동으로 볼 수 있다. 그러나 때로는 이슬람교 자체가 민족적 정체성을 규정하는 가장 중요한 계기로서 자리매김하는 경우도 있으며, 이때는 이슬람 회복운동 그 자체가 내셔널리즘으로서 나타나게 되는 것이다. 유르겐스마이어Juergensmeyer가 '종교내셔널리즘'이라고 부르고 있는 것은 이러한 경우를 말한다(Juergensmeyer, 1993).

국민국가를 넘어서는 국제적인 정치적 주권의 극한에서 발견되는 것은 하트Hardt와 네그리Negri가 '제국'이라고 부른 사회적 실체이다. '제국'이란 세계적인 경제적·정치적 교환을 유효하게 조정하는 주체를 말한다. 그것은 어떤 특정한 국가 및 제도와도 동일시될 수 없다. 글로벌한 사회가 고대 로마제국과의 유비를 통해 기술할 수 있는 듯한 '제국'이 되고 있다. 이것이 하트와 네그리의 중핵적인 주장이다(Hardt&Negri, 2000). 오늘날의 에스노 내셔널리즘(종족 민족주의)은 글로벌한 '제국'적 시대의 내셔널리즘이다. 따라서 현재 고전적인 '국민'이 서로 반대 방향으로 찢어지려 하고 있다. 한편에서, 국민은 '제국' 안으로 포섭되어 그 일부가 되려고 하며, 다른 한편으로 국민은 민족(종족)으로 세분되려고도 하고 있다.

우리는 내셔널리즘의 본질적인 특징이 보편성으로의 지향과 특수성으로의 지향의 교차점에 있다고 언급해 왔다. 지적한 두 가지 특징은 20세기 이후의 새로운 내셔널리즘 또한 이 두 종류의 지향성, 두 종류의 벡터와 관련지어 설명하고 이해해야 한다는 것을 시사한다. 그렇지만 확실히 새로운 내셔널리즘은 고전적인 내셔널리즘의 경우와 비교하여 두 벡터가 접합되는 방식이 다르다. 고전적인 내셔널리즘은 특수주의와 보편주의의 상호 배반하는 벡터의 균형점에서 —즉 양자의 타협점에서— 내이션을 매듭짓는 것으로서 성립해 왔다. 내이션의 규모는 두 벡터가 완전히 균형 잡힌 지점이었던 것이다. 그에 반해, 특수주의와 보편주의가 모두 이 균형점의 위치를 넘어서 강화될 때 나타나는 것이 현대 내셔널리즘인 것이다. 균형점을 넘어서 강화된 특수주의와 보편주의가 돌연 단락短絡, short-circuit적으로 만나는 장소, 거기에서 산출되는 것이 현대적인 에스노내셔널리즘이고, 또한 '제국'인 것은 아닌가?

이 장에서는 내셔널리즘의 이론이 탐구해야만 하는 물음은 어디에 있는가, 즉 보편성으로의 지향은 왜 특수성으로의 지향으로 반전하는지에 관해서만 제시했다. 다음 장에서는 근대 이후 21세기에 도달하기까지의 일본의 내셔널리즘에 관해서 논의하고자 한다.

제2장

내셔널리즘에서 초국가주의로

1

메이지(明治) 내셔널리즘

일본 내셔널리즘과 천황제

내셔널리즘은 근대적인 현상이다. 일본에서 대중의 국민화는 천황제의 근대적인 제도화를 통해서 발생했다. 미시적 차원에서 근대란 개인들이 주체로서 구성되는 것으로 정의된다. 근대 일본 사회에서 국민들은 천황과 마주한 주체로서 구성되었다.

정확히 언제 일본은 내이션으로 확립되었는가? 에도 시대의 일본 사회가 국민국가를 구성하고 있었다고는 생각할 수 없다. 에도 시대에 일본열도의 주민도 물론 '일본'이라는 사회적인 실체가 존재한다는 것은 알고 있었지만, 그들에게 '일본인이다'라는 것은 정체성의 중요한 요소는 아니었다. 정확히 오늘날의 일본인이 자신들이 아시아에 속해 있는 것을 알고는 있어도 '아시아인이다'라는 정체성을 각별하게 여기지 않는 것과 동일하다. 에도 시대의 무사에게 자신이 소속해 있는 '국가'는 일본이 아니라 번藩이다.[1] 그렇다면 에도 시대 이후 언제부터 일본인은 자신들을 '일본인'이라고 여기기 시작했던 것일까? 언제부터 일본인에게 정말로 '일본인'이라는 정체성이 불가결하고 중요한 요소가 되었던 것일까? 이 과정이 메이지 20년대(1887년~)에 확립되었다는 것을 보여주는 몇 가지 증거가 있다.[2] 그중에서도 가장 중요한 증거는 천황제의 변용과 제도화에서 발견된다. 에도막부 말기에 그때까지만 해도 정치적으로 영향력을 행사하지 못했던 천황제가 개정되었다. 천황을 근대 정치에 참여시키기 위해서 일반 민중에게 천황의 현실적인 신체를 보여주는 의식儀式이 고안되었다. 다카시 후지타니T. Fujitani에 따르면, 메이지明治 20년(1887년) 무렵에 천황의 신체를 보여주는 연출 방법은 크게 변화했다고 한다.[3] 이 변화는 일본 사회가 당시 처음으로 내이션으로서 구성되었다는 관념을 뒷받침하고 있다.

메이지 전반, 순행巡幸은 천황의 신체를 극적으로 연출하기 위

1 '번(藩)'이라는 말은 에도 시대 사람들이 '일본인'이라는 자각을 거의 하지 않았다는 것을 잘 보여주고 있다. 번이라는 말을 일반적으로 사용하게 된 시점은 그 말이 사라지게 되었을 때, 즉 '폐번치현(廃藩置県 : 메이지 4년인 1871년, 번을 폐하고 지방 행정을 현으로 통일한 개혁 - 역자 주)을 실시한 때이다. '번'은 에도 시대 사람들에게 익숙하지 않은 전문어와 같은 것이었다. 그렇다면 '폐번치현' 때에는 왜 이 말이 다시 불리기 시작한 것일까? 폐지된 것은 '번'이지 '국가'가 아니라는 것, '국가'는 번이 아니라 현의 집합으로서 일본이라는 것을 당시의 일본 사람들에게 자각시킬 필요가 있었기 때문이다. 달리 말하면 무사와 같은 엘리트를 포함한 일본 사람들에게는 '일본'이라는 '국가'로의 소속 의식이 메이지 초기에는 아직 부족했던 것이다.

2 에도 시대가 끝난 것은 1868년이다. 에도 시대 이후로, 메이지 시대(1868년부터 1912년), 다이쇼 시대(1912년부터 1926년), 그리고 쇼와 시대(1926년부터 1989년)로 이어졌다.

3 다카시 후지타니, *Splendid Monarchy*, Berkeley : University of California Press, 1996. [한석정 옮김, 『화려한 군주』, 이산, 2003.]

메이지 천황의 전국 순행(메이지 9년 6월 2일 오우〔奥羽〕 지방 천황 순행 만세교의 풍경, 우타가와 히로시게〔歌川広重[三代]〕 그림, 와세다 대학 도서관 소장).

하여 기획된 주요한 의식이었다. 천황은 그 신체의 실재를 일반 대중에게 분명하게 보여주기 위하여 전국을 돌았다. 천황은 항상 이동하고 있었으므로 제국의 수도에 대한 관념은 존재하지 않았다. 도쿄는 단지 주요한 행궁[4]에 불과했던 것이다. 그렇지만 메이지 20년대, 도보에 의한 순행은 돌연 중지되었다. 기차를 이용한 순행은 빈번히 이루어졌지만, 천황의 신체를 직접 눈앞에서 볼 수 있는 기회가 확연히 감소한 것이다. 후지타니에 따르면, 이와 동시에 도쿄가 수도여야만 한다는 일반적인 인식이 확립되었다고 한다. 이 시점부터 천황은 행사를 거행하는 장소인 수도에 주로 머무르게 되었다.

도쿄에서 처음 거행된 주요한 행사는 메이지 22년(1889년)의 대일본제국헌법 발포 기념식이었다. 이때 황실의 행사 방식이 변화해 가던 중 이전에는 일반 민중에게 가시적이었던 천황의 신체가 메이지 천황의 어진[5]으로 대체되었던 것이다. 흥미로운 것은 천황이 찍

4 왕이 거동할 때에 묵던 별궁 - 역자 주.

5 왕의 화상이나 사진 - 역자 주.

에두아르도 키오소네(Edoardo Chiossone)가 그린 메이지 천황의 초상화. 출전 : 일본어판 위키피디아.

힌 원본 사진이 천황 자신의 사진이 아니었다는 점이다. 대신 제시된 것은 이탈리아인 화가 에두아르도 키오소네Edoardo Chiossone[6]가 그린 초상화의 사진이었던 것이다. 따라서 천황의 초상은 실제로는 천황을 간접적으로 표상한 것이었다. 이러한 변화가 왜 일본에서의 내이션 창출을 상징하는 것일까?

천황을 둘러싼 의식 양식의 변화는 천황의 신체가 일반 대중에게 비가시적인 것이 되는 결과를 불러왔다. 좀 더 정확히 말하면, 이러한 변화는 국민에게 천황의 신체가 (부분적으로) 추상적인 것으로서 국민을 통합할 수 있다는 관념과 연결되고 있다. 만약 수도에서 새롭게 거행되는 의식이 수도에서 멀리 떨어진 지역을 포함한 전국 모든 지방에서도 의미가 있다면, 나아가 지방에서도 도쿄를 모방하여 의식이 거행된다면, 천황의 신체를 일반 민중이 직접 볼 수 없더라도 천황 통치가 현실적으로 작동하게 되는 것이다. 이러한 전개 이전에 천황이 전국 곳곳을 돌며 국민 앞에 모습을 드러내는 것이 필요했던 것은 각 지방에서 공동체의 결속이 공동체 성원간의 직접적인 관계(이념적으로 말하면, 서로 안면

6 에두아르도 키오소네(1833~1898) : 이탈리아의 판화가·화가. 메이지 8년(1875년)에 일본으로 건너가 일본의 근대 지폐, 우표의 인쇄 기술에 대한 기초를 쌓는 데 노력하였으며, 젊은이들의 미술 교육 보급에도 힘썼다 - 역자 주.

이 있음)에 기초하고 있었기 때문이라는 것을 암묵적으로 보여주고 있다. 모든 공동체의 통일을 실현해야 하는 천황은 긴 여행을 통해 지방의 공동체에 자신을 드러내야 했다. 왜냐하면, 각각의 공동체에서 결속이란 사람들 사이의 상호적이고 직접적인 현전現前에 의해 확보되기 때문이다. 그렇지만 공동체의 결속이 (부분적으로) 추상적인 천황의 신체에 의해 보장되었을 때, 공동체는 사람들 사이의 직접적인 상호작용으로부터 독립하여 통일되는 것이다.

이러한 종류의 공동체가 내이션이다. 베네딕트 앤더슨은 내이션의 개념을 정의하는 것이 곤란하다고 인정하는 한편, '아무리 적은 수의 국민일지라도 내이션을 구성하는 사람들은 그 대다수의 동포를 알지도 못하며 만날 일도 혹은 그들에 대해 듣는 일도 없다'는 점을 지적하고 있다.[7] 내이션은 단순히 특정한 개인을 둘러싼 사회적 관계의 구체적인 네트워크를 연장시킨 것이 아니라 추상적인 통일인 것이다. 내이션이 추상적인 공동체로부터 성립할 때, 내이션의 구성 요소를 통합하기 위해 추상적인 것으로서 천황의 신체를 유지하는 것이 필요하며, 또한 가능하기도 한 것이다.

일본의 국민화가 메이지 20년대에 확립되었다는 것을 뒷받침하는 여러 증거가 있다. 내이션의 특징 중 하나로 속어문의 도입이 있다. 이는 앤더슨이 특히 주목했던 점이다. 속어문의 도입은 국민어의 형성과 깊이 관련되어 있다. 일본에서 속어로 쓰인 문학은 문어와 구어의 통합을 나타내는 언어로 쓰였으며, 1880년대 말부터

7 베네딕트 앤더슨, 『想像の共同体』(白石や·白石隆訳), NTT出版, 1997. [윤형숙 옮김, 『상상의 공동체』, 나남, 2002.]

1890년대에 걸쳐 시작되었다. 속어로 쓰인 최초의 소설은 후타바테이 시메이二葉亭四迷[8]가 메이지 20년(1887년)부터 메이지 22년(1889년)에 걸쳐 집필한 『뜬구름浮雲』이었다.

국민적 구성이 확립되었다는 것을 가리키는 또 하나의 징후는 철도의 발견이었다. 철도의 부설은 국가 건설에 중요한 것이었다. 왜냐하면 철도는 모든 주요 도시를 최종적으로 수도와 연결하는 운송 네트워크로서 국가가 하나의 균질한 공간이라는 인식을 심어주는 데 공헌하기 때문이다. 일본의 주요 철도는 모두 메이지 20년대에 부설되었다(예를 들어, 도카이도 혼센東海道本線은 메이지 22년, 도호쿠 혼센東北本線은 메이지 24년, 또한 신에쓰 혼센信越本線은 메이지 26년에 부설되었다).

초국가주의의 변화

일본의 파시즘인 쇼와昭和 시대의 초국가주의는 일본에 의한 아시아 침공과 최종적으로는 태평양전쟁의 주요 원인이었다. 이것은 천황에 대한 광신적인 숭배로부터 성립되었다. 문제는 초국가주의가 단순히 메이지 후반부터 시작된 초기 내셔널리즘을 강화한 형태에 불과한지에 있다. 초국가주의는 메이지 시대의 내셔널리즘을 가동한 것과 동일한 메커니즘에 의해 지탱되고 있는 것일까? 그렇지 않으면, 메이지 시대의 내셔널리즘에서 쇼와 시대의 초국가주의로

8 후타바테이 시메이(1864~1909) : 에도(지금의 도쿄) 출생의 일본의 소설가, 번역가. 러시아 문학 번역에 탁월했으며, 사실주의 소설 『뜬구름』은 언문일치로 쓰여져 일본 근대소설의 시초가 되었다 - 역자 주.

의 변이에는 어떤 성질의 변화가 있는 것일까? 이러한 질문은 양의 적이기는 하다. 하지만 이 답을 탐색하는 것은 문제의 중요성을 명확히 하기 위하여 도움이 될 것이다.

하시카와 분소橋川文三는 전형적인 초국가주의자는 전형적인 국가주의자와는 다르며 어딘가 범상치 않은 기이한 성질을 가지고 있다고 언급했다.[9] 이러한 문맥에서 볼 때, 전형적인 초국가주의자는 태평양전쟁 이전의 쇼와 시대에서 빈번히 발생하던 테러리즘과 결부되어 있다고 생각된다. 이미 메이지 시대에도 테러리스트에 의한 사건이 많이 있었다. 그럼에도 불구하고, 초국가주의 시대의 테러리즘의 성질은 초기의 테러리즘과는 완전히 다른 것이었다. 초국가주의에 대하여 쓴 영향력 있는 비평가들(하시카와 분소, 구노 오사무久野収)은 야스다 젠지로安田善次郎(야스다 재벌의 창시자)를 암살한 아사히 헤이고朝日平吾[10]를 최초의 초국가주의자 테러리스트로 간주하고 있다. 아사히에 의한 암살은 동시대인에게도 획을 긋는 사건처럼 보였다. 이에 대한 요미우리 신문의 기사는 다음과 같다.

오쿠보 도시미치大久保利通[11]의 죽음, 모리 아리노리森有礼[12]의 죽음,

---

9 하시카와 분소, 『昭和ナショナリズムの諸相』, 名古屋大学出版会, 1994, p.7.

10 아사히 헤이고(1890~1921) : 일본의 우익 테러리스트 - 역자 주.

11 오쿠보 도시미치(1830~1878) : 막부 말, 메이지 유신기의 정치가. 세이난(西南) 전쟁 후 에도 시대의 구(舊) 무사 계급들에 의해 사살되었다 - 역자 주.

12 모리 아리노리(1847~1889) : 막부 말, 메이지 유신기의 정치가. 히토쓰바시 대학 창설자. 초대 문부대신. 메이로쿠샤(明六社) 회장. 메이지 22년(1889년) 2월 11일 대일본제국헌법 발포식 날에 국수주의자 니시노 분타로(西野文太郎)에게 사살되었다. - 역자 주.

> 호시 도루星亨[13]의 죽음, 각 시대의 색깔을 띤 죽음이지만, 야스다옹의 죽음처럼 사상적인 깊이가 없는……그로부터 생각하면, 야스다옹의 죽음은 메이지 시대에서 다이쇼大正 시대에 걸쳐 심각한 의미를 가진 죽음이다.

이러한 철저한 변화는 테러리즘의 종류에서뿐만 아니라 문화적 차원에서도 드러난다. 예를 들어, 하이쿠 시인 나카무라 구사타오中村草田男는 쇼와 6년(1931년)에 "내리는 눈 / 메이지는 / 멀어졌구나." 라고 읊었다. 이 유명한 시구는 작자의 동시대적인 시점에서 볼 때, 현재와 메이지 시대 사이에 어떠한 차이가 존재하고 있는 것처럼 생각된다는 것을 나타내고 있다. 메이지 34년(1901년)에 태어난 나카무라는 이 시구를 도쿄의 아오야마青山에서 읊고 있다. 그곳은 그가 10살 무렵부터 살던 장소이다. 나카무라가 인식한 차이란 메이지 시대의 끝 무렵과 쇼와 시대의 시작 사이에 위치하는 무엇이리라.

이 사실은 일본에서 내셔널리즘이 탄생한 메이지 시대와 초국가주의가 전개된 전쟁 전 쇼와 시대 사이에 무언가 결정적으로 변화했다는 것을 시사하고 있다. 일본의 내셔널리즘은 대체 무엇이었는가?

---

13 호시 도루(1850~1901) : 정당정치가. 자유민권운동에 참가하여 투옥됨. 제2대 중의원의장. 정우회(政友会) 결성에 참가. 금권형 정당정치를 꾀했다고 여겨지던 중 이바 소타로(伊庭想太郎)에게 암살되었다 - 역자 주.

내셔널리즘의 본질

필자는 메이지 내셔널리즘에서 쇼와 초국가주의로의 변이에 대한 성질상의 변화를 설명하고자 한다. 왜 혹은 어떻게 해서 전자는 후자로 대변동을 이룬 것일까? 우선 우리는 내셔널리즘의 원초적인 형태를 정의해야 한다.

내셔널리즘의 본질은 보편성과 특수성의 혼합이다. 달리 말하면, 보편성을 지향하는 사회적 규범이 어떤 특수한 공동체에 정착되었을 때, 더욱이 그 특수성에 대해서 사람들의 자각이 수반되었을 때 공동체는 내이션으로서 확립되는 것이다. 앤더슨의 논의를 빌려 이미 언급한 것처럼, 내이션이란 특정한 개인을 둘러싼 직접적인 사회관계의 지역적인 네트워크를 넘어(혹은 그것과는 관계없이) 확대된 공간이다. 내이션은 지역적인 공동체를 뛰어넘은 전체적인 영역에 타당한 보편적인 규범과 관계에 있어 그 성원들에게는 균질한 공간인 것처럼 보인다(내이션의 이러한 성질과는 반대로, 지역적인 공동체에서 사람들의 결속은 직접적인 사회관계의 축적으로부터 성립되고 있다). 동시에 모든 내이션은 다른 내이션으로부터 구별되고 한정되는 고유의 영역이다. 사람들은 자신들의 규범이 그들의 고유 영역을 넘어가도 타당할 것이라 기대할 수 없다. 관념적인 차원에서는 보편적인 유효성을 지향하는 규범이 실제로는 내이션의 특수한 영역에 놓인다. 내이션의 보편적인 지향은 항상 특수한 제한과 모순되는 것이다. 즉 내이션의 특수성은 일종의 필요악으로서 보편적인 규범에 부과되는 것이다.

우리는 일본이 추상적인 천황의 신체를 매개로 하여 국민화되었다고 논의했다. 사회적 규범이 귀속되는 초월적 신체의 추상화는 지역적인 공동체를 초월하여 규범이 보편적인 것이 되기 위해 피할 수 없는 대리 보상인 것이다. 오직 전체적인 공간을 지배하는 것으로 간주된 추상적인 신체만이 보편적인 규범을 보장할 수 있다. 그렇지만 내이션의 규범은 보편성과 특수성, 쌍방의 결과이므로 규범을 보장하는 초월적 신체는 추상적인 것과 구체적인 것 사이의 중간물이 되는 것이다. 이러한 과도기적 성질은 후지타니가 분석한 1906년의 개선 대관병식의 석판화를 통해 명시되고 있다. 예를 들어, 한 석판화는 천황의 마차가 구경꾼들 사이를 통과하는 모습을 묘사하고 있다. 그러나 이 판화에서는 버드나무의 긴 가지가 늘어져 있어서 천황의 모습은 보이지 않는다. 보이는 것은 천황의 실루엣뿐이다.[14] 이 석판화는 직접적이고 구체적인 천황의 현전을 부정하면서도, 가지의 저쪽 너머에서는 천황의 신체가 보이는 것을 암시함으로써 간접적으로는 그 구체성을 긍정하고 있다.

따라서 우리는 서양의 내셔널리즘과 일본의 내셔널리즘의 차이를 너무 강조하지 않도록 주의해야 한다. 설령 전자는 절대군주제를 극복함으로써 내이션을 확립하고, 후자는 군주제를 재건하는 것을 통해 내이션을 확립시켰다고 하더라도 말이다. 왜냐하면 일본의 천황제에서 천황 신체의 구체적인 현전은 부정되고 있기 때문이다.

추상화된 천황의 신체가 자리하고 있는 초월적 심급에서 보면,

14 다카시 후지타니, 앞의 책, p.139.

일본인은 동질적인 국민인 것처럼 보인다. 신의 눈과도 유비될 수 있는 초월적인 시점을 모든 국민이 가지게 되었을 때 국민화는 확립되는 것이다. 이는 국민화와 속어문 사이에 있는 병행적인 관계를 통해 지탱된다. 그도 그럴 것이 속어문의 문체로 인해 국민은 그들 또한 초월적인 시점을 가질 수 있게 되었다는 것을 순순히 확신할 수 있기 때문이다. 일본에서 속어의 문체를 확립하고자 했던 노력은 언문일치운동이라고 불렸다. 그렇지만 속어문은 단지 구어의 모방이었던 것만은 결코 아니고, 오히려 완전히 새로운 문체였던 것이다. 많은 작가가 시행착오를 반복하던 중에 속어 문학은 확립되었다. 노구치 다케히코野口武彦에 따르면, 일본어 조동사 중 하나인 'た'가 거의 모든 문장의 끝에 첨가되는 가장 일반적인 조동사로서 도입되었을 때, 속어의 문체가 확립되었다.[15] 'た'는 과거 완료 시제를 구성한다. 이 'た'를 사용함으로써 작자는 이야기가 완료된 시점에 위치하는 전지적 시점을 가질 수 있게 되는 것이다. 따라서 그 또는 그녀는 이러한 시점으로부터 소급하여 이야기의 전개를 말할 수 있다. 이 시점은 초월적인 시점에 해당하는 것이다. 예를 들어, 신은 일련의 사건을 알고 있으므로 논리상 신의 눈은 모든 역사가 완료된 시점에 놓인다. 앞서 언급한 것처럼, 후타바테이 시메이의 『뜬구름』은 속어로 쓰인 최초의 소설이었다. 『뜬구름』의 제1편에서 'た'는 매우 적게 등장하였고, 작가의 시점은 소설의 등장인물로 이동하고 있었다. 하지만 마지막 편에서 후타바테이는 'た'를 빈번히 사용했고 그는 모든 등장인물을 동시에 조망하는 위치를 점할 수 있었다. 즉 일

15 노구치 다케히코, 『三人称の発見まで』, 筑摩書房, 1994.

야나기타 구니오(柳田国男).
출전 : 일본어판 위키피디아.

본의 속어 문체는 공간의 보편적인 균질성을 파악하는 초월적인 시점을 작가에게 부여한 것이다.

내셔널리즘은 사회적 규범을 보편적인 것으로 확립하려는 욕구에 의해 규정되고 있다. 정의상, 보편성은 차이를 품은 자기동일성self-identity을 의미한다. 일본의 초기 민속학 연구는 이러한 민족주의적인 욕구의 산물이라고 간주할 수 있다. 일본 민속학 연구의 시조인 야나기타 구니오柳田国男[16]는 일본인의 기원은 오키나와의 난토南島[17]에 있다는 이론을 제창했다. 야나기타에게 난토는 일본의 외부에 있으면서도 일본 이상으로 일본이었던 것이다. 이 이론은 민족주의적 욕구에 관한 담론의 역할이라는 관점에서 재인식될 것이다. 하나의 내이션으로서 일본은 차이를 품은 동일성을 유지해야 했다. 야나기타에게 일본과 오키나와의 차이는 비교적 작은 것이며, 그 차이는 일본의 국민적 동일성 안으로 포괄되는 것이었다. 국민적 동일성을 확립하기 위해서 내이션은 상대적인 차이를 필요로 한다. 실제로 야나기타는 난토에 관한 그의 이론을 형성하는 한편, 일본의 동일성 관념을 지지하는 개념을 생각해 냈다. 이 새로운 개념이 '상민常民'이라

16 야나기타 구니오(1875~1962) : 민속학자. 일본의 기원이 난토(南島)에 있다는 난토기원설을 주장함 - 역자 주.
17 일본의 남방에 있는 섬. 특히 류큐제도 혹은 남양제도(태평양 서부의 적도 부근에 있는 여러 섬)를 말함 - 역자 주.

는 관념이다. 국민적 동일성은 천황의 추상적인 신체를 통해 상징적으로 점유된 초월적인 시점에서만 볼 수 있는 것이다.

야나기타는 학자였던 것만은 아니다. 동시에 그는 법제국 참사관으로서 조선에 대한 한일강제병합을 진전시키는 책무를 맡고 있었다. 하지만 평화적인 동맹을 창출하고자 했던 그의 소망은 일본으로부터 독립을 요구하는 조선인의 항거로 좌절된 것이다(1919년 3·1 독립운동). 무라이 오사무村井紀는 정신분석학적인 관점에서 야나기타가 일본인의 기원을 난토에서 발견한 것은 한국에 대한 대리 보상이며 야나기타에게 난토는 한국이 전이된 것에 불과하다고 논하고 있다.[18] 만약 무라이의 논의가 유효한 것이라고 한다면, 한국 및 대만의 식민지화는 내셔널리즘의 기제에 의해 규정되고 있다고 추론할 수 있다. 달리 말하면, 식민지화 과정은 정확히 야나기타의 난토에 관한 이론을 지지하고 있는 담론과 동일한 욕구에 의해 가동되고 있던 것이다.

18 무라이 오사무, 『南島イデオロギーの発生』, 太田出版, 1995, pp.7~51.

2

국민의 천황

내셔널리즘과 초국가주의의 차이

필자는 메이지 시대의 내셔널리즘과 쇼와 시대의 초국가주의 사이에는 성질상의 차이가 존재한다는 가설을 제시해 왔다. 우선 이 두 시대를 가르는 차이가 생긴 것은 정확히 언제부터인가를 확인해 두고자 한다. 대변동이 일어났던 것은 언제인가? 두 시대를 구분하는 경계는 어디에 있는가?

하시카와는 이 차이를 1918년 여름에 발생한 쌀 소동 무렵으로 보고 있다. 쌀 소동은 큰 사회변동을 암시하는 최초의 징후였다. 실제 오사카 아사히 신문의 유명한 기사(1918년 8월 26일 자)는 이러한 변화의 예감을 다음과 같이 표현하고 있다.

조금의 흠도 없는 황금 항아리처럼 자긍심에 충만하던 우리 대일본 제국은 이제는 두렵기만 한 최후 심판 날에 가까이 가고 있는 것은 아닌가? "흰 무지개가 태양을 관통한다"[19]고 옛사람이 한탄하던 불길한 징조가 말없이 포크를 움직이고 있는 사람들의 머리로 벼락처럼 번쩍인다…….

수상이었던 오쿠마 시게노부大隈重信는 국민이 위험한 전개의 도정에 있으며, 그들의 심리에는 일대 변화가 생기는 중이라는 취지의 의견을 발표했다. 쌀 소동은 사회변동의 불씨에 불을 붙이면서 초국가주의로 이어지게 된다. 실제 극우 단체이며 훗날 '쇼와유신의 인적 저수지'라고 불리는 노장회老壯会는 쌀 소동이 일어난 해에 창립되었다.[20]

쌀 소동은 단순히 국내적인 사건이었던 것은 아니다. 쌀 소동은 국제 정세와 제1차 세계대전과 밀접히 관련된 것이었다. 일본에서 쌀 가격의 폭등은 1차 대전에 의해 발생한 결과 중 하나이다. 무솔리니Mussolini를 따르는 이탈리아의 파시즘은 거의 동일한 무렵에 창시되었다. 쌀 소동으로 상징되는 차이는 일련의 국제적 변동의 일부였던 것이다.

앞서 쇼와의 테러리스트 이미지는 메이지의 테러리스트와 다르다는 것을 시사했다. 사회학적인 관점에서 볼 때 거기에는 어떠한

19 중국의 고전 『사기(史記)』의 추양열전(鄒陽列傳)의 한 구절, "白虹貫日、太子畏之(백홍관일 태자외지)。"에서 취한 고사성어로, 흰 무지개는 병사를 말하고 태양은 군주를 뜻한다. 흰 무지개가 보이면 나라에 안 좋은 일이 생길 흉조로 여겼다고 한다 - 역자 주.

20 하시카와 분소, 앞의 책, pp.55~57.

차이가 있을까? 특히 눈에 띄는 점이 두 가지 있다.[21] 하나는 암살 표적의 차이이다. 메이지 시대에 표적은 정부의 고관으로 한정되어 있었다. 다른 한편, 쇼와 시대에 표적의 범위는 확대되었다. 쇼와 시대에는 특히 재벌의 창시자가 테러의 표적으로 포함되었던 것이다. 이로부터 알 수 있는 것은 쇼와의 테러리즘이 정부뿐만 아니라 자본주의를 겨냥한 것이기도 했다는 점이다.

둘째로, 중요한 차이는 테러 주체와 그들의 사회계급과 관계된 것이다. 메이지 시대에는 테러리스트와 그 희생자는 빈번하게 그들 사족 사이의 적대자 패거리였다. 달리 말하면, 테러리스트의 사회계급은 그들의 표적이 귀속하는 곳과 동일한 통치 계급이었다. 쇼와 시대에는 이것과는 대조적으로 다른 종류의 계급 의식이 나타난다. 예를 들어 아사히 헤이고는 "나는 인간이면서 동시에 진정한 일본인이기를 소망한다"고 유서에 썼다. 그는 자기 자신이 어떤 식의 사회계급을 대표하고 있다고는 생각하지 않았다. 그는 계급질서의 바깥에 있다고 생각했다. 달리 말하면, 쇼와의 테러리스트는 그들이 정치의 중심에 있지 않다고 생각한 것이다. 아사히의 유서는 1878년에 오쿠보 도시미치를 암살한 자에 의해 표현되고 있는 것 같은 통치계급의 성원으로서의 명확한 자의식과는 대조를 이루는 것이다. 예를 들면, 그들은 다음과 같이 썼다. "우러러 천황 폐하 아래에서 아뢰옵고, 고개를 숙여 삼천여만의 많은 사람에게 널리 고한다."

21 하시카와 분소, 앞의 책, pp.18~19.

'천황의 국민'에서 '국민의 천황'으로의 전도

말할 필요도 없이, 초국가주의의 중심은 천황에 대한 헌신이다. 여기서는 초국가주의자의 눈에 비친 천황의 성질을 분석해 보자. 메이지의 국가주의자들과 천황과의 관계와 쇼와의 초국가주의자들과 천황과의 관계에는 어떠한 차이가 보이는가? 구노 오사무는 많은 국가주의자에게 천황은 전통의 상징이었지만, 초국가주의자에게는 혁명의 상징이었다는 점을 지적하고 있다.[22] 혁명을 상징하는 천황이란 어떻게 특징지을 수 있을까?

기타 잇키北一輝[23]는 일본의 초국가주의자 안에서도 가장 중요한 사상가이며, 또한 다른 초국가주의자에게도 많은 영향력을 미치고 있었다. 특히 그의 『일본개조법안대강日本改造法案大綱』은 훗날 초국가주의자에게는 성서로 여겨졌다. 다른 초국가주의자에 따르면 기타는 빼어난 천재였다고 한다. 구노는 왜 『일본개조법안대강』이 다른 초국가주의자에게 성서가 되었는가를 다음과 같이 요약·설명하고 있다.

기타 잇키(北一輝).
출전 : 일본어판 위키피디아.

22 구노 오사무·쓰루미 슌스케(久野収·鶴見俊輔), 『現代日本の思想』, 岩波書店, 1956. [심원섭 옮김, 『근대 일본 사상사』, 문학과 지성사, 1995.]

23 기타 잇키(1883~1937) : 사회운동가, 국가사회주의자. 2·26사건으로 사형됨. 주요 저작으로 『国体論及純正社会主義』(1906), 『日本改造法案大綱』(1923) 등이 있음 - 역자 주.

이토 히로부미伊藤博文가 만든 헌법을 읽고, 이토의 헌법 즉 천황의 국민, 천황의 일본으로부터 반대로 국민의 천황, 국민의 일본이라는 결론을 도출하여, 그 결론을 바탕으로 새로운 통합 원리를 만들고자 한 사상가가 기타 잇키였다.

문제를 해결할 열쇠는 천황의 국민(내셔널리즘)에서 국민의 천황(초국가주의)으로의 전도에 있다. 즉 천황의 국민은 전통을 상징하고, 국민의 천황은 혁명을 상징하는 것이다. 구노는 이 전도가 이전의 선행된 발전에 기반을 두고 있다고 한다. 그의 이론에 따르면 초국가주의는 내셔널리즘이 급진화된 것에 의한 역설적인 결과라는 것이다. 하지만 국민의 천황이란 무엇인가? 그리고 그것은 천황의 국민과 어떻게 다른 것인가?

초국가주의의 중심적인 관념은 '국민은 천황의 적자다'라는 점에 있다. 이러한 천황을 이미지화하는 단초는 청년 장교의 다음과 같은 고백으로서 제시되고 있다.

천황 폐하를 우러르는 대연회는 기류桐生 초등학교의 교정에서 열렸다. 천황이 대연회에 모습을 나타내셨을 때, 참열자 전원은 경례로 모셨다. 연회장은 마치 물을 뿌린 듯 고요했다. 내가 경례를 하면서 돌연 떠오른 것은 천황을 눈앞에서 맞으면서 왜 만세를 부르지 않는가, 이럴 때야말로 우레와 같은 박수를 치고, 하늘에 울려 퍼지게 만세 소리를 외치면 좋은 것이 아닌가 …… 그저 황공해하며 꿇어앉아 고개 숙여 넙죽 엎드릴 뿐이었다. 어딘가 잘못되어 있다. 천황을 구름 위로 떠받들면서, 구름 아래에서는 제멋대로 흉내 내고 있는 현재의 모습이 오늘날의 일본이다. 이것이야말로 요운(妖雲 : 상서롭지 못한 구름)이다. 이 요운을 하루라도 빨리 가르고 열어서, 진정한 일본의 모습이 드러나게 해야 한다는 것이다. …… 우리는 도쿄의 회합자리에서 서로 자주 이야기했다. "요운을 제거한 새벽에 천황께서 니주바시二重橋[24] 앞으로 나오시도록 하여, 국민과 함께 천황을 행가래라도 치지 않겠는가." 이런 기분은 우리 청년 장교 모두의 거짓 없는 기분이었다.[25]

열렬한 초국가주의자인 이 청년 장교는 천황을 맞이할 때의 태도를 비난한다. 이러한 비난은 '천황의 국민'과 '국민의 천황'의 차이를 반영하고 있다. 비난받는 천황의 모습은 전통적인 천황(천황의 국민)에, 장교가 소망하는 천황상은 초국가주의의 천황(국민의 천황)에 상응한다. 한편으로, 천황은 구름 위의 초월적 존재로서 우리가 엄숙하게 머리 숙여 숭배해야 하는 '천황의 국민'으로서의 천황이다. 다른 한편으로, '국민의 천황'은 우리의 기쁨을 솔직하게 전달할 수 있고, 서로 무릎을 맞대고 앉을 수 있는 친밀한 천황이다. '천황의 국민'에서의 천황은 국민과의 간접적인 관계에 의해 특징지어진다. 이와는 반대로 '국민의 천황'에게 중요한 점은 천황과 국민 사이의 친밀감과 직접성인 것이다. 따라서 국민은 그들을 천황에게서 멀어지게 하는 상서롭지 못한 구름과 같은 중간 장애물을 제거해야 한다고

24 황실의 정문과 중문 사이를 잇는 철교 - 역자 주.
25 오쿠라 에이치(大蔵栄一), 『二·二六事件への挽歌』, 読売新聞社, 1971, p.172.

생각했던 것이다. 문제는 왜, 혹은 어떻게 해서 '천황의 국민'이 '국민의 천황'으로 반전된 것인가에 있다.

우선은 천황이 '국민의 천황'으로 바뀐 반전의 과정이 일어난 시점을 확인해야 한다. 물론 메이지 내셔널리즘에서 천황의 원형상은 메이지 천황의 이미지이다. 그는 '천황의 국민'으로서의 천황의 전형적인 이미지이다. 메이지 천황이 붕어했을 때, 러일전쟁의 국민적 영웅인 노기 장군乃木将軍[26]이 순사했다. 근대 일본에서 가장 영향력 있는 소설가였던 나쓰메 소세키夏目漱石는 이 사건에 깊은 충격을 받았다. 사건 후 그는 유명한 소설 『마음こころ』(1914)을 썼다. 『마음』의 등장인물 중 한 명인 선생은 다음과 같이 말하고 있다.

> 무더운 한여름에 메이지 천황이 돌아가셨습니다. 그때 나는 메이지의 정신이 천황으로부터 시작되어 천황에게서 끝이 났다는 그런 생각이 들었습니다.[27]

소세키에게 메이지의 정신은 그가 동시대인이라고 느끼고 있던 메이지 천황에 의해 구체화되고 있었던 것이다.

흥미로운 것은 소세키의 소설에는 기차와 철도에 관한 서술이 많이 보인다. 예를 들어, 『산시로三四郎』(1908)의 제1장은 규슈에서 도쿄까지의 철도 여행에 대한 묘사로 채워져 있다.[28] 앞서도 지적했듯

---

26 노기 마레스케(乃木希典 : 1849~1912) : 육군 장교. 메이지 천황의 장례식 당일에 자택에서 부인과 함께 순사함 - 역자 주.

27 나쓰메 소세키, 『こころ』, 岩波書店.

28 나쓰메 소세키, 『三四郎』, 岩波書店.

이, 철도는 내셔널리즘에 가장 적합한 운송 수단이었다. 소세키의 『풀베개草枕』(1906년)에서 화자는 기차에 대해 논하면서, 기차가 보이는 곳이 현실 세계이며 기차만큼 20세기의 문명을 대표하는 것은 없다고 언급하고 있다.[29] 이처럼 기차에 대해서 논한 뒤, 두 등장인물은 기차 여행을 떠난다. 그렇지만 중요한 것은 그들이 탄 기차의 철도가 현재의 일본이라는 국가 영역에 한정되지 않는다는 점이다. 당시 철도는 만주로 통하고 있었다. 등장인물 중 한 사람은 만주에서 재화를 축적하기를 소망하고, 또 한 사람은 전쟁에 참가해야 했던 것이다. 실제로 『풀베개』가 발표되고 2개월 후에는 남만주철도주식회사(만철)가 설립되었다. 철도가 국경을 넘어서까지 전개된 것은 원초적인 내셔널리즘과 근대 일본에서의 원초적인 천황상으로부터의 일탈을 시사하는 것은 아닐까?

29 나쓰메 소세키, 『草枕』, 岩波書店.

3 천황 없는 국민

천황 없는 국민

모든 사회는 사람들이 자신들의 사회를 이미지화하기 위한 주요 개념어를 가지고 있다. 일본에서는 메이지 시대에서 다이쇼 시대로 이행하는 과정에서 이러한 주요 개념어가 명확하게 변화했다. 메이지 시대에서 개념어는 '국가'였다. 이것이 다이쇼 시대에는 '도시'가 된 것이다. 다이쇼 시대에는 도시주의에 관하여 많은 서적이 출판되었다. 정치 및 행정적인 차원에서는 많은 중요한 도시계획이 작성되고 표현되었다. 예를 들어, 도쿄에서는 상하수도가 설비되고, 문부성은 대도시에 초점을 맞춘 생활양식의 개혁 운동을 국가 차원에서 장려하였다. 요컨대 다이쇼 시대는 도시의 시대였던 것이다.

다이쇼는 메이지 내셔널리즘과 쇼와 초국가주의를 연결하는 매개적인 단계였다. 내셔널리즘에서 초국가주의로의 변이를 설명하기 위해서는 다이쇼 시대의 일반적 개념을 찾는 것이 도움이 될 것이다. 다이쇼 시대는 천황의 국민에서 국민의 천황으로의 변이라는 수수께끼를 풀기 위한 열쇠를 가져다줄 것이다.

다이쇼 천황의 모습.
출전 : 일본어판 위키피디아.

다이쇼 3년(1914년)에는 도쿄 다이쇼 박람회가 우에노上野 공원에서 3월 20일부터 7월 31일까지 개최되었다. 원래 일본 정부는 '일본 박람회'를 개최할 계획이었는데 재정상의 제한 때문에 중지되었다. 그 뒤 도쿄 부는 일본 정부로부터 행정 권한을 넘겨받게 된다. 이러한 변화는 국가의 시대(메이지)가 도시의 시대(다이쇼)로 전환되었다는 것을 상징하고 있다. 박람회의 목적 가운데 하나는 다이쇼 천황의 즉위를 축하하는 것이었다. 박람회는 대성공이었다. 박람회에서는 두 석고상이 사람들을 매료시켰다.[30]

한 석고상은 와타나베 오사오渡辺長男[31]가 제작한 노기 장군이다. 관람객은 이 석고상을 보고 메이지 천황을 연상했음이 틀림없다. 또 다른 하나는 무명의 작가가 제작한 아시하라葦原 장군이다. 아시하라 장군이란, 당시 국민들 사이에서 매우 인기가 많았던 스가모 병

30 다케다 노부하루(武田信明), 『＜固室＞と＜まなざし＞』, 講談社, 1995.
31 와타나베 오사오(1874~1952) : 메이지에서 쇼와에 걸쳐 활동한 조각가 - 역자 주.

원의 정신병 환자였다. 1881년에 메이지 천황이 도호쿠 지방을 순행하고 있을 때, 이 환자는 천황을 향하여 "아, 형님"이라고 외치면서 다가갔다. 이 일화는 당시에 일약 유명해졌다. 이 일화에서 보이듯이, 대중매체는 그 환자를 '장군'이라고 부름으로써 그와 천황을 구별 짓기에 힘썼지만, 아시하라 장군은 자신을 천황(혹은 귀족의 일원)이라고 생각하고 있었다. 따라서 그를 '아시하라 천황'이라고 부르는 것도 가능했던 것이다. 우리는 당시 사람들에게 아시하라 장군은 병든 진짜 천황인 다이쇼 천황에 상응하는 대역이었다고 말할 수 있다. 만약 아시하라 장군이 다이쇼 천황에 상응하는 것이었다고 한다면, 박람회에서 가장 인기 있던 두 석고상은 메이지에서 다이쇼로 천황의 교대를 표현하고 있었던 것이다.

아시하라 장군은 심각한 병에 걸려 있었다. 그의 인생은 매우 비참한 것이었으리라. 설령 그가 천황에 상응하는 인물로서 보였다 하더라도, 그는 천황이 통상 가지고 있었을 권위와 고결함이 결여되어 있는 것처럼 여겨졌다. 달리 말하면, 그는 메이지 천황이 갖고 있던 권위를 빠뜨리고 있는 듯이 보였다. 하지만 세상 사람들이 상상하던 그는 천황과 동등했으며, 국민으로부터 미움을 받기는커녕 오히려 사랑받고 있었다. 따라서 다음과 같이 말할 수 있을 것이다. 당시 국민은 권위를 갖지 않는 한에서의 천황 혹은 현실성과 실재성의 감각을 거의 부여하지 않는 한에서의 천황을 원했던 것이다.

근대 일본의 천황 중에서도 다이쇼 천황의 이미지는 국민에게 가장 흐릿하다. 오늘날의 일본인은 메이지 천황과 쇼와 천황의 모습은 떠올릴 수 있지만, 다이쇼 천황의 용안을 아는 사람은 거의 없다.

물론 다이쇼 천황의 이미지가 흐릿한 이유는 병 때문에 공적으로 모습을 드러내는 일이 거의 없었고 다른 두 천황에 비해 그 재위 기간이 짧았기 때문이다. 하지만 아시하라 장군의 인기가 보여주는 것은 세상 사람들이 병약한 천황을 바란 것이었는지도 모른다는 점이다. 다이쇼 시대에 천황의 존재감이 약한 것은 자연스러운 사실일 뿐만 아니라 사회적인 사실이기도 한 것이다.

천황을 둘러싼 이 현실성의 결여가 다이쇼 시대의 특징이다. 다이쇼 시대의 사상은 민주주의로 채워져 있다. 민주주의의 가장 중요한 창시자는 요시노 사쿠조吉野作造[32]이다. 그는 민주주의에 관한 자신의 생각을 '민본주의民本主義'라고 불렀다. 민본주의는 민주주의의 본래의 개념과는 다소 다르다. 민본주의는 천황의 형태를 취한 단일의 주권자를 수반하는 민주주의이다. 다이쇼 시대에 민본주의 지지자는 천황제를 폐지하려고 의도하지는 않았다. 그렇지만 민주주의가 의미하는 것이 국민에게 주권이 있다는 것이라면, 민본주의적인 사고는 민주주의가 함의하는 평등 원리와 모순되는 것은 아닌가? 이러한 모순된 사상이 수용되었다는 사실은 당시 국민이 마치 천황이 존재하지 않는 것처럼 느끼고 있었다는 것을 의미한다. 국민은 천황의 현실성을 거의 무시할 수 있었다. 이로부터 우리는 다음과 같은 가설을 세울 수 있다. 즉 '천황의 국민'에서 '국민의 천황'으로의 변이 과정에 '천황 없는 국민'이라는 매개적 단계가 있었다는 것이다.

그러나 이것은 매우 기묘하게 생각된다. 일반적으로 초국가주

32 요시노 사쿠조(1878~1933) : 정치학자. 도쿄대 교수. 다이쇼 초기에 민본주의를 주창함 - 역자 주.

의는 천황에 대한 광신적이고 분별없는 헌신을 동반한다고 여겨진다. 물론 그러한 헌신을 동반함으로써 국민은 명백한 천황의 존엄을 믿고 있었음이 틀림없다. 왜 그러한 천황에 대한 강렬한 헌신의 단계 직전에 천황에 대한 무관심이라고도 말할 수 있는 단계가 있었던 것일까? '천황의 국민'에서 '국민의 천황'으로 변이하는 과정에서 '천황 없는 국민'이라는 단계가 맡은 역할은 무엇이었는가?

다이쇼 시대의 근대적 권력

이러한 문제에 답하기 전에 '천황 없는 국민'이라는 것의 사회적 영향력에 주목하면서, '천황 없는 국민'이 무엇을 의미하는지를 이해해야만 한다. 천황에게 현실성이 부족하다는 것은 천황의 신체가 추상적인 성질을 띠고 있다는 것과 다르지 않다. 천황의 신체가 충분히 추상적인 것이 되었을 때, 그 구체적인 현전은 중요성을 잃고 국민에게 소원한 것이 된다. 따라서 그들은 마치 구체적인 천황이 존재하지 않는 것처럼 행동하는 것이다. 천황을 동반하지 않는 국민의 상태는 천황의 신체가 극도로 숭고한 것이 되어 급진적인 추상화를 거친 뒤에야 비로소 나타날 수 있다. 확실히 일본에서는 국민을 창출하기 위해 천황의 신체는 어느 정도까지 추상적인 것이 되어야만 했다.

하지만 메이지 내셔널리즘의 경우, 천황의 신체는 추상성의 극한과 구체성의 극한 사이의 과도기적인 차원에 자리잡고 있었다. 다이쇼 시대에 와서 천황의 신체에 대한 구체적인 잔재는 거의 (완전히는 아니지만) 제거된 것이다. 다이쇼 시대에 천황의 신체가 급진적으로 추상화된 결과는 어떤 것이었는가?

규범이 귀속되는 초월적 신체의 추상화 수준은 내이션에서 규범의 보편화 수준과 상호 관련되어 있다는 점은 이미 논했다. 천황 신체의 추상화는 규범의 보편화와 병행된 것이 분명하다. 실제로 다이쇼 시대의 사상에 관한 지적 담론은 보편적 가치와 관련된 주제에 대해 강한 믿음을 표현하고 있다. 예를 들어, '인류', '세계', '문화주의' 등이 그렇다.[33] 앞서 언급했듯이, 이 주제들 안에서도 민주주의는 가장 중요한 역할을 담당했다. 실천적인 차원에서 민주주의는 보통선거를 위한 사회운동을 지지하는 것으로서 활용되었다. 다이쇼 시대에 사람들은 보통선거의 문제에 많은 관심을 가졌다. 민주주의의 목적은 정치적 결정을 특정 단체에 의한 독점으로부터 해방하는 것이었다. 다이쇼 시대 말기에는 보통선거를 인가하는 법안이 국회를 통과했다. 물론 실제로 이 법률은 완전하게 보편적인 선거권을 고려한 것은 아니었다. 여성은 거기에 포함되지 않았다(1945년까지). 그러나 여성의 선거권 또한 이미 이 단계에서 논제로 거론되고는 있었던 것이다.

여기서 우리는 미셸 푸코가 『감시와 처벌Surveiller et Punir』에서 전개한 유명한 논의를 상기할 필요가 있다. 푸코에 따르면 근대적 권력의 양태란, 각각의 개인을 주체화하는 규율 훈련형 권력이다. 권

33 하스미 시게히코(蓮實重彦), 「'大正的'言説と批評」 『批評空間二号』(1991, 夏季号), pp.6~21. [「'다이쇼적' 언설과 비평」 (가라타니 고진 외, 송태욱 옮김, 『현대일본의 비평』, 소명출판, 2002에 수록)]

력이 지속적이고 보편적으로 개인을 포착할 수 있는 이유는 권력의 기원이 완전히 추상화되어, 어떠한 실재적인 주인에 의해서도 점유될 필요가 없어졌기 때문이다. 다이쇼 시대에 천황의 신체가 급진적으로 추상화되었을 때 근대 일본에서의 권력 양태는 푸코가 기술한 근대적 권력의 이념형에 접근하는 듯이 보인다. 실제로 다이쇼 시대의 사상은 개인을 주체로 발견하는 것을 포함하고 있다. 전형적인 예는 여기에서도 마찬가지로 개인에게 가상의 사적 주권을 부여하는 시도인, 민주주의 사상이다.

푸코는 독방을 규율 훈련형 권력의 은유로 보았다. 감옥 같은 고독한 감금 상태에서 개인들은 추상적이고 보편적인 권력하에 근대적 주체가 되는 것이다. 푸코 이론의 관점에서 볼 때 흥미로운 점은 다이쇼 시대에 독방이 왜 사상과 실천의 차원에서 엄청난 담론 주제가 되었느냐는 점이다.[34] 다이쇼 시대의 많은 사상가는 독방의 미덕을 찬양했다. 예를 들어 베스트셀러였던 아베 지로阿部次郎의 『산타로의 일기三太郎の日記』(1914년) 안에서 산타로라는 인물은 서로 독립된 독방이야말로 사상과 예술 그리고 문명에 최적의 것이며, 독방이 있는 집이야말로 앞으로 일본의 주거가 되어야 한다고 주장하고 있다. 실천적인 차원에서는 일본 역사에서 처음으로 대도시에 아파트가 등장한 것이 다이쇼 시대 초반 무렵이었다는 사실에 주목할 필요가 있다. 당시 아파트 판매의 주안점은 아파트가 열쇠 달린 독방이라는 점에 있었다. 독방에서의 도시 생활은 '벌집 생활'이라고 불리

34 다케다 노부하루, 앞의 책.

면서 이 개념이 유행했던 것이다.

그러므로 사회적 규범의 보편화와 상호적으로 천황의 신체가 추상화된 결과, 개개인은 주체로 성립하게 되었다. 이제는 왜 '도시'가 다이쇼 사회 전체를 이해하기 위한 주요 개념어인가를 알게 되었을 것이다. 근대적 권력은 개인들을 보편적으로 무차별하게 주체화하고자 한다는 점을 논했다. 만약 이것이 사실이라면, 사회는 잠재적으로는 서로 적대하는 자율적인 주체의 한 무리로서 나타날 것이다. 그러한 이미지에 알맞은 현실의 사회 공간이 도시인 것이다.

4 자본주의로서의 철학

광의의 자본주의

'천황의 국민'에서 '천황 없는 국민'을 경유하여 '국민의 천황'으로 전도된 메커니즘을 설명하기 위해서는 이 과정의 전환점에 특히 주목해야만 한다. 1920년대 전후에 결정적인 차이가 존재한다는 것은 이미 보았다. 이 차이는 물론 제1차 세계대전의 종결과 연관되어 있다. 제1차 세계대전의 종결이 갖는 의미란 무엇인가? 이는 세계 자본주의 시스템에서 헤게모니의 중심이 이동했다는 것으로 이해할 수 있다. 간단히 말하면, 세계 시스템은 중심과 주변으로 구성되어 있다. 19세기에는 그 중심이 서구, 특히 영국이었다. 1차 세계대전이 종결된 후 중심은 미국으로 이동했다. 하지만 미국인들은 자신들이 얻은 새로운 지위를 인식하지 못했다. 미국 국민이 자국의 지위에 대한 인식이 없었다는 것은 그들이 국제연맹 불참을 선택했다는 사실만 봐도 알 수 있다. 이는 세계 시스템의 중심에 일시적인 진공상태를 초래했다. 그리고 최종적으로는 1929년 주식 시장의 공황으로부터 시작된 세계적인 불황을 일으켰던 것이다. 파시즘이 탄생한 것은 1930년대를 통해서였다. 이는 불황의 시대와 일치하고 있다. 일본에서는 이 시대를 '쇼와 유신'이라고 부르며 메이지 유신의 정신적 부흥으로 여겼던 것이다.

따라서 파시즘의 사회적·경제적인 배경에는 자본제에서의 전례 없는 위기가 있었다는 점을 이해해야만 한다. 달리 말하면, 자본제의 막다른 길이 내셔널리즘에서 초국가주의로의 변이와 관련이 있다고 생각할 수 있다. 이론적인 면에서 초국가주의에 관한 가장 세련된 표현은 이른바 '교토학파京都学派'에 의해 제시된 철학이다. 필자는 이 철학이 깊은 차원에서 자본주의의 역동성과 관련되어 있음을 제시하고자 한다. 그렇지만 우선은 자본제와 1930년대에 닥친 위기의 연관성에 대하여 고찰할 필요가 있다.

제1차 세계대전 이후 통상 경제로의 회복은 전시 중에는 유보되었던 금본위제金本位制로의 복귀를 상징했다. 쇼와 5년(1930년)에 일본은 다른 국가보다 조금 늦게 금본위제로 복귀했다(금 해금[金解禁]). 금이야말로 화폐 가치를 최종적으로 보증하는 것이었다. 그렇지만 대공황은 금본위제를 불가능한 것으로 만들었고, 최종적으로 금의 권위를 완전히 실추시켰던 것이다.

1920년대는 미국이 경제적인 번영을 구가하던 황금시대였다. 공황의 직접적인 원인은 미국이 서유럽에 투자하고 있던 자본의 (미국으로의) 철수를 촉진하는 결과를 가져온 미국의 이기적인 저금리 정책이었다. 이 정책은 미국이 세계 경제에서 자신의 영향력을 인식하지 못하고 있었다는 것을 의미한다. 달리 말하면, 미국은 자신이 이미 세계자본주의 시스템의 중심에 있다는 사실을 이해하지 못한 것이다.

자본주의의 역동성이 단순히 경제적인 차원에서뿐만 아니라 사회학적·문화적인 차원에서도 기능하고 있었다는 것을 이해하기 위해서 우리는 자본제의 정의를 확대해야 한다. 자본제는 경제적 현상에 국한되지 않고, 사회학적 현상으로서도 기능하는 것이다. 따라서 필자는 좀 더 포괄적인 의미에서 자본제를 재정의하고, 이것을 '자본제'라고 표기하고자 한다.

우선 필자는 '경험가능 영역'이라는 용어를 도입하고자 한다. 모든 행위와 체험은 규범과의 긍정적(유효적) 혹은 부정적(비유효적)인 관계를 통해서만 가능해진다. 경험가능 영역이란, 규범에 의해 가능해지는 행위와 체험의 집합이다. 신과 같은 초월적 심급은 한 사회의 사회적 규범을 확립하고 정당화하는 것으로서 기능한다. 일본의 내셔널리즘의 경우, 물론 이러한 심급은 천황의 신체에 의해 점유되고 있다. 각각의 경험가능 영역은 규범을 보장하는 초월적 심급과 관련되고 있다.

'자본제'는 경험가능 영역을 보편화하는 사회적 역동성이라고 정의할 수 있다. 달리 말하면, '자본제'는 경험가능 영역을 점점 더 포괄적인 것으로 계속 치환해가는 역동성이다. 따라서 '자본제'에는 항상 둘 혹은 그 이상의 서로 다른 경험가능 영역이 동시에 존재하고 있다. 결정적인 점은 이들 두 영역이 다른 시간적 양태에 속해 있다는 점이다. 즉 좀 더 특수한 것은 지금의 현재적顯在的인 영역에 속하며, 좀 더 보편적이고 포괄적인 것은 미래의 잠재적潛在的인 영역에 속해 있는 것이다. 후자의 영역이 전자와 비교하여 좀 더 보편적이고 포괄적인 이유는 전자가 후자의 일부분으로서 간주될 수 있기 때문이다. 그렇기에 규범적인 경험가능 영역을 보편화하는 과정이란 이 두 관점의 관계가 반복적으로 재생산되는 과정이다.

왜 '자본제'를 이렇게 정의할 수 있는가에 대해서는 여기에서 자세히 설명할 수 없다. 하지만 다음과 같은 부분을 지적해 두고자 한다. 이른바 잉여가치는 현재와 미래의 경험가능 영역을 교환함으로써 생기는 것이라는 점이다. 잉여가치는 경제적 차원에서 자본제를 가동시키는 요인이다. 마르크스가 언급한 것처럼, 잉여가치는 도둑질이 아니다. 시장에서는 등가교환만이 인정되고 있다. 잉여가치는 어떻게 해서 등가교환에서 발생하는 것인가? 그 비밀은 두 가지 서로 다른 경험가능 영역에 있다. 각 상품의 가격은 경험가능 영역에서 평가된다. 잉여가치는 한 영역 내의 교환에서 발생하는 것이 아니라, 두 가지 다른 영역 간의 교환에서 발생하는 것이다.

이미 시사했듯이 경험가능 영역의 보편성은 그 영역에 규범을 불어넣고 동일성을 결정하는 초월적 심급의 추상화 수준과 관계있다. 영역이 보편적이 될수록, 초월적 심급은 좀 더 추상적이 된다. 메이지 시대에서 다이쇼 시대에 걸쳐 천황의 신체가 좀 더 추상적인 것이 되었다는 것은 이미 논했다. 고전적인 천황의 순행이 도쿄에서 거행되는 황실 행사로 교환되면서 일본 사회가 국민화되었을 때, 천황의 신체는 이미 추상화되고 있었다. 하지만 극도의 희미한 존재감밖에 갖지 못했던 다이쇼 천황의 신체는 그 이상으로(다이쇼의 사회가 어떠한 천황도 모신 적 없이 존재한 것처럼 보일 정도로) 추상적이 된 것이다.

필자는 이 추상화 과정이 앞서 설명한 '자본제' 시스템의 발전과 대응하고 있다고 생각한다.

다나베에 의한 '종의 논리'

교토학파의 철학은 '자본제'를 표현한 형태의 하나로서 해석할 수 있다. 교토학파는 쇼와 시대, 즉 전쟁 전부터 전시 중에 걸쳐 엄청난 영향력을 행사하면서 자주 초국가주의 정책과 외국에 대한 침략 행위를 지지했다.

교토학파의 연구자들에게 헤겔Hegel은 이론적 대상이었으며, 특히 다나베 하지메田辺元[35]의 경우가 그러했다. 다나베의 철학은 '종의 논리'라고 불렸다. 다나베에 따르면, 철학은 모두 추론으로부터 성립한다. 다나베에게 추론은 개념에 의한 매개였다. 따라서 모든 추론은 대상의 개념화(혹은 판단의 과정)로 환원된다. 판단을 거치지 않은 직관과 같은 직접적인 것은 철학적 인식이 될 수 없다. 다나베는 논리란 절대매개로부터 성립하지 않으면 안 된다고 주장했다. 물론 어떠한 논리도, 매개되지 않는 것을 전제로 할 수밖에 없다. 그렇기에 직접적인 것을 완전히 제외할 수는 없다. 하지만 직접적인 것 또한 매개의 자기 소외(매개될 수 없는 것)이며, 따라서 매개의 결과인 것이다. 종의 논리는 매개의 절대적 우선성으로부터 발생하는 것이다.

헤겔의 논리는 '개個·종種·유類' 혹은 '개별·특수·보편'이라는

35 다나베 하지메(1885~1962) : 니시다 기타로(西田幾多郎)와 함께 교토학파를 대표하는 철학자. 교토대학 교수. 니시다 기타로와 헤겔의 영향을 받아 절대변증법을 주장함 - 역자 주.

트리아데가 되풀이되며 적용된다. 이 트리아데에서는 종이 매개 역할을 한다. 다나베의 관점에서 보자면, 두 극한을 직접 파악하는 것은 불가능하다. 매개적인 차원에서의 종이 의미 있는 판단을 가능하게 하는 것이다.

다나베 하지메(田辺元).
출전 : 교토대학 문학연구과 일본철학사 홈페이지.

다나베는 이 추상적인 논리에서 실천적인 함의를 이끌어내고 있다. 그는 이 논리를 사회적 원리로서 포착하고 적용했다. 그의 논리에서 유는 인류이며, 개는 개인이며, 종은 국민이다. '나는 나이다'와 '나는 인류이다'에 의해 제시되는 인식은 다나베에 따르면 실제로는 어떤 의미도 없다. 전자는 동어반복적인 언명이며, 후자는 '나'에게 어떤 종류의 도덕적 의미도 없다. 그러나 '나는 특정 공동체(혹은 국가)의 성원이다'라는 자의식은 다나베에게 의미 있는 것이었다. 왜냐하면 이러한 자의식에 의해서만 사람들은 자신들이 따라야만 하는 규범을 상기할 수 있기 때문이다. 물론 위의 요약은 다나베의 사상을 간략하게 정리한 것이다. 다나베에 따르면, 종에 대한 헌신을 통해 개인들은 자신의 종의 특수성을 부정하고, 유의 보편성에 도달할 수 있다는 것이다. 왜냐하면, 만약 개인이 주체적으로 종으로의 귀속을 선택한다면, 그때 종은 그 또는 그녀들이 생각한 대로 제거 가능한 카테고리로서 나타나기 때문이다.

다나베의 종의 논리는 매우 국가주의적이고, 얼핏 보면 초국가주의적으로도 보인다. 실제 다나베는 빈번히 초국가주의 정책을 지지하는 견해를 밝히기도 했다. 하지만 다른 교토학파의 철학자들과 비교하여 그는 때때로 초국가주의적 사조에서 거리를 두고자 했다. 그의 철학은 초국가주의적이라기보다는 국가주의적으로 특징짓는 것이 타당할 것이다.

다나베의 종의 논리는 '자본제'의 메커니즘과 공명하고 있다. '자본제'는 경험가능 영역의 보편화이다. 달리 말하면, '자본제'는 특정 사회관계 부분을 형성하고 특정 공동체에 속하는 것으로 규정된 개인의 특수한 속성을 환원하여, 보잘것없는 것으로 만드는 것이다. '자본제'는 인류를 공동체의 속박으로부터 해방할 수 있다. 마르크스는 이러한 측면을 '자본의 문명화 작용'이라고 불렀다. '자본제'에 의한 보편화는 끝이 없는 과정이다. 그것은 항상 개인을 포괄적인 보편성으로 해방시키려고 하는 것이다. 달리 말하면, '자본제'의 보편화는 항상 불완전하며, 항상 개인을 특수한 경험의 영역에 던져두고 가버리는 것이다. 보편화는 결코 극한까지 몰리는 일 없이 언제나 특정 차원에 머물며 특수한 경험가능 영역을 산출하는 것이다.

종으로서의 국민을 극한의 특수個와 극한의 보편類의 매개로서 생각한 다나베의 철학은 '자본제'의 메커니즘에 대응하고 있다. 다나베가 주장한 매개는 '자본제'가 필연적으로 인류에 부여하는 위치와 동일한 것이다. 특수성에 대한 헌신을 통해 개인은 보편적인 것에 참여할 수 있다는 다나베의 사고는 보편성을 지향하면서도 항상 특수한 차원에 머무르는 '자본제' 운동의 역동성에 관한 정확한 표현인 것이다.

다나베의 철학은 (초국가주의보다도 오히려) 내셔널리즘에 대응하며, 그의 논리는 '자본제'의 메커니즘을 반영하고 있다. 이러한 사실은 내셔널리즘의 출현이 '자본제'의 역동성과 관련이 있다는 것을 보여주고 있다. 이로부터 우리는 다음과 같이 추측할 수 있다. 내이션은 민족 공동체와 같은 특수한 공동체로의 헌신과 '자본제'의 보편화하는 잠재력이 균형을 이룬 결과라는 것이다.

이러한 의미에서 내이션은 종의 한 예로서, 매개적 차원으로서 기능하는 것이다. 여기에서 문제는 보편적인 것과 특수한 것과의 균등이 무너졌을 때 무슨 일이 발생하느냐는 점이다. 우리는 초국가주의가, 이 균등이 붕괴되었을 때 잇달아 발생하는 위기에 대처하기 위한 시도를 나타낸다는 것을 이해하게 될 것이다.

니시다에 의한 장소의 논리

교토학파 안에서 가장 유명하고 독창적인 철학자 니시다 기타로西田幾多郎[36]의 철학은 이 문제에 답하기 위한 실마리가 될 것이다. 그는 다나베의 종의 논리가 철학적 담론에서 배척했던 극한을 생각하고자 했다. 이 점에서 니시다는 다나베 이상으로 급진적이다. 역설적이게도 종의 논리는 매개의 과정에 속박되어 있었기 때문에 반대로 직접적인 것을 전제할 수밖에 없었다. 즉 단일성個이라는 직접성과 보편성類이라는 직접성이다. 이것들은 다나베의 논의에서는 제외되어 있었다. 다나베의 논의에서 직접성은 질문되지 못했지만, 종의 논리에 일관성을 부여하는 직접적인(주제화되지 않는) 전제가 되

36 니시다 기타로(1870~1945) : 철학자. 교토학파의 창시자. 교토대학 교수. 주요 저서로, 『선의 연구(善の研究)』, 『장소(場所)』, 『무의 자각적 한정(無の自覚的限定)』 등이 있다 - 역자 주.

고 있었다. 이 전제에 대해 논한 것은 유일하게 니시다뿐이었다.

니시다 기타로(西田幾多郞).
출전 : 일본어판 위키피디아.

다나베의 철학 구조가 '자본제'의 역동성을 반영하고 있다는 것은 이미 확인했다. 다나베의 논의에서 배제되었던 극한의 보편성이란, 맹목적인 '자본제'의 역동성이 지향한 가상의 목표였다. 만약 그렇다면, 니시다의 철학은 '자본제'의 도달점을 미리 명시하는 논리일 것이다. 그의 논리는 '자본제'의 보편화가 극한에 도달하여 내이션으로의 특수한 애착과 보편화를 향한 조류와의 균등이 파괴되었을 때 무슨 일이 일어나는지에 관한 실마리를 얻게 해 줄지도 모른다.

니시다의 태도는 그의 독자적 개념어 중 하나인 '장소'의 관점을 통해 표현되고 있다. 니시다에 따르면, 존재의 구조는 '~에 있다~に於いてある'는 것이다. 다른 존재물이 서로 관계를 맺는 것은 그것들이 동일한 곳(장소)'에 있'기 때문이다. '~에 있다'를 가능하게 하는 요인이 '장소'인 것이다. 따라서 장소는 모든 존재물이 존재하기 위한 일반적인 조건이다. 장소의 개념을 통해 니시다는 극한의 보편성을 고찰하고자 한 것이다.

니시다는 판단의 구조에 관해서도 동일한 논리를 펼친다. 이것은 다나베의 논의와 대조적이다. 니시다에게 판단 혹은 주어와 술어의 접속은 술어가 제시하는 좀 더 보편적이고 포괄적인 카테고리에 주어를 편입시키는 것으로서 기능한다. 즉 '개個·종種·유類'의 트리아데에 의한 판단은 특수한 차원에서 보편적인 차원으로 올라간다. 이 모델의 외연적인 한계에서 본다면, 우리가 그것 이상으로 포괄적인 카테고리를 상정할 수 없는 가장 보편적인 술어가 존재해야 한다. 이 한계적인 술어란 '술어가 되고 주어가 되지 않는 무엇'이다. 니시다는 이것을 '술어 일반자'라고 불렀다. 물론 이것은 '장소'에 대응하는 것이다.[37]

홍미로운 점은 니시다에 따르면 동일한 상황이 대조적인 극한에서 발견된다는 점이다. 특수성 혹은 단일성의 극한은 보편성의 극한으로 반전한다. 특수성의 외연적 한계에는 '주어가 되고 술어가 되지 않는 무엇'이 있다. 니시다는 이 보편성을 '구체적 일반'이라고 부른다. 이로써 니시다는 무엇을 의미하고자 했던 것일까? 우리는 어떤 개인이 누구인가를 상정할 때, 이 개인에게 다양한 술어 혹은 술어조합을 부여할 수 있다. 하지만 어떠한 술어도 혹은 어떠한 술어 조합도 이 개인을 완전하게 정의할 수는 없다. 예를 들어 우리는 '그는 학생이다'라고 규정한다. 하지만 학교를 졸업해도 그는 그대

37 독자의 이해를 돕기 위해 간략하게 설명을 추가하고자 한다. 판단 구조의 일반적인 형태는 주어-술어의 'S는 P이다'라는 구조이다. 예컨대 '김선화는 번역자이다'라는 판단에서는 김선화(S)라는 개체가 주어가 되고, 번역자(P)라는 성질이 술어가 된다. 'S는 P이다'라는 판단은 S라는 개체를 P라는 일반자의 한 예로서 보는 것이기 때문에 P는 일반자로서 좀 더 보편적이고 포괄적이다. 즉 판단은 술어가 제시하는 좀 더 보편적이고 포괄적인 범주에 주어를 편입시키는 것이다. 니시다가 말한 '술어 일반자'란 특수한 개체에서 보편적인 개체로 보편화가 진행되는 경우 극한에 자리하는 술어를 말한다. 즉 더 이상 주어가 될 수 없는 술어이다. 예컨대 '김선화' → '번역자' → '한국인' → '인간' → '생물' → · · · → '존재하는 한에서의 존재자'라는 계열을 보편화를 극한까지 진행시켰을 때 모든 존재자를 내포하는 궁극적인 일반자로서의 보편적인 술어가 '술어 일반자'이다. 이 '술어 일반자'가 니시다의 '장소'에 대응한다 - 역자 주.

로이다. 이 개인은 또한 '그는 교사이다 또는 선원이다' 등의 가정에 기초한 어떠한 특정 술어도 받아들일 수 있다. 그는 바로 그 상태 그대로임에도 불구하고 우리는 그에 대해서 '그가 학생이었다면……', '그가 교사였다면……', '그가 만약 선원이었다면……' 등을 얼마든지 상정해 볼 수 있기 때문이다.

반대로 말하면, 그를 규정하는 '학생이다', '교사이다', '선원이다' 등의 술어는 그가 정말 그인 이유를 상정할 수 없기 때문이다. 따라서 이 개인을 완전하게 상정하기 위해서는 '이것은 이것이다'라고 말하는 수밖에 없다. 하지만 이러한 판단은 기능하지 않는다. '이것'이란 어떠한 술어라도 하나의 가능성으로서 받아들여질 수 있는 일반적인 X인 것이다. 이 X가 구체적 일반이다. 단일성의 '이것'이 일반적인 이유는 우리가 '그 장소에 있다'는 사실 이외에 어떠한 한정적인 것도 '이것'에게 부여할 수 없기 때문이다. 특수성(단일성)의 극한에서 우리는 다시금 장소의 개념으로 되돌아가는 것이다.[38]

---

38 독자의 이해를 돕기 위해 다소 거칠지만 간략하게 설명을 추가하고자 한다. 예컨대 고유한 개체인 '나'를 완전하게 규정하는 술어란 무엇인가? 즉 '학생이다(x1)', '교사이다(x2)', '선원이다(x3)'…… 등의 술어가 아닌 유일한 술어 X는 무엇인가? 결국은 '이것(X)은 이것(X)이다'라고 말하는 수밖에 없다. 보통 'S는 P이다'라는 판단은 S라는 개체를 P라는 일반자의 한 예로서 보는 것이므로 P는 일반자이지 않으면 안 된다. 그러나 유일한 존재(X)는 어떤 일반자의 한 예가 되는 것이 아니라, 단지 '이것(X)'이라고밖에 말할 수 없는 개체성 자체이므로 'X는 X이다'라고 말할 수밖에 없는 것이다. 이 'X'가 '구체적 일반'이다. 그러나 생각해보면 왜 판단은 주어와 술어의 구조를 가질까? 니시다에 따르면 주어와 술어는 장소의 자기 한정에 의해 분절이 발생한다. 니시다는 어디까지나 '장소로서의 나(개체)'를 진정한 출발점으로 보았다. 즉 존재하는 어떠한 개체도 존재하고 있는 장소로부터 독립할 수 없다. 나(개체)는 하나의 독립된 인간이지만 동시에 장소의 일부인 것이다. 이 '장소로서의 나'에게 어떠하다는 일반자(술어 P)는 아직 존재하지 않고 가능성으로만 존재하며 주어와 술어가 분리되기 이전의 양자가 일체화된 상태이다 - 역자 주.

인식(판단) 영역 한계에서의 극한적인 보편성이 있다. 니시다는 이것을 '판단적 일반자'라고 불렀다. 니시다는 나아가 인식을 지탱하는 자각 영역에서의 극한적인 보편성을 정의하고, 이것을 '자각적 일반자'라고 불렀다. 마지막으로 그는 자각을 지탱하는 행위와 표현 영역에서 동일한 종류의 보편성을 발견하고, 이것을 '표현적 일반자'라고 불렀다.

만약 판단 구조를 행위 구조로 부연하는 것이 가능하다면, 우리는 니시다의 논의를 일반적 실천에 적용할 수 있다. 니시다의 철학은 자본시장의 성질과 비교할 수 있을 것이다. 판단에 관한 니시다의 논리 안에서 극한적 주어로서의 개個는 어떠한 술어도 부여할 수 없는 X('이것')로 환원되었다. 자본시장에서 상품(혹은 상품의 소유자)은 이것과 유비되는 환원을 따르고 있다. 하나의 상품은 어떠한 사용 가치로서 특수화된다. 하지만 시장에서 그 상품은 교환 가치로서 나타나고, 그 사용 가치로서의 측면은 무시된다. 하나의 상품은 교환의 형태로 다른 상품과 관계 맺을 수 있으므로 보편화되는 것이다. 따라서 시장은 니시다가 '장소'라고 부른 바로 그것이다. 중요한 것은 추상적 매개자인 화폐가 상품을 교환 가치로 환원하기 위해 반드시 필요한 조건이라는 점이다.

니시다에 관한 우리의 해석은 니시다의 에세이 「나와 너私と汝」(1932년)에 의해 뒷받침된다. 장소는 규정될 수 없다. 그러므로 니시다에 따르면 장소는 무無이다. 개個는 장소가 자기 지시self-reference적으로 자신을 한정하는 것을 통해 나타난다. 장소의 자기 한정은 어떻게 가능한가? 「나와 너」는 이 물음에 답하고자 한 논문이다. 논문

에서 니시다는 장소를 사회적 장소로서 간주하고 있다. 자기 한정은 자기와 타자와의 대립적인 관계에서 발생한다. 처음에 장소는 어떠한 명확한 구조도 갖지 않는다. 즉 장소는 공동체가 아니다. 장소에서 개인들은 처음부터 특정한 동일성을 갖고 있지 않는다. 하지만 타자와의 관계를 통해 개인은 무언가로 되어가는 잠재력을 갖게 되는 것이다. 개인들 사이의 그러한 대립 관계에 기초한 전형적인 장소는 시장과 다르지 않다. 상술한 용어를 사용하면, 장소는 완전히 보편화된 경험가능 영역으로서 규정되는 것이다.

훗날, 니시다는 일본의 초국가주의를 지지하는 저작을 썼다. 이는 하이데거Heidegger가 나치즘에 경도되었던 것을 상기시킨다. 니시다의 태도는 초국가주의가 '자본제'의 극한적인 보편화와 관련 있다는 것을 보여주고 있는 것이다.

5

쇼와(昭和)의 초국가주의

신비적인 자아

여기서 앞서 언급한 여러 가지를 집약하고자 한다. 왜 혹은 어찌하여 원초적인 내셔널리즘은 초국가주의로 변질되는 것일까? 하지만 그 전에 열렬한 초국가주의자의 전형적인 경험을 고찰해 보고자 한다. 이 경험은 니시다가 논리적으로 설명하고자 했던 점을 구체적인 형태로 제시할 것이다.

많은 열광적인 초국가주의자의 경험은 자아의 부정이나 오히려 기묘하고 신비적인 자아의 경험을 포함하고 있다. 이 경험에서 자아의 동일성은 확산되고 마지막으로 자아는 만물로 해소된다. 혈맹단[39]의 지도자인 이노우에 닛쇼井上日召[40]의 경우가 전형적인 사례이다. 그는 일찍이 좌선하고 있을 때, 기묘하고 신비적인 감각에 휩싸여 돌연 "닛쇼!"라고 외쳤다고 한다. 자전 속에서 그는 그 경험이 인생의 전환점이 되었다며 다음과 같이 쓰고 있다.

> (무의식적으로 닛쇼! 하고 외치는 중에) 당에 들어가 불경을 외고 있을 때, 돌연 희미한 자색의, 천지를 관통하는 듯한 광명이 동쪽에서 팟 하고 지나갔다. 그러자 웬일인지 혼자서 일어서고 싶은 기분이 들어 주변을 바라보자, 눈에 띄는 모든 천지 만물이 모조리 일대 환희하고 있다.
>
> 더욱이, 그대로 나 자신이라는 기분이 든다.
>
> 우주 대자연은 나 자신이라는 일여一如의 기분이 든다.
>
> ……라고 생각하고, 시험 삼아 지금까지의 의문을 지금 깨달아 얻은 경지에 비춰보면서 조용히 반복하여 생각해보니, 놀랍게도 30년간의 의문이 남김없이 영해해 버린 것이 아닌가!![41]

그의 환희는 사회적인 것과도 관련되어 있다. 초국가주의자는 자주 사물과의 통일뿐만 아니라 타자와의 통일도 느꼈다. 이 통일

---

39 혈맹단(血盃団)은 테러리스트 집단이다. 혈맹단의 성원은 이노우에 준노스케(井上準之助 : 1869~1932, 전 재무대신)와 단 다쿠마(団琢磨 : 1858~1932, 미쓰이 재벌 이사장)를 암살했다.

40 이노우에 닛쇼(1886~1967) : 니치렌 주의. 국가주의자. 혈맹단의 수령으로 국가 개조를 기도하여 우익 테러를 계획하고 실행함 - 역자 주.

41 하시카와 분소, 앞의 책, p.27.

성 감각과 사회적 관계에서의 직접성 감각은 테러리스트 집단 연대 의식의 연결 고리로서 작용했다. 혈맹단 성원인 오누마 쇼小沼正[42]는 일찍이 "(우리는) 정말로 사이가 좋다. 그것은 닛쇼가 있기 때문이다."[43]라고 말했다. 제2절에서 언급한 천황에 대한 직접성 감각은 이 통일성 감각과 이어지고 있다. 기타 잇키와 아사히 헤이고의 신비적인 관계는 타자와의 극단적이고 직접적인 관계를 보여주는 하나의 사례이다. 기타는 아사히의 유서를 읽고 난 뒤, 옆에 앉아 있던 서생의 얼굴이 돌연 미소를 품은 아사히의 얼굴로 변했으며 아사히의 사진이 변화된 서생의 얼굴과 동일했다고 말한다. 물론 이것은 일종의 착각에 불과하다고 생각될 수도 있다. 하지만 중요한 것은 그러한 착각을 불러일으킨 이런 종류의 의식을 인식하는 것이다.

우선 이 환희의 감각은 니시다가 이론적으로 설명한 것을 육체적으로 표현한 것이라는 점을 확인해 두자. 니시다에 따르면, 단일한 개체는 보편적인 것이다. 개체는 모든 것일 수 있다. 개체는 순수한 잠재력이며, 순수한 가능성이다. '나는 우주에서 어떤 것일 수도 있다', 특히 '나는 타자이다'라는 것은 이 논리적 언명을 문자 그대로 표현한 것이다. 중요한 것은 니시다의 철학이 '자본제'가 함의하고 있는 것의 극한적 표현으로서 해석될 수 있다는 점이다.

'자본제'에서 규범의 보편화는 유효성을 보장하는 초월적 심급의 추상화를 동반한다. 하지만 초월적 심급이 완전히 추상화되면, 그것은 무無와 다름없는 것이 되리라. 왜냐하면 그러한 추상화는 그

42 오누마 쇼(1911~1978)는 이노우에 준노스케(井上準之助)를 암살했다.
43 하시카와 분소, 앞의 책, p.27.

것이 현실이 되기 위한 필수 조건인 구체적 특수성을 비우는 것을 의미하기 때문이다. 따라서 '자본제'의 극한에서 우리를 기다리고 있는 것은, 초월적 심급의 진공상태인 것이다. 초월적 심급이 상실되었을 때, 대체 무슨 일이 일어나는 것일까? 자아의 완전한 해방 감각, 개인의 자기동일성 상실이라는 감각, 이것들이 초월적 심급의 진공상태에 의한 결과로 생각될 수 있다. 행위 주체 사이의 구별(각 주체의 자기동일성)은 규범이 타당한 것이 되기 위한 절대 조건이다. 그 구별은 초월적 심급의 승인에 의해 보장된다. 그러므로 일단 초월적 심급이 공허해지면, 개인 사이에 있는 기본적인 구별은 사라진다. 이는 단일성과 보편성이 같아지는 것은 무無로서의 '장소'에서만 실현될 수 있다고 한 니시다의 주장과 일치하는 것이다.

대표제의 기능 부전

다이쇼 시대를 '천황 없는 국민'의 단계로 특징지을 수 있다는 점에 대해서는 이미 논했다. 달리 말하면, 다이쇼 시대에 일본 사회는 초월적 심급이 무화되던 중이었다. 하지만 규범적인 사회질서를 회복하기 위해서는 초월적 심급은 무언가에 의해 점유되어야만 한다. 이것은 어떻게 가능한 것일까?

'자본제'의 파급적 잠재력에 대항할 수 있는 후보 중 하나는 공산주의이다. 다이쇼 시대에서 쇼와 초기로 가는 동안 공산주의는 일본의 지식인들 사이에서 급속하게 퍼져나갔다. 일본 공산당은 다이쇼 11년(1922년)에 창립되었다. 파시즘과 공산주의는 자본제의 과정을 중지시킴으로써 사회적 대립이 없는 완전한 조화를 확립하고자 했다는 점에서 동일한 목적을 공유하고 있었다. 그러나 공산주의는 자본제를 극복하는 것이 불가능했다. '자본제'에 의한 급진적인 보편화 아래에서 공산주의는 상대적으로 왜소화되었으며 그 매력을 잃어버렸다. 그렇기에 많은 지식인의 전향(공산주의로부터)은 어쩔 수 없는 일이었다.

하시카와 분소에 따르면 전쟁 전 쇼와의 정신사精神史를 규정하고 있는 경험의 기본적인 유형은 공산주의에서 시작하여, 이로부터 자본주의로의 전향, 그리고 마지막에는 일본 낭만파(초국가주의)라는 것이다.[44] 이 마지막 경험은 좀 더 젊은 세대에 속하는 것이었다. 만약 이것이 사실이라면, 초국가주의는 '자본제'를 대신할 좀 더 강력한 무엇이었는지도 모른다. 왜 이렇게 말할 수 있는가?

우선 우리는 파시즘이 대표제에 닥친 위기에 대응하고 있다는 점에 주의해야 한다. 초국가주의자 테러리스트들은 모두 타락한 정치를 비난했다. 왜 그들은 정치가 그토록 타락했다고 생각했던 것일까? 그 이유는 통치 계급의 행위가 그들과 대중의 의사(적어도 초국가주의자가 대중의 의사라고 간주하는 것)를 대표하지 않는 것처럼 보였기 때문이다. 즉 대표제는 바람직하게 기능하지 않았던 것이다. 하지만 대표제의 이러한 기능 부전은 역설적인 것이다. 그도 그런 것이 그러한 기능 부전은 대표제 자체가 보편화되어서야 나타나기 때문이다.

---

44 하시카와 분소, 『日本浪漫派批判序說』, 未来社, 1960.

선거제도는 다이쇼 시대에 민주주의의 유행 속에서 개정되었다. 이미 언급한 것처럼, 다이쇼 14년(1925년)에는 보통선거가 인정되었다. 말할 필요도 없이, 보통선거는 정치적 의사결정이 좀 더 포괄적인 의사를 대표하는 것을 지향하는 제도이다. 하지만 테러리즘이 증가한 시점은 바로 이 제도가 확립되었을 때이다. 이것과 동일한 종류의 역설은 다른 파시즘 정치제도에서도 정확히 발견된다. 가장 명료한 사례는 나치즘이다. 나치즘은 바이마르 공화국의 극단적인 민주 헌법하에서 대중적 지지를 얻었다. 아마 이 역설의 최초 사례는 프랑스 제2제정일 것이다. 루이 나폴레옹은 보통선거가 실현된 직후 황제가 되었다. 마르크스는 이 과정을 대표제의 기능 부전의 결과로서 분석했다. 왜 이러한 역설이 생긴 것일까?

물론 보편적인 대표제가 요청되는 것은 사회 안에서 규범이 보편화됐을 때이다. 하지만 실제로는 어떠한 대표자도 모든 이해를 대표할 수 없다. 따라서 규범의 보편화가 가속되었을 때, 아무리 특수한 대표자라도 보편적인 규범과의 관계에서 우유적偶有的으로 보일 것이다. 특수하고 우유적인 대표자와 보편적이고 추상적인 규범 사이의 모순은 민주주의 규칙을 통해 선택된 대표자의 타락으로 보이는 것이다. 사람들은 이 모순 때문에 대표제로부터 소외됐다고 느낀다. 즉 그들은 통치자가 자신들의 의견을 대표하지 않는다고 느끼는 것이다.

제2절에서 필자는 국민과 천황 사이의 거리에 대한 청년 장교의 불만을 인용했다. 그는 천황이 국민의 의사를 대표하지 않는 것에 대해 개탄했다. 그가 볼 때 그 원인은 통치 계급을 은유적으로 표

普通選擧論
早稻田大學教授 安部磯雄
神戸又新日報
▼既成政黨は頼むに足らず
▼普通選擧は尚早ならず
▼婦人は愚か小供に選擧權

보통선거론을 논하는 신문논설(神戸又新日報 1919년 1월 4일[다이쇼 8년], 고베 대학 부속도서관 소장).

현한 요운(상서롭지 못한 구름)에 있었다. 대표제로부터 소외되고 있다는 감각은 현실에서는 가장 불리한 입장에 있는 계급에 집중된다. 마르크스에 따르면, 제2제정에 선행한 프랑스 제2공화국에서 소외를 느낀 것은 빈농 계급이었고, 전쟁 전의 일본도 마찬가지로 빈농 계급이었다. 테러리스트는 모두 그들이 소외된 농민을 대표하고 있다고 언명했던 것이다.

처음에 사람들은 대표제를 개정함으로써 이 문제를 해결하고자 했다. 선거권의 확대가 그 예이다. 하지만 이 개정은 문제를 해결하지 못했다. 왜냐하면 대표제의 보편화 자체가 문제의 궁극적인 원인이기 때문이다. 마르크스에 따르면, 제2제정에서 루이 나폴레옹은 누구에게도 대표되지 않는 사람들, 즉 빈농을 대표했다. 마르크스의 이 설명은 다음 내용을 시사하고 있다. 결국 시스템 안으로 역설적인 요소(나폴레옹)를 도입하는 것이 대표제 문제에 대한 최종적인 해결책이 될 수 있다는 것이다 . 즉 대표제의 기능 부전을 대표하는 요소를 도입하는 것에 의해서 말이다.

구체적인 초월로의 역설적인 회귀

대표제에 관한 이 고찰은 좀 더 일반적으로 적용될 수 있을 것이다. 만약 '자본제'의 보편화가 가속된다고 한다면, 규범을 보장하는 현실 속 어떠한 초월적 심급도 소원한 것처럼 보일 것이다. 왜냐하면 현실 속의 초월적 심급은 항상 상대적으로 구체적이므로 특수한 것이기 때문이다. 우리는 초월적 심급의 이러한 불안정한 상태를 당시의 금이 위치했던 불확실한 상태와 비교할 수 있다. 금은 다른 상품과 비교하여 좀 더 추상적이지만, 한편으로 구체적인 물질로서 존재하고 있었다. 보편화의 압력하에서는 특수한 심급은 어떠한 것일지라도 계속하여 배제되어야 한다. 규범을 보편화하는 과정은 특수성을 반복적으로 부정하는 것에 의해서만 유지되고 있다. 이것은 모든 특수하고 구체적인 심급을 부단히 배제하는 것을 통해서만 규범과 관련된 완전히 보편적인 심급이 궁극의 가능성으로서 보장된다는 것을 의미한다. 달리 말하면, 보편적·추상적인 심급이 불가능하다는 명시적인 표현이 역설적으로 완전한 보편성의 가능성을 유지하는 것으로 이어지는 것이다.

역설적인 전도가 일어나는 것은 이러한 점에서이다. 만약 보편성으로의 지향이 충분히 강력하다면, 그때 보편성의 불가능성을 표현하는 바로 그 요소가 규범을 보장하는 초월적 심급으로서 발견되는 것이다. 그러한 자기 지시적이고 자기 부정적인 요소만이 완전하게 보편적인 것의 현실성을 지지할 수 있다.

이 역설적인 요소란 무엇인가? 그것은 보편성의 불가능성을 표현하는 이상 특수하고 구체적이어야 한다. 보통의 경우 초월적 요소는 경험적이고 내재적인 세계로부터 거리를 두고, 그 직접적인 현전을 부정해야 한다. 따라서 메이지 시대에 직접적으로 천황의 신체를 드러내지 않고도 천황의 권력이 발휘되었을 때, 천황의 초월적 권위가 확립되고 국민의 결속이 확고부동하게 된 것이다. 한편, 초월적 요소가 역설적인 경우 그 상태는 완전히 반대로 된다. 이 경우, 요소는 특수한 것이어야 하고, 자신의 현전을 유지해야 한다. 그것은 특수하고 단일하므로 보편적인 것이 되는 것이다(혹은 보편적으로 보인다). 따라서 니시다가 구체적 일반이라고 부른 것과 유비할 수 있다. 이미 논의한 것처럼, 구체적 일반은 니시다의 '장소' 개념의 다른 이름이다. 이로부터 우리는 니시다의 이론을 역설적인 요소를 사회적 영역으로 도입하는 과정을 반영한 철학으로서 해석할 수 있다. 역설적인 요소와 국민 사이의 수직적인 거리는 부정되어야 하고, 근접성과 직접성 혹은 친밀성이 긍정되어야만 한다.

이 점을 논거로서 결론을 구성해 보자. 초국가주의로서의 천황은 세계에 내재함으로써 오히려 초월적인 존재가 될 수 있다. 이것이 역설적인 심급의 한 사례이다. 이 논의로부터 초국가주의자에게 천황과 그들의 관계가 직접적이라는 것이 왜 중요했는지를 설명할 수 있게 되었다.[45] 초국가주의자가 자주 그들 자신의 자아와 만물 사이에 신비적인 통일을 느끼고 있었다는 점은 이미 확인했다. 지상至上의 자아로 여겨지는 이 확장된 자아가 초국가주의자에게는 친밀한 천황으로서 나타나는 것이다. '천황의 국민'에서 '국민의 천황'으로의 전도는 이미 설명한 역설적인 심급의 도입임이 틀림없다. 중요한 것은 '천황의 국민'과 '국민의 천황' 사이에 '천황 없는 국민'이 없으면 안 된다는 점이다. 이 절의 서두에서 설명한 것처럼, 구체적이고 특수한 초월적 요소가 사회적 영역으로 회귀하는 것은 초월적 요소가 급진적인 추상화를 경유한 후에만 가능하고, 천황의 초월적 신체의 구체적이고 감각적인 현전을 근본적으로 퇴피시킨 이후에만 존재할 수 있기 때문이다.

가장 중요한 초국가주의자인 기타 잇키는 자주 쇼와 천황을 '해파리 연구가'[46]라고 부르며 조소했다. 이러한 불경한 말은 그의 주변 사람들을 놀라게 했다. 하지만 지금 우리는 초국가주의자에게 천황은 구체적인(평범하고 초라한) 인간이기 때문에 초월적이라는 것을 이해할 수 있게 되었다. 우리는 그들의 '현인신現人神 신앙'을 문자 그

45 이노우에 닛쇼는 초국가주의자로 전향하기 이전에는 기독교인이었다. 『닛쇼자전(日召自伝)』에서 그는 기독교 신의 개념에 대해서 품었던 의문에 관해 서술하고 있다. 그의 설명에 따르면, 신은 기하학의 '점' 같은 것이다. 기하학의 점은 우리가 지각할 수 있는 현실의 점이 아니다. 왜냐하면 그것은 가정으로서만 존재하는 추상적인 것이기 때문이다. 학생이었을 무렵 그는 수학 교사에게 '점'의 성질을 물었지만 교사의 답변을 납득할 수 없었다고 한다. 그는 가정으로서만 존재하는 듯한 추상적인 신을 받아들일 수 없었다. 그는 이 점을 너무도 괴로워하다 자살 바로 직전까지 갔다. 최종적으로 닛쇼는 이 추상적인 신을 천황의 구체적인 신체로 치환하게 되었던 것이다.

46 주지하듯이 쇼와 천황은 생물학자이다.

쇼와 천황의 후쿠이(福井) 현 지방 순행 사진. 출전 : 『후쿠이 현 순행사진집 쇼와 22년 10월』, 1948년 후쿠이현 편·발행

대로의 의미로 받아들여야만 하는 것이다.

『일본 문화의 문제日本文化の問題』에서 니시다는 얼핏 보면 기묘하게 보이는 것을 기술하고 있다. 이 책의 주요 개념어는 '사물物'이다. 니시다에 따르면, 일본 문화의 특징은 주체가 '사물'이 된다는 것이다. 주체는 '사물'이 되어서 보고 '사물'이 되어서 생각한다. 이러한 특징은 초국가주의자가 말하는 자아의 황홀경을 상기시킨다(그리고 니시다 자신의 '구체적 일반'도 그렇다). 니시다는 이러한 특징이 황실의 중심성에 의해 표현되고 있다고 설명했다. '사물'이 된다는 것은 특수한 것의 하나로서 이 세계에 내재한다는 것을 의미하는 것이다. 니시다의 관점에서 보면, 황실의 초월성은 세계에 내재하고 있다는 것에 의해 보장되고 있다. 일본의 파시스트 상당수가 법화경을 신봉하고 있었다는 것은 잘 알려져 있다. 무엇 때문에 초국가주의자는

법화경에 매료되었던 것일까? 한 가지 이유로 그 교의가 초월적인 것의 세속적 세계로의 회귀를 강조하고 있다는 것을 들 수 있다. 이는 초국가주의자에게 천황의 양태와 대응하는 것이다.

만주국이라는 이념

지금까지 주장해 온 논리를 이용하여 우리는 아시아 대륙 침공에 관한 일본의 초국가주의자의 행동을 설명할 수 있다. 특히 만주국의 건국 이념은 우리가 보아 온 논리에 의해 규정되고 있었던 것이다.

문학 세계에서 초국가주의자의 논리는 일본 낭만파에 의해 표현되었다. 낭만파의 중심인물은 야스다 요주로保田與重郎[47]이다. 야스다는 '만주국'이 프랑스 공화제 및 소비에트 연방과 같은 대담하고 새로운 문명의 이상을 표현하는 것이라고 주장했다. 야스다의 말을 빌려, 하시카와는 일본 낭만파의 정신적 기원은 만주사변(1931년)에 있다고 언급하고 있다.[48] 만주국이 표현하고 있는 것은 어떤 사상이었는가? 야나기타 구니오에 대해서 논할 무렵, 필자는 대만과 한국, 또는 류큐(현 오키나와)의 식민지화가 일본 내셔널리즘의 논리에서 비롯된 것으로 간주할 수 있다는 점을 제시했다. 다른 한편, 만주국은 초국가주의 논리에 대응한다. 확실히 만주 정부는 만철과 관동군의 관리하에 있는 이른바 괴뢰였다. 그럼에도 불구하고, 만주국은

47 야스다 요주로(1910~1981) : 문예평론가. 잡지 『고기토(コギト)』, 『일본 낭만파(日本浪漫派)』의 창간 동인. 일본 낭만파의 중심 인물이다 - 역자 주.
48 하시카와 분소, 『日本浪漫派批判序説』, 未来社, 1960.

일본의 식민지가 아니었다는 사실에 주목해야 한다. 이시와라 간지石原莞爾[49]는 만주를 식민지화하는 것에 항상 반대했다. 적어도 이념적인 차원에서 만주국 건국의 목적은 다양한 민족(중국인·만주인·몽골인·조선인 그리고 일본인)의 조화를 의도한 것이었다.

미키 기요시(三木清).
출전 : 일본어판 위키피디아.

만주국을 지지하는 이데올로기는 교토대학의 제2세대에 의해 제창된 '세계사의 철학' 혹은 미키 기요시三木清[50]에 의한 '협동주의' 이념에 전형적으로 드러난다. '세계사의 철학'을 창도한 자들은 이제껏 세계사는 서양 역사만으로 표현되었다고 보고 있었다. 어째서 서양은 세계와 동일한 것이었을까? 그것은 서양이 유일한 '추상적'이고 보편적인 원리였기 때문이다. 말할 필요도 없이, 서양의 외부에도 몇 가지 보편적인 시스템은 존재했다. 그것들은 유교나 불교 등의 보편 종교에 의해 유지되어 왔다. 하지만 유일하게 서양만이, 특히 근대 서양만이 본질적으로 종교의 내용에서 독립하여, 보편적이라고 간주될 수 있다. 즉 서양은 중립적·추상적 원리였다. 그렇기에

49 이시와라 간지(1889~1949) : 육군중장. 만주사변의 주모자. '세계최종전론(世界最終戰論)'을 주창했다 - 역자 주.

50 미키 기요시(1897~1945) : 철학자. 니시다 기타로의 제자. 마르크스주의자. 쇼와 연구회의 성원으로 '협동주의' 철학을 주창했다. 주요 저작으로 『역사철학(歷史哲学)』, 『구상력의 논리(構想力の論理)』 등이 있다 - 역자 주.

서양은 다른 '보편 사상'보다 월등히 보편적인 것이 될 수 있었던 것이다. 그렇지만 서양에서조차 서양적인 특수성에 의해 더럽혀져 있었다. '세계사의 철학'의 관점이란, 궁극적으로는 서양이 가진 추상적인 보편성은 겉모습뿐이라는 것이었다.

따라서 이러한 관점을 지지하는 자들은 서양을 초월한 좀 더 포괄적이고 보편적인 원리를, 동시에 모든 문명이 평등하게 취급될 수 있는 '진정한' 세계사를 제창하고자 시도했다. 이러한 사상은 오늘날 우리가 '다문화주의'라고 부르는 것과 본질적으로는 동일한 것이다. 그렇지만 세계사의 철학은 단지 다양한 문화가 공존해야 한다는 주장 이외에는 어떠한 적극적인 의미 있는 개념도 갖지 못했다.

그러한 메커니즘에 대해서는 이 절에서 이미 설명을 끝냈다. 전도는 이렇게 생기는 것이다. 보편성이 직접적으로 특수성과 혼동混同된다. 한편으로 서로 다른 특수성의 조화로운 공존에 대한 강력한 보편주의가 있고 다른 한편으로는 적극적인 특수주의(초국가주의)가 지지를 받는 것이다. 적극적인 특수주의로의 전도는 급진적인 보편주의의 결과로서 일어날 수 있는 귀결 중 하나이다. 서양의 보편주의를 포함하여 모든 적극적인 보편주의가 겉모습뿐이라면 유일하게 가능한 보편주의란, 보편주의를 특수성의 영역 안으로 포괄시키는 조작을 반복하는 것 이외에는 없다. 달리 말하면, 이 '진정한' 보편주의는 자기 자신도 하나의 '특수적인 것'에 불과하다고 계속 표방함으로써 오히려 자신의 지위를 유지할 수 있는 것이다. '만주국'이 가진 이상은 초보편성과 초특수성 사이에 있는 이러한 혼동에 기초하고 있다.

농본주의

농본주의는 초국가주의의 또 하나의 구성 요소이다. 그 개념은 농업에 기초한 유토피아적 공동체(사직社稷)를 시골에 건설한다는 것이다. 농본주의는 다치바나 고자부로橘孝三郎[51]와 곤도 세이쿄權藤成卿[52]가 창시했다. 우리는 이 구성 요소 또한 앞서 논의한 메커니즘으로부터 생긴다는 것을 확인할 수 있다.

일견 농본주의는 공업화와 도시화에 대한 단순 반동인 것처럼 보인다. 혹은 잠재적으로 지속하고 있던 전근대적인 사고의 결과처럼 보인다. 그렇지만 사람은 그 사람의 고향으로 돌아가야만 한다는 농본주의 사상은 다음에 서술하는 것처럼 '태어난 고향'이라는 개념에 기초한다는 점을 주목해야 한다.

> 나는 시골을 모른다고 느낀 게 아니라, 나는 제1의 고향도, 제2의 고향도 아니 원래 고향이란 의미조차 모른다고 마음속 깊이 깨달았다. 추억이 없는 곳에 고향은 없다. 확고한 환경이 가져오는 갖가지 확고한 인상이 쌓이고 쌓여서 만들어 낸 강렬한 추억을 가진 사람이 아니면, 고향이라는 말이 내포하는 건강한 감동은 일어나지 않을 것이다.[53]

---

51 다치바나 고자부로(1893~1974) : 정치운동가. 농본주의 사상가 - 역자 주.

52 곤도 세이쿄(1868~1937) : 농본주의 사상가. 제도학자 - 역자 주.

53 고바야시 히데오(小林秀雄), 「故郷を失った文学」, [「고향을 잃은 문학」(유은경 옮김, 『고바야시 히데오 평론집』, 소화, 2003에 수록)]

이것은 쇼와 8년(1933년)에 쓰인 고바야시 히데오小林秀雄의 유명한 에세이 「고향을 잃은 문학」에서 인용한 것이다. 따라서 농본주의자의 고향에 대한 욕구는 이미 많은 사람이 자신의 출생지에 대한 감각을 잃어버렸을 때 처음 나타난다. 여기서도 이 절에서 언급한 것과 유비될 수 있는 메커니즘을 발견할 수 있다.

중요한 것은 규범의 특수성이 퇴피했을 때, 강력한 특수성이 돌연 강력한 보편성의 대차물로 회귀할 수 있다는 점이다. 농본주의자의 고향으로의 회귀도 이것과 동형의 메커니즘을 바탕으로 하고있다. 우선 특정 출생지의 감각을 도시화로 인해 잃어버렸다. 다이쇼 시대가 도시의 시대였다는 것을 떠올려 보자. 이 퇴피의 과정이 거의 완료된 듯이 보였을 때, 그리고 무엇도 남아있지 않았을 때, 특수한 출생지에 대한 고향이 회귀하는 것이다. 따라서 이 고향은 국민 사이에 출생지에 대한 감각이 남아 있다는 사실을 의미하는 것은 아니다. 오히려 이 감각을 거의 잃었다는 것을 의미한다.

국제 관계 차원에서도, 작은 여러 공동체의 차원에서도 우리는 초국가주의의 본질을 포함한 동일한 메커니즘을 발견할 수 있었다.

마지막으로 내셔널리즘과 초국가주의의 차이에 대하여 한 번 더 언급해 두고자 한다. 제1절에서 설명한 것처럼, 내셔널리즘은 보편주의와 특수주의의 혼합이다. 메이지 내셔널리즘의 원초적인 형태에서 특수주의의 측면은 실천적인 타협으로부터 발전했다. 이것은 보편성의 실현에 도달하기 위해서 극복되어야만 하는(만약 가능하다면) 근대사회의 필요악이었다. 다른 한편, 초국가주의는 내셔널리즘을 넘어서 좀 더 강화된 보편성에 도달하고자 함으로써 반대로 특수성과 특이성을 지향하게 되었다.[54] 초국가주의는 '자본제'에 대응한 역설적이고 급진적인 반응이었다. 그것은 역설적으로 '자본제'에 의한 파괴적인 종말을 멈추고자 시도했던 사회운동이었던 것이다. 또한 '자본제'에 대항한 일종의 혁명처럼 보인다. 그렇지만 실제로 초국가주의는 '자본제'의 자기 파멸적인 메커니즘을 배제하는 것을 목적으로 하고 있었으므로 도리어 현상을 유지하고자 하는 보수적인 운동의 표현이 되어버린 것이다. 즉 혁명에 대항한 혁명(유신)이었던 것이다.

지금까지 필자는 초국가주의의 메커니즘에 대해서 논했다. 이러한 고찰은 파시즘이 과거의 유물이 아니라 현재적인 현상이기 때문에 필요한 것이다. 오늘날 우리는 매우 자주 파시즘과 흡사한 종교적인 원리주의와 민족정화의 다양한 형태를 목격하고 있지 않은가?

54 우익의 이론적 지도자인 오카와 슈메이(大川周明)의 경우가 대표적이다. 그의 자전『안락의 문(安楽の問)』에 따르면, 그는 처음에는 서양 사상 연구에 몰두했다. 그러고 나서 불교 연구를 통해 '아시아적' 의식을 얻었다고 한다. 최종적으로 일본 역사를 연구하던 중에 그는 초국가주의자가 되었다. 세계시민주의자에서 초국가주의자가 된 그의 지적 도정은 필자가 여기서 제시한 이론에 의해 설명될 수 있다.

제3장

'야스쿠니 문제'와 역사 인식

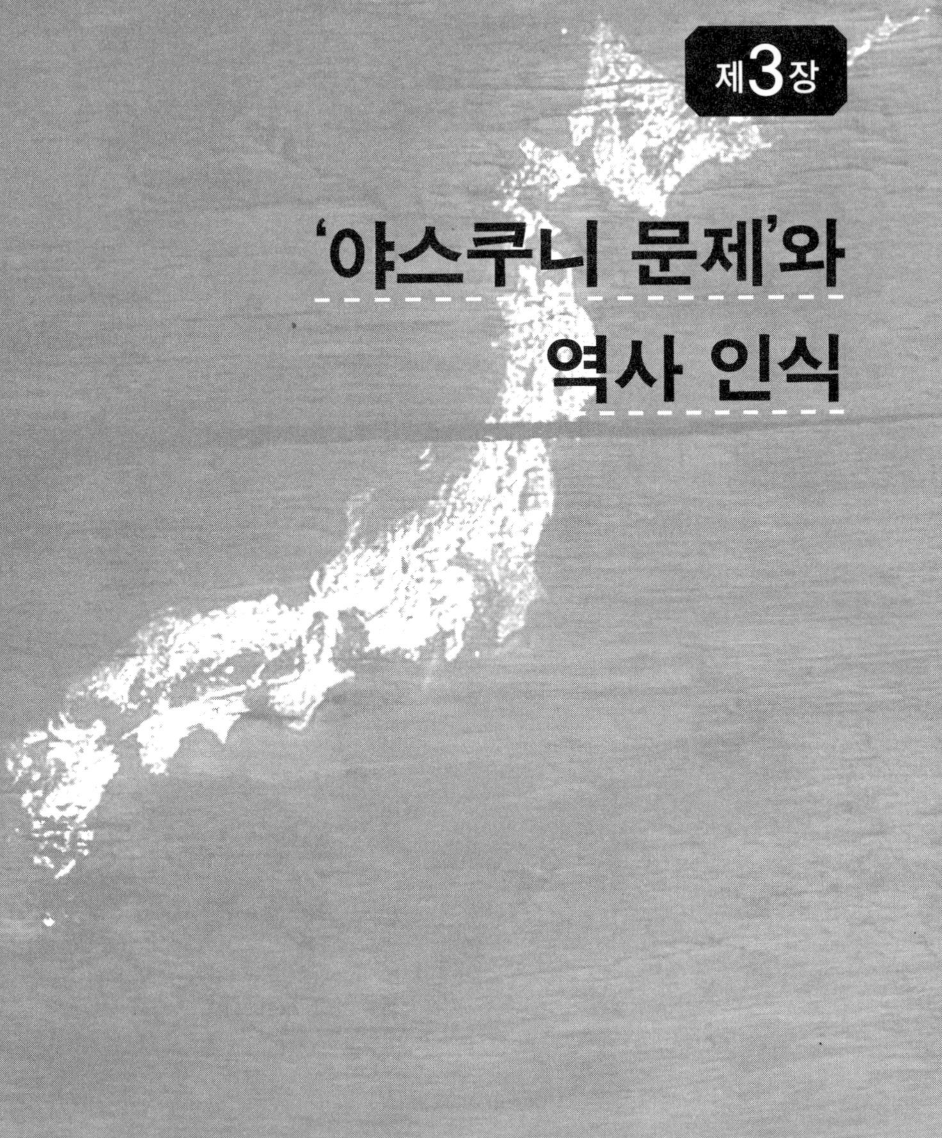

일본의 전후는 원죄를 짊어진 출발이었다. 원죄란 물론 근대적인 국민국가가 성립한 이래 일본이 관여해 온 전쟁에 대한 죄, 특히 제2차 세계대전의 일환이 된 아시아 침략 전쟁에 대한 죄이다.

한편, 지금 '원죄'라는 용어를 사용해 보았다. '원죄'란 말할 필요도 없이 기독교에 유래하는 관념이다. 그렇다고 해도, 인간의 원죄를 설명하는 유명한 우화, 전 세계 모든 사람이 알고 있는 저 유명한 우화는 매우 기묘하게 보이지 않는가? 아담이 금단의 열매를 먹은 것이 원죄의 근거로 여겨지고 있다. 하지만 왜 신은 에덴 동산에 금단의 열매를 두었던 것일까? 따서 먹는 것을 금지할 정도라면, 그리고 그 금기를 어기는 것이 추방을 의미할 정도의 무거운 죄라면, 굳이 그러한 열매를 만들지 않으면 되지 않았을까? 확실히 말하면, 이러한 점에서 신은 교활하지는 않은가? 마치 유혹하는 듯이 열매를 인간의 눈에 띄는 곳에 심어두고, 인간이 그 유혹에 무너졌을 때는 엄벌에 처한다. 이러한 '미끼 수사' 같은 수법이 신의 방식이었던 것인가?

1 마지막에 본 거리

야마다 다이치山田太一의 드라마 「마지막에 본 거리終わりに見た街」는 전후 일본의 '원죄'가 구성되는 장면의 복잡성을 섬세하고 신선하게 조명했다. 이 드라마는 1982년에 처음 방영되었고, 그 리메이크판이 전후 60년이 지난 2005년에 방영되었다. 2005년도판에 입각하여 설명해 보자. 내용에 대하여 간단히 말하면 드라마는 전후에 태어난 가족이 제2차 세계대전 말기인 쇼와 19년(1944년) 9월로 시간 이동하는 이야기이다.

드라마 「마지막에 본 거리」 TV광고.
출전 : 야마다 다이치, 『마지막에 본 거리』, 주코문고(中公文庫) 표지.

나카이 기이치中井貴一가 연기한 주인공 시미즈 요치는 꽤 성공한 샐러리맨으로 도쿄 근교의 깨끗한 마을에 자신의 집을 가지고 있으며 부인, 중학생 딸, 초등학생 아들과 함께 4인 가족으로 살고 있었다. 드라마는 요치가 초등학생 시절(쇼와 40년대) 도쿄의 시타마치下町에 살고 있던 무렵의 죽마고우였던 미야지마 도시오와 30년만에 만나는 것으로 시작한다. 야나기사와 신고柳沢慎吾가 연기한 도시오는 결혼식장에서 일하고 있었다.

이 즐거운 재회로부터 얼마 지나지 않은 어느 날, 요치 일가는 아침에 눈을 떠보니 집 주변이 크게 달라졌다는 것을 눈치챈다. 가족의 집과 자동차, 키우던 개는 그대로였지만 주위의 경관이 완전히 달라진 것이다. 주위에 집도 도로도 없고, 그저 울창한 숲으로 변했다. 머지않아 그들은 자신들이 쇼와 19년(1944년) 9월로 왔다는 사실을 알게 된다. 오래된 친구 도시오와 그의 고등학생 아들 신야도 동일한 시대에 왔다는 것을 알게 되고, 두 가족은 서로 합류한다. 여기서 신야는 학교에 가지 않는 '히키코모리'로 전락한 아이로, 이것이 원인이 되어 도시오의 가족은 비참한 상태에 처해 있었다는 점을 언급해 둔다. 물론 신야는 부모와의 관계도 좋지 않았으며 아버지 도시오와는 거의 말도 하지 않았다.

이야기의 중심은 2005년의 풍요로운 사회를 살던 사람들이 어찌 된 일인지 쇼와 19년으로 이동하게 되고 거기에서 적응해가는 고통을 그리고 있다. 당연히 그들은 쇼와 19년의 일본인들로부터 엄청난 의심을 사게 된다. 그러던 중에 그들은 '신분 증명'을 요구받는다. 물론 물자나 식료품이 매우 부족하여 포식하던 2005년의 사회에

익숙해져 있던 '현대인'은 비참하고 괴로운 생각에 빠지게 된다. 그들은 이러한 고난을 어떻게든 넘어서고자 한다. 어떤 식인가 하면 2005년의 일본에서는 출세하지 못했던 도시오가 엘리트 샐러리맨이었던 요치보다 배짱도 있고 재치 있는 모습을 보인다.

당연한 일처럼 사건은 그들이 책을 통해 이미 알고 있는 사실 그대로 전개되어 간다. 그들은 도쿄에 거주하게 되는데 그곳은 공습이 일어나지 않았다는 것을 이미 알고 있는 장소이다. 머지않아 요치가 어떤 제안을 한다. 자신들은 역사가 어떻게 전개되는지를 알고 있다. 그렇다면 그냥 이대로 손을 놓고 있어도 좋은 것인가? 이를테면 그들은 쇼와 20년(1945년) 3월 10일 새벽에 도쿄의 시타마치가 대공습에 의해 초토화된다는 것을 알고 있기 때문이다. 어떻게 해서든 힘을 쓰면 한두 사람의 생명이라도 구할 수 있지 않을까? 역사로의 개입을 의미하는 이 제안에 다른 두 사람도 찬동한다. 그들은 3월 10일의 공습을 '예언'하는 전단을 뿌리고 사람들에게 피난을 호소한 것이다. 이 전단을 무시하는 사람도 있겠지만, '노파심에' 피난하는 사람도 있으리라. 그렇게 하면 그 정도만큼의 인명을 구조할 수 있을 것이다.

그러나 이 작전은 전혀 역효과를 일으킨다. 그들의 은밀한 전단은 당연히 경찰의 눈에 들어가게 되고, 그들의 행위는 전쟁 혐오의 기분을 부채질하는 비국민적인 것으로 간주되었다. 이로 인해 비국민으로 간주되는 것을 두려워한 사람들은 오히려 도쿄를 떠나는 것이 불가능해졌던 것이다.

이야기가 여기까지라고 한다면 이 드라마는 그다지 신선한 재미가 없다고 할 수 있다. 드라마는 현대의 자유롭고 풍족한 사회와 전시하의 통제되고 가난한 사회를 대조시킨 일종의 반전反戰드라마라고 볼 수 있다. 혹은 시간 이동을 주제로 한 SF로서 평가하는 경우에도 '미래'의 재난을 예방하기 위한 역사로의 개입이야말로 사실은 그 재난의 원인이었다는 아이러니라는 내용은 이미 상투적인 것이다. 훗날의 역사를 알고 있는 자의 고뇌를 그린다고 한다면, 주제가 전쟁일 필요는 없다. 예를 들어 한신阪神 대지진[1] 직전으로 시간 이동을 한다고 해도 동일한 주제를 충분히 다룰 수 있기 때문이다.

하지만 드라마는 마지막에서 생각할 수 없는 반전을 그리고 있다. 도시오의 빗나간 아들 신야는 쇼와 19년에 와서도 다른 다섯 명과 어울리지 못하고 그들과 어떤 협력도 하지 않는다. 그러던 어느 날 그는 돌연 집을 나가버린다. 그랬던 신야가 결말이 가까울 무렵에 돌아온 것이다. 신야의 태도는 놀랄 만큼 변해 있었다. 반듯하게 앉아서 아버지 도시오에게 "폐를 많이 끼쳤습니다."라고 고개를 숙인다. 당혹해하는 도시오에게 신야는 집을 나간 후 군수 공장에서 일했다고 설명한다.

이야기 도중 신야는 돌연 도시오를 포함한 그들을 비난하기 시작한다. 모두 국가와 친구를 지키기 위해서 죽을 각오로 일하고 있는데, 당신들은 그러한 사람들이 쓸데없는 전쟁을 하고 있다며 바보 취급하고 있다고 말한다. "그런 진지한 사람들만 있는 건 아니다."라는 도시오의 반론에 대해서 "그렇다면 진지하지 않은 사람 쪽이 훌

1 1995년 1월 17일 효고(兵庫)현에서 발생한 대지진으로, 6천 명 이상이 죽고 4만 명 이상의 부상자가 발생했다 - 역자 주.

륭합니까?"라고 신야는 재반론한다. 그리고 나라를 위해 죽어가는 인간을 조소하는 자는 설령 부모라 할지라도 용서할 수 없다고 신야는 외친다. 하지만 반년만 있으면 일본은 전쟁에서 지고 일본인은 모두 잘못했다고 생각하게 될 것이라는 요치의 말에 신야는 의외로 "어떻게 될지는 모르지 않습니까? 우리는 현재를 살고 있다고요." 라고 주장하며 반격한다. 이 신야의 말에 요치의 아이들도 호응하며 찬동하고 그들은 대혼란에 빠지게 된다.

바로 그때 공습 경보가 들려온다. 그리고 놀랍게도 공습을 받을 일이 없는 이곳에 소이탄이 떨어지는 것이다. 격렬한 불길 뒤에 요치가 정신이 차려보니, 자신은 빈사 직전의 중상을 입고 있으며 주위에는 사체들이 널브러져 있었다. 그리고 멀리서는 전시 중에는 있을 리 만무한, 폐허가 된 신주쿠의 고층 빌딩이 보이는 것이 아닌가? 쇼와 19년이었다고 생각하고 있었던 것이 실은 '현재'였던 것이다. 이야기는 도쿄가 핵 공격을 받고, 요치가 죽기 직전에 본 꿈이었다는 것이 가장 적합한 해석일 것이다. 저 먼 거리라고 생각한 것이 바로 '여기'였다는 결말은 영화 「혹성 탈출」을 상기시킨다.

신야를 비롯한 아이들과 도시오, 요치 등 어른들 사이와의 단절은 역사 인식을 둘러싼 곤란함을 표현하고 있다. 우리가 저 전쟁을 잘못된 '하찮은 전쟁'이라고 간주하는 것은 우리의 시점이 사후에, 즉 전쟁의 종결 이후에 속해 있기 때문인지도 모른다. 적어도 도시오와 요치가 전쟁을 그렇게 보는 것은 그들의 시점이 사후적 시점이기 때문이다. 그들이 신야를 —역사의 도중에 시점을 두고 있는 신야를— 설득하고, 논파하는 것이 불가능했던 것은 그런 이유에서이다. 혹은 요치와 어른들의 '3·10 공습으로부터의 피난'에 대한 호소가 실패로 끝나는 것은 그들의 시점이 당시 사람들의 시점과 어긋나 있었기 때문이고, 당시 사람들에게 사태가 어떻게 비치고 있었는가를 그들이 이해할 수 없었기 때문이다. 이 드라마는 역사를 파악하는 사후적 시점에는 구조적인 맹점이 있을지도 모른다는 점을 시사하고 있는 것이다.

본래 신야는 완전히 무기력한 자로, 아버지 도시오의 교육적인 활동에 전혀 응한 적이 없었다는 설정을 고려한다면 다음과 같은 메시지를 읽어낼 수 있다. 즉 오늘날 '부모 세대'의 '자식 세대'에 대한 규범적인 설득력이 사라지게 된 근본 원인은 전쟁 중의 시점과 전후에 속하는 시점 사이의 단절에 있다는 것이다. 전후 일본 사회는 '전후 민주주의'라는 표어로 상징되는 새로운 가치관을 받아들였다. 하지만 이 가치관을 체현하는 부모 세대의 규범적인 호명에 오늘날의 자식 세대는 반응하지 않는다. 야마다 다이치에 따르면, 이것은 전후 민주주의가 전쟁 중의 시점과의 연관을 무시한 사상누각이기 때문이다.

*

신야는 친구를 위하여 목숨을 걸고 싸우는 자들을 조소하는 것은 불가능하다고 말하고 있다. 근대 일본에서는 나라를 위해 죽은 군인과 병사의 영혼을 야스쿠니 신사靖国神社에 모셨고, 그들은 추도와 표창의 대상이 되었다. 전쟁 전에는 야스쿠니 신사가 국가의 공

일본의 A급 전범이 합사되어 있는 야스쿠니 신사. 출전 : 일본어판 위키피디아.

적 시설이었다. 지금은 말할 필요도 없이 민간의 한 종교 법인이다. 여기서 이른바 '야스쿠니 문제'에 대해 고찰해 보기로 하자. 야스쿠니 문제란, 오늘날 민간 종교 법인이 된 야스쿠니 신사가 어떤 의미에선가 공적 성격을 띠고, 또한 야스쿠니 신사 관계자를 포함한 적지 않은 사람들이 그것을 요구하는 것에서 발생하는 여러 문제이다. '공적 성격을 띤다'는 것은 예를 들어 수상이나 각료 등 정부의 요직 인사가 정식으로 참배하는 것이다.

그러나 야스쿠니 문제에 대하여 최근의 논단에서는 엄청난 논의가 오갔다. 여기서 칼 야스퍼스K. Jaspers가 제2차 세계대전 직후에 전쟁 책임에 관해 분류한 문제의 층을 상기해 두자. 야스퍼스에 따르면, 전쟁의 죄는 네 가지 층으로 나뉜다. 첫째로 형법상의 죄, 둘째로 정치상의 죄, 셋째로 도덕상의 죄이다. 여기에 덧붙여서 야스퍼스는 넷째로 형이상학적 죄의 층이 있다고 언급했다. 동일한 구별을 야스쿠니 문제에도 적용할 수 있다.

이러한 구별을 도입한 경우 최초 세 가지 층에 관해서 사회적으로는 차치하더라도, 이론상으로는 완전한 결말이 내려졌다고 필자는 생각한다. 예를 들어 A급 전범의 형법상의 죄를 어떻게 생각하면 좋은가? A급 전범에 어떠한 정치상의 죄가 있었는가? 그들을 기리는 야스쿠니 신사를 참배하는 것이 어떠한 정치상의 문제가 있는가? 야스쿠니 신사가 다른 종교 법인과는 다르게 공적 성격을 가짐으로써 헌법상에서, 정치상에서, 나아가서는 도덕상에서 어떠한 문제가 발생하는가? 이러한 문제는 아직도 커다란 사회적 논점이 되고 있으며 국민적 합의를 얻지는 못했지만, 이론상으로는 이미 충분히 설득력 있는 해답이 나왔다고 생각할 수 있다.

예를 들어, 미쓰치 슈페이三土修平의 『야스쿠니 문제의 원점靖国問題の原点』에서의 고찰이 해답의 결정판이다.[2] 이 책에서 미쓰치는 특히 GHQ(연합국 총사령부)와 일본 신사 관계자의 어떠한 사혹과 술수로 인하여 야스쿠니 신사가 종교 법인화되어 갔는지를 탐색하고, 야스쿠니 신사가 공적 성격을 갖는 것이 왜 잘못된 것인가를 명쾌하게 설명하고 있다. 이 책이 뛰어난 이유는 법적·정치적인 문제를 넘어, '공·사' 계층의 지지를 받고 있는 일본 사회의 규범 구조와 연관시켜 문제를 해명하고 있기 때문이다. 미쓰치의 논점을 여기서 반복하지는 않겠지만 노파심에 한 마디만 언급해 둔다. 정부 요직 인사가 야

2 미쓰치 슈페이, 『靖国問題の原点』, 日本評論社, 2005.

스쿠니 신사 참배를 그만두어야만 하는 이유는 주변국들이 그것을 불쾌하게 느끼기 때문이기도 하지만, 그 이상으로 그것이 일본 국가가 전후에 선택하고 오늘날에도 지지하고자 하는 가치와 정치 시스템을 훼손하기 때문이다. 미쓰치는 야스쿠니 신사의 공식 참배를 대신하여 전쟁의 희생자에 대해 어떠한 공적인 추도가 있을 수 있는지에 대해서는 적극적으로 제언하지 않고 있지만, 야스쿠니 문제에 대한 그의 해명으로부터 그 방향성은 저절로 밝혀진다.

따라서 여기서는 우리의 고찰을 남겨진 층, 즉 형이상학의 층으로 좁히기로 한다.

2 죽은 자의 시선

1920·30년대에 스탈린 체제하의 소련에 대하여 진보적인 서구 지식인들은 모두 상찬했다. 그들이 스탈린 체제의 비참한 현상을 잘 몰랐기 때문이라는 설명은 잘못되었다. 많은 지식인은 소련을 직접 방문하고, 빈곤을 비롯한 다양한 비참한 상황을 보았다. 그들이 소련의 어두운 현실을 절찬한 이유는 슬라보예 지젝S. Žižek이 언급하고 있듯이, 그 현실을 19세기 이후 몇백 년이나 기다린 노동자들의 꿈이 물질화된 모습으로 간주하고 싶었기 때문이다. 달리 말하면, 만약 소련의 현실을 바보 취급하거나 비판하거나 한다면, 사회주의를 위해 죽은 노동자들을 배신하는 것이라고 느꼈던 것이다. 죽은 자를 배신하는 것은 빈번히 산 자를 배신하는 것보다 어렵다. 왜인가? 야스쿠니 신사에 모셔진 죽은 자들이 전후 일본 사회에서 어떠한 의미

인지를 이해하기 위해 이 에피소드는 실마리가 된다.

여기서 패전 후의 야나기타 구니오柳田国男의 작업을 참고해 보자. 야나기타의 전후 최초의 저작은 『선조 이야기先祖の話』인데, 이 책은 이번 전쟁에서 "적어도 나라를 위해서 싸우다 죽은 몇 명만큼은 모든 방법을 강구해서라도 불교 신자가 말하는 연고자 없는 망자로서 소외시켜서는 안 된다"는 의도로 쓰였기 때문이다.[3] 전쟁 중에 쓰기 시작한 이 책은 학문적인 목적을 초월한 실천적인 의도를 감추고 있다. 전쟁 종결이라는 '성단聖斷'이 천황에 의해 내려진 것은 쇼와 20년(1945년) 8월 10일 새벽이라고 알려져 있지만, 그 다음 날의 일기에 야나기타는 전 경시총감 나가오카 류이치로長岡隆一郎로부터 '시국에 육박한 이야기(필시 종전의 이야기)'를 듣게 되었다고 기록하고 있다. 덧붙여 "드디어 작업해야만 하는 세상이 되었다."라고 말을 잇는다. 그 '작업'의 하나가 『선조 이야기』이다.

『선조 이야기』에서 야나기타가 제시하고자 한 것은 '이에家'[4]의 존속을 지탱하고 있는 신앙상의 기반이다. '이에'가 존속할 수 있는 근거로 조령숭배祖霊崇拜가 있다는 점을 제시함으로써, 야나기타는

---

3 이하 야나기타에 관해서는 우치다 류조(内田隆三)의 『국토론(国土論)』(筑摩書房, 2002)의 제2부 제1장을 참조.

4 가장 기초적인 사회제도를 지칭하는 비교문화적 개념으로서 가족(family)에 해당하는 일본의 제도 체제는 '이에(家, イエ)'이다. 그러나 '이에'는 기초적 제도 체제로서의 성격에도 불구하고 다른 나라와는 구별되는 민족적 특이성이 있다. 여기서는 일단 '공동의 가산(家産) 제도에 기초하여 가업을 경영하는 집단으로서, 일상생활에서 거주와 생활을 공유하며 구체적인 성원의 생사와 세대를 초월하여 영속하는 집단'으로 정의하기로 한다. 이렇게 정의할 경우 '이에'는 비슷한 제도 체제를 지칭하는 기존의 통문화적 개념으로 쉽게 번역되지 않는다. 흔히 직계가족으로 번역되는 경우도 있지만, 그럴 경우 '이에'가 갖는 비친족적 성격이나 정치·경제적 측면을 담아낼 수 없다. 따라서 이 책에서는 '이에'라는 원어를 그대로 사용하기로 한다. - 역자 주.

전쟁에서 죽은 자의 영혼을 위로하고 구제하고자 한 것이다. 야나기타는 제2차 세계대전에서 순사한 전사를 염두에 두면서 이렇게 언급한다. "목숨을 감수하며 국가邦家를 위해 죽게 하는 도덕에 신앙의 기저가 없다는 것은 생각할 수도 없다. 따라서 이전에는 그것(신앙의 기저)이 있었다는 것이 우리에게는 더욱 확실해지는 것이다."

야나기타가 이에의 존속에 구애되는 것은 왜인가? '이에'가 야나기타가 말하는 '상민常民'의 규범의 원천이 되기 때문이다. 이에란 죽은 자를 선조의 영祖靈의 집합 속에 넣고 산 자와 새로운 상호 교류 관계에 두는 시스템이다. 이러한 이에의 관념이 규범을 어떻게 지탱하는 것일까? 야니기타는 구와하라 다케오桑原武夫와의 대담에서 '일본인의 아름다운 성격'에 대한 질문에 그것은 '의분義憤'이며 나아가 '제재制裁가 있다는 것'이라고 대답한다. '제재'는 자신의 행동을 보거나 듣거나 하는 타자의 존재를 전제로 하고 있다. 이것과 관련하여 야나기타는 "(일본인은) 일종의 영매계(혹은 영매계에 있는 선조들)라는 존재를 희미하게 믿고" 있으며, "당신과 이야기를 나눌 때에도, 저 구석에서 누군가가 그 대화를 들으면서 '저렇게 마음에도 없는 말을 한다'고 말하면 견딜 수 없어 하는" 감각을 가지고 있다고 논한다. 야나기타에 따르면 '꺼림칙하다気がとがめる'라는 일본어에 이러한 감각이 반영되어 있다. '꺼림칙하다'는 것은 원래 '자신의 주위에서 자신을 가장 걱정하는 사람이 함께 염려해 줄 것이다'라는 의미라고 한다.

앞서 스탈린 체제를 찬미한 진보적인 지식인의 예를 거론하면서, 죽은 자를 배신하는 것은 산 자를 배신하는 것보다도 어렵다고 언급했다. 이 에피소드로부터 교훈을 끌어내 보자. 사람은 자신의 현재와 현재 상황을 의미 있는 것으로서 보이도록 하는 시점을 필요로 한다. '우리'의 현재를 타당한 것으로 보게 하는 초월적인 시점, 즉 그 시점을 통해 보았을 때 '우리'의 현재가 좋은 것으로 보이는 초월적인 시점이 반드시 필요하게 되는 것이다. 그 초월적인 시점은 '우리'의 현재를 가져다준 원인으로 간주되는 죽은 자들에 의해 메꿔진다. 죽은 자를 배신하는 것이 곤란한 이유는 이 때문이다.

이러한 추론을 바탕으로 하면 야나기타의 작업의 의의가 확실해진다. 전쟁에서 죽은 자가 연고자 없는 망자로서 갈 곳을 잃어버리는 것은 우리의 현재에 규범적으로 의미를 부여하는 기능을 담당할 죽은 자의 시선을 일본 사회가 상실한다는 것을 의미한다. 야나기타는 '이에'의 전통에 호소함으로써 죽은 자가 자리매김할 수 있는 장소가 이 나라의 암묵적인 제도 안에 있다는 것을 실증하고 상기시키고자 한 것이다. 패전에 의해 일본 사회는 근대 천황제와 결탁하고 있던 황국사관을 잃어버렸지만, 야나기타는 황국사관보다도 훨씬 오래된 전통 속에 죽은 자가 살 수 있는 장소가 있다는 것을 제시하고자 한 것이다.

'상민'의 현재를 규범적으로 승인하는 초월적인 시선을 '이에'의 시스템을 매개로 하여 정초하는 경우에는 그 시선의 '초월성'은 극소화되고 '내재화'의 방향으로 이끌리게 된다. 즉 상민의 생활에 눈을 돌리고 귀를 기울이는 조령은 살아있는 상민의 가장 가까이에 있으며('저 구석 귀퉁이에……') 때로는 상민들과 친밀한 상호 교류를 하는 듯한(오봉[お盆]은 그러한 교류의 기회이다) 구체적인 타자로서 이미

지화되고 표상되는 것이다. 구와하라와의 대담 속에서 구와하라가 "일본에는 절대자가 없다."라는 사실에 비판적으로 언급한 것에 대하여, 야나기타는 동일한 사실을 긍정적으로 포착하면서 "절대자는 자연종교에서 나오지 않는다. 일본에서는 이에가 각각의 조령을 모시며, 그것의 형체가 없어지더라도 항상 염려해 주며 지켜보고 있다."라고 언급했다.

*

하지만 '이에'를 지탱하는 조령숭배를 발굴했다 하더라도, 그것이 반드시 전쟁에서 죽은 자들을 구제한 것이 되지는 않는다. 그들, 특히 전쟁의 적극적 수행자인 군인들은 이에를 위해서 죽은 것이 아니기 때문이다. 그들은 국가를 위해서 혹은 천황을 위해서 죽었던 것이다. 물론 전쟁 전의 천황제가 그 자체 거대한 이에 —천황을 정점으로 하는 큰 이에— 로서 파악되고 있었다고 말할 수도 있지만 국가 전체를 의제적인 천황가와 동일시하는 관념은 조령숭배보다는 훨씬 새로우며 제2장에서 언급했듯이 메이지 이후의 것으로 볼 수밖에 없다.

이러한 차이를 메꾸는 것이 —오히려 은폐한 것이— 에토 준江藤淳이다. 에토 준은 「산 자의 시선과 죽은 자의 시선生者の視線と死者の視線」(1986년)에서 야나기타 구니오와 유사한 인식을 일거에 야스쿠니 신사 참배와 연결시킨다.[5]

---

5 에토 준·고보리 게이치로 편(江藤淳・小掘桂一郎編), 『야스쿠니 논집—일본의 진혼의 전통을 위하여(靖国論集—日本の鎮魂の伝統のために)』(日本教文社, 1986)에 수록.

에토 준에 따르면 『니혼쇼키日本書紀』, 『고지키古事記』, 『만요万葉』 이후 일본 문화의 특징은 죽은 자와의 공생 감각에 있다. 일본 사회에서는 죽은 자와 산 자의 영혼이 서로 섞이며, 일본인이 풍경을 바라볼 때면 그 풍경 속에 앉아 있는 죽은 자의 시선을 동시에 느끼게 된다고 에토 준은 설명한다. 에토 준이 『니혼쇼키』, 『고지키』, 『만요』 시대까지 '일본(인)'이라는 국민적 동일성에 속하는 균질한 문화를 상정하는 것은 사회학적으로 볼 때 문제가 있다. 하지만 그러한 난폭한 전개를 무시한다면 살아있는 상민과 조령의 친밀한 교류를 발견한 점에서, 야나기타와 공통적인 인식을 간파할 수 있을 것이다.

이로부터 에토는 야스쿠니 신사 참배의 필요성을 이끌어내지만, 이 결론으로 이르는 경로에는 명백히 근거 없는 비약이 존재한다. 첫째로, 죽은 자와의 교류의 장이 야스쿠니 신사라는 형식 —영령을 표창하는 국가 시설— 이어야 하는 이유가 여기에서 증명되지는 않는다. 둘째로, 참배의 대상이 되는 죽은 자가 주로 군인 · 군속(군무원)이어야만 하는 이유 또한 에토 준의 논의로부터는 도출되지 않는다.[6]

그렇다고 한다면 야스쿠니파는 왜 야스쿠니 신사에 대한 공식 참배를, 나아가 야스쿠니가 국가의 공적인 제도에 가까워지기를 강력히 요구하는 것일까? 이러한 소망을 가진 자가 적지 않은 것은 왜인가? '일본인'이라는 국민적 정체성에 깊게 관여하는 자에게는 야

6 이상 두 가지에 관해서는 다카하시 데쓰야(高橋哲哉)가 동일한 점을 지적하고 있다(다카하시 데쓰야, 『靖国問題』, ちくま新書, 2005, pp.164~166. [한대송 옮김, 『야스쿠니 문제』, 역사비평사, 2005.]).

스쿠니 신사가 공적인 성격을 띠고 존중되어야만 한다고 느껴지도록 하는 것, 그 이유는 지금까지 전개된 논의로부터 이미 명백해졌을 것이다.

사회주의에 동정심을 가졌던 20세기 초의 유럽 지식인들은 사회주의 운동을 위하여 순사한 노동자들의 시선을 매개로 하여 자신들이 표현한 것, 동시에 실현 중인 것을 평가하고 긍정했다. 마찬가지로 전후의 '일본인'이 자신들의 현재를 긍정하고 규범적으로 승인하기 위해서는 오늘날의 '일본'을 가져다준 것에 공헌한 —혹은 적어도 그 '원인'이 된— 죽은 자의 시선이 필요하다. 죽은 자들이 원하고 소망하던 것의 현실화(혹은 현실화의 과정)로서 자신들의 현재에 의미를 부여함으로써, '일본인'으로서의 정체성을 전적으로 확립할 수 있는 것이다. 그러기 위해서는 우선 '죽은 자'가 긍정적으로 상정되어야 한다. 더욱이 그 '죽은 자'는 특정한 희망이나 소망을 갖고 능동적으로 사회에 변화를 가져오고자 한 자여야 한다. 즉 우발적인 사고로 사망한 자는 '적임자'가 아니다. 반대로 무념의 죽음을 이룬 군인은 이 조건에 적합한 자이다. 야스쿠니 신사 참배는 —비명의 죽음으로 마감된 군인·군속을 야스쿠니 신사에서 추도하고 때로는 표창하는 것은— 우리의 '(일본인으로서의) 현재'를 승인하는 초월적인 타자를 상정하는 조작 그 자체인 것이다.

이러한 메커니즘이 작용하고 있다고 생각하면, '야스쿠니 이외의 국립 추도 시설'이라는 방안이 '야스쿠니파'로부터 '부적절'하다고 배척되는 이유도 확실해진다. 야스쿠니 신사는 죽은 자의 소망과 순접하고 있다. 즉 일본의 군인은 적어도 공식상으로는 야스쿠니가 대표하는 천황상과 일체화되고 있는 국가를 위하여 죽은 것이다. 그렇다고 한다면, 야스쿠니 이외의 시설은 죽은 자를 구제하는 시설이 될 수 없다. 야스쿠니 신사를 고집할 수밖에 없는 이유는 이로부터 나오는 것이다.

반대로 말하면, 이상의 고찰은 총력전에 패한다는 것이 무엇을 의미하는지를, 더욱이 그 패배가 가치관 그 자체의 패배를 함축하고 있을 때에 총력전의 패배가 무엇을 의미하는지를 우리에게 가르쳐준다. 패배로 인해 그때까지 자신이 신봉하고 있던 가치관이 근저부터 잘못되었다는 것을, 즉 그때까지의 '선'이 '악'으로 반전했다는 것을 받아들인다는 것은 해당 공동체가 앞서 언급해온 기능을 부과하는 죽은 자의 초월적인 시선을 잃어버린다는 것을 의미하는 것이다. 이제 '우리'는 전자사들의 소원, 전사자들이 욕망하고 있었던 것을 표현하고 있다고 해석할 수 없기 때문이다. 그러므로 야나기타는 황국 이데올로기보다도 오래된 '이에'의 조령숭배 전통으로까지 거슬러 올라가 그것을 회복하려고 시도했던 것이다. 그러나 앞서 언급했듯이 그것은 전쟁의 죽은 자를 구제한 것이 되지 못한다.

드라마 「마지막에 본 거리」로 되돌아가자. 신야와 어른들 사이의 대립은 다음과 같이 그려볼 수 있다. 신야는 전사자들과 동일한 희망과 욕망을 공유하고 있다. 그에 반해 도시오와 요치는 그러한 희망이나 욕망과는 단절된 곳에 있다. 그들의 이상과 그들의 욕망은 죽은 자들의 그것과는 전혀 관계가 없다. 이때 그들은 신야를 설득할 힘을 가질 수 없는 것이다.

3 필승의 자동 인형

그렇다고 한다면, '우리'는 어떻게 자신들의 '현재'를 승인하고 그 '선'을 확인하기 위한 초월적인 시점을 회복하는 것이 가능한 것일까? '반反야스쿠니파'의 시도 —그중에서도 가장 '양질'의 것으로 한정되지만— 를 이 물음과의 연관성에서 평가할 수 있다. 이 점을 제시하는 것은 지금까지 언급해온 문제가 패전이라는 역사적 단절만의 고유한 문제가 아니라는 것, 달리 말하면 패전은 '역사 인식'에 일반적으로 수반되는 곤란을 확대시켜 보여 주는 것뿐이라는 것을 동시에 밝히는 것이 된다.

발터 벤야민W. Benjamin은 『역사철학테제』의 제1테제에서 기묘한 우화를 소개하고 있다. 그 우화는 체스를 두는 자동 인형의 이야기이다. 이 자동 인형이 '역사관(사적유물론)'에 비유되고 있다. 이 인형은 어떤 상대라도 적당히 응하면서 마지막에는 반드시 승리한다. 이 인형이 항상 이길 수 있는 이유는 한 소인이 테이블 아래 보이지 않는 곳에서 실로 인형을 교묘하게 조작하고 있기 때문이다. 이 소인은 무엇인가? 그것은 '신학'이라고 한다.

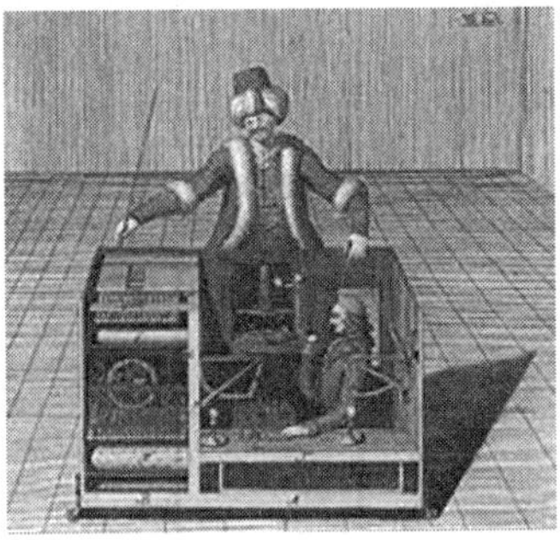

체스를 두는 자동 인형.
출전 : 일본어판 위키피디아

이 우화의 의미를 이해하기 위해서는 역사를 기술하는 글, 역사 서사문의 구성을 생각해 보면 좋다. 아서 단토A. Danto에 따르면, 역사 서사문은 시간상으로 떨어진 두 사건 —E1과 E2— 을 고려하면서 직접적으로는 E1만을 명시하는 문장이다. 예를 들어 '1945년 8월 15일에 태평양 전쟁은 끝났다(1)'라던가, '1945년 8월 15일에 일본의 전후는 시작되었다(2)'라는 글을 생각해보자. 사토 다쿠미佐藤卓己의 연구는 오늘날 우리들의 통념과는 다르게 1945년 8월 15일 천황의 옥음 방송을 들은 순간에 반드시 이것이 전쟁의 끝이라던가, 전후의 시작이라던가 하는 인식은 사람들에게 널리 공유되고 있지 않았다는 것을 보여준다.[7] 생각해 보면 포츠담선언을 수락한 것은 8월 14일이며, 천황이 읽은 조서詔書의 날짜도 8월 14일이다. 또한 항복 문서의 조인식은 9월 2일이다. 언제가 종전인지는 그 단계에서는 확정적이지 않다. 즉 1945년 8월 15일의 옥음 방송 E1의 시점에서는 (1)과 (2)의 언명은 불가능한 것이다. (1)과 (2)

7 사토 다쿠미, 『八月十五日の神話』, ちくま新書, 2005. [오카모토 마사미 · 원용진 옮김, 『8월 15일의 신화』, 궁리, 2007.]

는 명시적으로는 사건 E1만이 언급되고 있지만, 잠재적으로는 그것보다 훨씬 뒤의 시점 E2로의 참조를 전제로 하고 있는 것이다. 사토에 따르면 '8월 15일은 종전'이라는 이해가 확립되어 널리 알려지게 된 것은 1955년 무렵이므로 (1)과 (2)의 글은 1955년 이후의 시점 E2의 암묵적인 참조를 전제로 하고 있는 것이 된다. 나중에 설명하겠지만, 종전일이 확정된 것이 냉전 대립의 일본판인 '55년 체제'[8]의 확립 시기와 거의 겹치고 있다는 사실은 우연이 아니다. 덧붙여 지적해두면, 이날이 제2차 세계대전 종결의 날이라는 기술은 거의 일본 내에서만 통용된다.[9]

이와 같은 구성의 언어 행위에 의해 역사가 성립되고 있다는 사실로부터 벤야민의 우화를 이해하기 위한 단서가 주어진다. 역사를 파악한다는 것은 항상 '사후적 시점'을 전제하고 있다는 것이다. E1은 그 자체로는 아무것도 아니다. E1이 무언가로, 즉 E1으로 되기 위해서는 뒤의 E2를 필요로 하는 것이다. 더욱이 E1은 명시적으로 언급되지만, E2는 역사의 과정을 기술하는 글 속에서 대상화되는 일은 결코 없다. 그렇기에 역사를 쓸 때, 사람은 마치 모든 것이 끝나버린 지점에 있는 것처럼 행동하고 있는 것이라는 결론을 내릴 수 있다. E2는 항상 모든 사건(E1)이 종결해버린 뒤의 역사 바깥에 있는 듯이

---

8 1955년 이후 여당인 자유민주당과 야당인 일본사회당이라는 보수·혁신의 양당 체제. 정권 교체 없이 자유민주당의 단독 정권이 계속되다가 1993년 자유민주당의 분열로 55년 체제는 붕괴되었다 - 역자 주.

9 시험적으로 미국인에게 '대일전쟁은 언제 끝났는가'라고 질문해보면 좋다. 상당한 지식인이라도 날짜까지는 답하지 못하며, 날짜를 답한 사람이라도 '8월 15일'이라고 말하는 사람은 일본 연구자가 아닌 이상 거의 없다. 일본이 '8월 15일'에 집착한 결과, 동아시아에서는 이날이 종전의 날로서 확립되는 중이다. 중국은 긴 시간 동안 9월 3일을 종전으로 간주해 왔다(왜 항복 문서를 조인한 다음 날인가에 대해서는 알 수 없다).

상정될 수밖에 없기 때문이다. 단적으로 말하면, 역사는 '최후 심판'의 시점에서 쓰이는 것이다. 벤야민이 역사(자동 인형)가 신학(소인)의 도움을 빌리고 있다고 언급한 것은 이 때문이다.

*

소인의 도움을 빌릴 때 자동 인형이 체스에서 반드시 이기게 되는 것은 왜인가? 이 점에 대해서는 다음과 같이 생각할 수 있을 것이다. 역사가 최후 심판의 시점을 전제로 하고 있다면, 역사는 정의상 '승자의 역사'가 된다. 여기서 '승자'란 최후 심판의 시점에서 파악했을 때 긍정적으로 승인받은 자를 의미한다. 역사에서는 최후 심판(E2)이 소속한 '현재' —역사 과정의 바깥에 놓인 '현재'— 의 결과를 가져온 것에 공헌했다고 승인받은 사건이 E1으로서 기술되어 간다면, 그것은 필연적으로 승자의 연쇄가 될 수밖에 없다.

앞서 이용한 두 개의 문장(1)과 (2)는 이 점을 예증하는 사례라고 말할 수 있다. 왜 8월 15일이 종전이라고 여겨진 것일까? 앞서 시사했듯이 8월 14일이나 9월 2일이 종전일로서 좀 더 적합하지는 않은가? 언제부터인가 '8월 15일'로 고정된 사회 심리적인 메커니즘은 쉽게 상상할 수 있다. 8월 14일(포츠담선언수락)과 9월 2일(항복문서조인)을 선택하면 일본인은 그날을 패전일로서 기억할 수밖에 없지만, 천황이 다른 나라가 아닌 일본 국민에게 이야기 한 날이라고 한다면 종전일이 된다. 즉 (1)과 (2)의 글은 일본을 결정적인 '패자'로서 기술하는 것을 무의식적으로 피하고 있는 것이다.[10] 55년 체제(일본판 냉전 구조) 무렵까지 종전이 언제인지 명확히 정해지지 않았다는 사실이 이러한 이해를 증명한다. 1950년 이후에 확립되는 동아시아에서의 냉전 구조(6·25전쟁, 중화인민공화국의 성립) 때문에 돌연 일본이 미국에 전략상의 파트너로서 중요성을 띠기 시작했다. 그 때문에 일본이 미국에 패배한 의미가 소급하여 작아지게 되었다.[11] 그 시기에 이르러, 일본인은 거리낌 없이 '패전'을 '종전'으로 치환할 수 있었던 것이다.[12]

*

앞 절에서 논한 '죽은 자'와 이 절에서 논한 '최후 심판' 사이에는 독특한 관계가 있다. 사람은 죽은 자가 됨으로써 역사의 바깥으로 내쫓긴다. 역사의 바깥 어디로 말인가?

물론 역사의 종점, 즉 최후 심판의 날이다. 우리는 죽은 자가 최후 심판의 날에 우리를 기다리고 있다—고유한 기대나 희망을 품고 기다리고 있다— 는 이미지를 갖게 되는 것이다. 이 경우 최후 심판의 시점에 의해 승인받는다는 것은 당연히 죽은 자의 기대에 부응한

10 에토 준은 '8월 16일'을 종전으로 간주해야 한다는 독특한 견해를 가지고 있었다고 한다. 8월 16일이란 (정당방위 이외의) 일체의 전투 행위를 중지한다는 명령이 천황으로부터 일본군에게 정식으로 통달된 날이다. 이날이 선택되면 점점 '패전'의 비중은 작아지고, 자발적인 '종전'으로서의 의미가 강조되게 되는 것이다.

11 이 점을 명백하게 제시하는 것이 사실상 군대를 보유하는 것이 허용되었다는 점이다.

12 덧붙여서 '8월 15일'이 오봉(お盆 : 조상의 넋을 기리는 연중행사, 한국의 추석에 해당함)이라는 점은 크다. 이날이 종전의 날로 여겨지면서, 전쟁의 사자들은 선조의 영혼 안으로 통합된 것이다. 이야말로 야나기타 구니오가 희망하던 것은 아닌가?

다는 것을 의미한다.

최후 심판의 시점은 필자가 '제3자의 심급第三者の審級'[13]이라고 불러온 초월적인 타자가 역사 인식의 국면에 출현하는 것을 의미한다. 이 '최후 심판'과 공동체에서 과거 '죽은 자' 사이에 지금 설명한 것과 같은 연관성은 반드시 필연적인 것은 아니다. 즉 최후 심판의 위치를 정하는 '제3자의 심급'이 공동체에서 죽은 자들이어야만 한다는 것은 아니다. '최후 심판'을 문자 그대로 추구하는 것도 가능하다. 즉 과거 죽은 자들에 의해 최후 심판의 자리를 메꾸는 것이 아니라, 무한한 미래에 기다리고 있는 초월적인 구제자의 장으로서 그것을 직접적으로 상정하는 것도 가능하다. 반야스쿠니파인 좌익이 사실상 하고자 하는 것은 이것이다. 그러한 경우에 역사와 우리들의 '현재'는 죽은 자들이 유지해 온 공동체의 '선善'에 의해서가 아니라, 역사의 종국에 가상으로 놓인 구제자의 판단에 의해서, 즉 '보편적 정의'에 의해서 심판받게 되는 것이리라. 심판하는 자와 그 판단 기준이 다르므로 당연히 그 '판결'도 역사의 '승자'도 다르게 된다. 제2차 세계대전에서 아시아를 침략한 일본 군인은 우파의 입장에서 보면 무죄는 아니더라도 정상참작의 여지가 있지만, 좌파의 입장에서 보면 결정적으로 유죄이다. 어찌 되었든 현재 일본 사회는 자신에게 승인을 부여하는 초월적인 제3자의 심급을 '전후 60년' 시간축 안에서 찾을 때, 과거의 '60년' 이전으로 요구하면 우파가, 반대로 미래의

13 오사와 마사치의 용어. 말하자면, 사회적인 선악의 판단이나 찬반 등의 논의가 착종하고 있을 때, 사회가 참조할 수 있는 가치적 규범을 부여하는 특권적 타자, 혹은 제3의 초월자와 같은 것을 말한다. 꼭 신일 필요는 없다 - 역자 주.

'60년' 이후로 요구하면 좌파가 되는 것이다.

하지만 좌파와 같은 태도를 취한다고 해서 문제가 해결되는 것은 아니다. 즉 '보편적 정의'를 체현하며 무한한 미래에서 기다리고 있는 초월적인 제3자의 심급이라는 존재를 상정하더라도, '역사'를 둘러싼 곤란이 —혹은 '역사' 안에서 현재 우리의 정체성과 관련된 곤란이— 해소될 리 없다. 곤란을 추상적으로 설명하기 전에 좌파의 주장에 입각한 경우 야스쿠니 문제는 어떻게 전환되는가? 즉 전쟁 희생자의 추도는 어떻게 이루어질 수 있는가를 상상해보면 좋다. 우리는 여기서 간단히 해결될 것 같지 않은 문제가 연달아 발생하고 있음을 알 수 있다.

좌파의 주장을 따르면, 야스쿠니 신사는 한 민간 종교 법인으로서는 맘대로 해도 좋다.[14] 하지만 이것과는 별도로 전쟁 희생자를 위해서는 어떤 형식의 공식적인 추도 시설이 필요하다는 것이다. 문제는 그 시설이 어떠한 곳이 되어야 하느냐는 것이다. 좌파는 야스쿠니 신사가 군인·군속만을 합사하고 있는 것을 비판해 왔다. 앞서도 언급했듯이, 공동체의 '죽은 자'를 제3자의 심급으로 전환하고자 하는 경우에는 추도와 표창 대상이 군인·군속만으로 한정되는 것에

14 본심을 말하자면 야스쿠니 신사 등 없애 버리고 싶다고 말할 정도이겠지만, '신앙의 자유'와 관련하여 지금으로서는 불가능하다. 덧붙여 지적해 둘 것은 구 식민지와 기독교인의 유족이 그들의 부모와 조부의 영을 따로 제사를 지내고 싶다고 야스쿠니 신사에 요구한 적이 있지만, 만약 신사가 '정교분리'의 원칙을 엄격하게 지키고 민간 법인에 머문다면 이 분리 제사 요구는 통하지 않을 것이다. 즉 유족이 아무리 불쾌해 하더라도 누구를 제사 지낼 것인가는 야스쿠니 신사의 '신앙의 자유' 범위 내에서의 일이므로 포기할 수밖에 없다. 로마법왕이 인류를 위해 기도를 올리는 것에 대해 '나는 가톨릭이 아니므로 그 기도의 대상에서 제외해 주시오.'라고 말할 수 없는 것과 동일한 것이다.

이유가 있었지만, 좌파는 그렇지 않다. 좌파에게 전쟁의 희생자는 오로지 비애의 대상이다. 그중에는 당연히 일본의 민간인도 포함해야 한다.

그뿐만이 아니다. 일본의 침략 전쟁으로 인한 외국의 희생자도 추도되어야 한다. 일반적으로는 전쟁 중에 '적'에 속한 희생자도 함께 추도되어야 한다. 일본의 중세·근세에는 불교의 '원친평등怨親平等'[15] 사상에 기초하여 때로는 아군과 적군의 전사자가 함께 위령의 대상으로 간주되어 왔지만,[16] 이와 마찬가지로 바람직한 공적인 추도 시설에서는 적의 군인과 민간인도 함께 애도의 대상이 되어야만 하는 것이다. 필자도 이것에 찬성한다.

단 이렇게 추론해가면 쉽게 해결될 것 같지 않은 문제와 부딪히게 된다. 예를 들어, 아시아의 희생자를 추도 대상에 포함한다 해도, 그들 혹은 그들의 유족이 일본의 사망자와 함께 추도되는 것을 희망할까? 그들이 희망하는가, 하지 않는가는 논외로 한다 해도, 가해자를 동류로 다루는 것은 전쟁의 책임 소재를 애매하게 하는 것은 아닌가?[17] 2001년에 발족한 내각관방장관 자문기관 '추도·평화 기원을 위한 기념비 등 시설의 모습을 생각하는 간담회'의 보고서에는 '추도 대상의 범위에 대해서는 기도하는 사람의 생각에 맡기고 상세하

15 자신에게 해를 끼치는 자나 사랑을 베푸는 자를 구별 없이 평등하게 대함 - 역자 주.

16 단, 이는 적의 죽은 영혼이 지벌을 내릴 것을 두려워했기 때문이기도 하므로 반드시 이타적 동기에 기초하고 있다고는 말할 수 없다.

17 죽은 자의 국적과 민간인 / 군인을 구별하지 않고 추도의 대상으로 삼고 있는 시설로는 독일의 '노이에 바헤(국립중앙전쟁희생자 추도소)'와 오키나와(沖繩)의 '평화의 초석'이 있다.

게 정하지 않는다'고 되어 있으나, 보고서를 세부적으로 해석하면 적어도 앞으로 일본의 평화유지활동 혹은 전쟁관과 관련해서 일본인 사망자는 추도 대상이 되지만 외국인 사망자는 추도 대상이 될 수 없다는 함의를 끌어낼 수 있다. 급진적인 좌익은 이 함의에 비판적이다(필자도 그렇다).[18] 예를 들어, 일본의 자위대가 아프가니스탄의 군사 행동을 지원하여 자위대원에서 희생자가 나오면 그는 당연히 공적인 시설에서의 추도 대상에 포함된다. 그뿐만이 아니라 아프간인의 희생자도 추도되어야 한다는 것이다. 단, 희생자가 알 카에다의 성원인 경우에는, 즉 테러리스트의 일당인 경우에는 어떻게 할까? 오사마 빈 라덴은 어찌할까? 원친평등의 이념에 서서 그들을 추도해야만 하는 것일까? 하지만 그런 일을 하면 'A급 전범의 합사' 정도가 아니라 국제적인 비난을 받을 것이다. 그렇다면 최후 심판의 날 신의 작업을 대행하여, 사망자 중에서 좋은 사망자와 나쁜 사망자를 판별하고 전자만을 추도 대상으로 넣을 것인가? 하지만 그러한 판별 작업을 한다면, 전쟁의 죽은 자 중에서 특히 가치 있는 자만을 선별한 야스쿠니의 방식과 —선별 기준에는 차이가 있다 하더라도— 동일한 것은 아닌가?

이러한 정치적인 문제에 대하여 여기서 해답을 줄 수 있다고 생각하지 않는다. 이 문제들의 기저에 있는 형이상학의 문제로 고려 대상을 좁혀보고자 한다.

18 예를 들어 다카하시 데쓰야, 앞의 책, pp.190~194.

*

역사는 최후 심판을 전제로 쓰인다. 최후 심판의 위치에서, 즉 사후적 위치에서 파악했을 때, '역사'는 '거기'에 도달할 필연적인 연쇄로 보인다. 그 연쇄 속에서 적극적인 의미를 부여받는 자가 '승자'이다.

여기서 하나의 사고 실험을 시도해 보자. 할리우드에는 「카사블랑카」의 결말을 둘러싼 후일담이 전해진다. 「카사블랑카」의 결말은 잘 알려져 있듯이 주인공 릭(험프리 보가트)이 연인 엘자(잉그리트 버그만)와의 사랑을 단념하고, 엘자는 남편과 함께 떠난다는 것이다. 하지만 할리우드 후일담에 따르면, 감독과 각본가는 촬영이 시작되어서도 결말을 결정짓지 못했다 —따라서 엘자가 릭과 함께 머무르는 등의 다른 가능성도 있었다— 는 것이다. 실제로 이 후일담은 잘못된 것이고 꽤 이른 단계에서 이미 결말은 결정되었지만, 오늘날 TV 드라마의 촬영 등에서는 결말이 촬영 개시 시점에서는 결정되지 않은 경우가 많으므로 이러한 후일담이 전혀 현실감 없는 것은 아니다. 우리는 실제 「카사블랑카」의 결말을 매우 자연스러운 것으로 받아들이고 있다. 영화는 이야기의 전개가 대체로 필연적인 결말처럼 느껴진다. 여기서 상상해보는 것이다. 그렇다면, 만약 다른 결말로 촬영되었다고 한다면 우리는 그것을 이상하다라든가, 자연스럽지 않다고 느꼈을까 하고 말이다. 지젝이 단언하듯이, 결코 그런 일은 있을 수 없다. 우리는 다른 결말을 자연스럽게 받아들일 것임이 틀림없다.

이것이 시사하고 있는 것은 사후에 사건을 '이미 있었던 것'으로서 파악하는 관점에서는 어떤 일이 있어도 사건의 연쇄는 자연스럽고 유기적인 것처럼, 즉 필연성이 있는 것처럼 나타날 수밖에 없다는 점이다. 헤겔의 '이성의 간지'의 얼개도 이 점에 있다. 이성이 처음부터 목적을 결정해 두고, 인간의 활동을 이쪽저쪽 조정하고 있는 것이 아니다. 그런 것이 아니라 사후로 시점을 설정했을 때, 마치 그 이전의 사건이 최종적인 지점을 목적으로 하여 이어져 있는 듯이 보인다는 것이다. 각각 사건의 의미는 사후적으로 부여되고 있는 것이다. 「카사블랑카」의 후일담을 둘러싼 상상은 오히려 다른 것을 가르쳐준다. 즉 결말은 '다를 수도 있었다'는 것이다. 하지만 사후적으로 사건을 포착하는 시점에서 그것은 알 수 없다. 더욱이 '다를 수도 있었다'는 것은 결말뿐만이 아니라 이야기 전개의 여러 순간, 여러 사건에 대해서도 말할 수 있다. 즉 사후적 시점에서 역사는 '여기'로 도달할 필연적 연쇄이지만 도중에서, 즉 역사의 과정에 참가하고 있는 자에게 그것은 필연과는 거리가 멀다. 그것은 '다를 수도 있었다' 안에 있으며, '이것'이 실현되고 또한 선택되어 가는 것의 연쇄였다. 즉 역사의 각 순간이 자유로운 선택의 귀결이었던 것이다.

하지만 사후적 시점에서 파악한 역사는 서사적 필연성을 구성해버린, ―즉 '이렇게 될 수밖에 없었다'로 보이는― 그 안에서는 '다를 수도 있었다'는 가능성이 등록되는 일은 없다. 역사 안에 등록될 일이 없는 '다를 수도 있었다'는 가능성, 이러한 가능성에 가담한 사람들, 이러한 가능성 안에서만 의미를 부여받는 사람들, 그들은 정의상 역사의 패자이다. '승자'는 최후 심판의 시점에 의해 그 존재를 승인받는 자이기 때문이다. 하지만 역사 생성 도중에 참여한다면, 임의의 지점에 패자의 가능성은 근접해 있다. 누구도 패자가 될 가능성이 있는 것이다. '다를 수도 있었다'는 가능성 안에서 '이것'이 선택된다는 것이 자유를 의미하므로 패자일 수 있었다는 것은 역사 안에서 사람이 자유로운 선택의 주체였다는 것 이외의 어떤 의미도 있을 수 없다.

사후의 '최후 심판'의 지점에서 파악했을 때에는 역사의 여러 과정 안에 배태되어 있던 괴로움 가득한 자유 선택의 계기를 아무리 해도 놓치게 된다. 여기서 한 번 더 「마지막에 본 거리」를 떠올려 보자. 그 전쟁은 어리석은 전쟁, 잘못된 전쟁이었다는 요치와 도시오의 감각은 전후의 대다수 일본인에게 공유되고 있다. 우리 대다수는 그들의 의견에 찬성할 것이다. 그렇다고 해도 우리는 신야의 의견 쪽에 좀 더 깊은 무언가를 느낀다. 왜일까? 요치와 도시오의 견해에는 역사의 생성 과정에 참가하고 있는 자들 한 사람 한 사람이 꽉 막힌 상황 속에서 괴로워하며 결단하고, 사태를 받아들일 때의 선택의 무게가 완전히 소거되어 있기 때문이다.

그렇다고 해서 야스쿠니 신사와 같은 시설에서 신야가 도우려고 하는 사람들 —나라를 위해서 죽어간 사람들— 을 위령하거나 표창한다고 해서 문제가 해소될 리는 없다. 이 경우에는 다른 사람이 승자가 될 뿐이다. 어쨌든 누군가가 어떤 순간이라도 패자가 되어 역사 인식으로부터 버려질 가능성이 있다는 사실과 표리 관계인 생성되는 자유 결정의 계기가 말소되어 버린다는 점에서는 동일하다. 따라서 요치·도시오와 신야 사이의 대립은 단순한 의견이나 가치관의 대립이 아니라,[19] 역사 인식이 일반적으로 배태한 모순의 표현이다. 역사의 어느 국면에서도 이 모순은 배태된다. 하지만 그 모순은 혁명과 전쟁 같은 전환기에 집중적으로 분출한다. 그때 많은 패자가 생겨나기 때문이다. 그것은 많은 희망과 소망, 이념의 묘지이기도 하기 때문이다.

---

19 반복하자면, 신야의 의견에 찬성하지 못하면서도 그 의견에 좀 더 깊은 진실을 느끼는 것은 이 때문이다.

4 역사 신학

그렇다면 어떻게 하면 좋을까? 역사의 도중에 있는 생성의 계기를 끄집어내어 패자를 구제할 수 있는 역사 인식의 가능성은 있는 것일까?

여기서 다시금 좌파의 태도를 상기해 두자. 좌파는 '보편적 정의'의 존재를 전제하는 입장이었다. 그것은 무한한 미래, 즉 인류와 우주의 역사를 전체로서 통람할 수 있는 위치에 '최후 심판'을 내리는 구원자를 상정하는 것과 논리적으로는 동일한 것으로 귀결된다.

그에 반해 우파는 이른바 불완전한 '최후 심판'을 상정하고 있는 것이 된다. 왜냐하면 우파는 전 인류·전 우주를 시야에 넣는 신 대신에 특정 공동체만을 시야에 넣은 죽은 자를 상정하는 것이며, 이것은 공동체가 역사적인 정체성을 지속시키는 유한한 시간축 안에서만 의미가 있기 때문이다. 그 결말로서 우파에게는 죽은 자('제3자의 심급')가 그 공동체에서 전통적으로 간직해온 '선'을 대표하게 된다. 당연히 이것을 방해하거나 훼손하는 자는 '악'이며, '적'이 된다.

좌파의 '최후 심판'이 이것과는 다른 진정한 것임을 보여주는 단적인 현상은 —전사자의 추도라는 문제와 관련해서 본 경우에는— 적군의 희생자도 추도 대상에 포함해야 한다는 주장 속에서 간취할 수 있다. 다만 앞서도 언급했듯이 적을 추도하고자 하면 즉시 곤란에 부딪히게 되는 것이다. '보편적 정의' 안에 포섭될 수 없는 근본적인 '악'이 남아 버리기 때문이다.

'보편적 정의'가 실제로 어떠한 내용을 가지는지는 누구도 알 수 없다. 하지만 그것은 정의상 가능한 선의 구상, 가능한 규범적인 구상 전체를 각각의 고유한 권리로부터 승인하는 것이어야 한다. 단 역사를 되돌아보면 '보편적 정의'의 '보편성'을 배신하는 절대적인 악이 존재하고 있는 것처럼 보이기도 한다. 그 '악'은 '보편적 정의'를 구현하는 제3자의 심급에도 버려지는 역사의 궁극적 패자인 것일까? 예를 들어, 일본의 침략 전쟁에 열심히 가담한 일본 군인은 구제의 길이 없는 역사의 패자인 것일까? 단지 소용없는 일로서, 혹은 잘못된 전쟁의 수행자로서 그들을 거부한다면, 「마지막에 본 거리」의 요치나 도시오의 견해를 편드는 것이 된다. 하지만 일본 군사의 행동에도 한 조각의 '선'이 포함되어 있었다(이른바 아시아의 해방 전쟁이기도 했다)는 것을 말하고자 하는 것이 아니다. 만약 가능하다면 문제를 좀 더 선명하게 부각시키기 위하여 나치스에 의한 유대인 학살을 생각해도 좋다. 유대인 학살에도 1%의 선한 것이 있었다고는 그 누구도 말할 수 없다.

우리들의 물음은 신학상의 유명한 난문과 동일한 구조를 하고 있다. 전능한 신의 존재를 인정했을 때, 이 세계에 악이 존재하는 것은 왜인가? 신의 존재와 악의 존재를 어떻게 조화시키고 이해하면 좋은 것일까? 신이 악을 포함한 세계를 창조한 것은 왜인가? 이러한 물음이 특정 종교에 참여하고 있는 자에게만 관련된 문제라고 생각한다면 큰 오산이다. 이 고전적인 신학상의 난문은 종교에서 독립한 보편적인 물음의 범형을 이루고 있는 것이다. 왜인가? 세속적인 역사 인식, 그것이 신학적인 구성을 갖고 있기 때문이다. 즉 역사 인식이 일반적으로 최후 심판의 시점을 전제로 하고 있기 때문이다.

이 난문에 대한 신학상의 해답은 두 가지 패턴으로 집약된다. 신의 초월적인 전능성·유일성을 끝까지 고집하는 해답과 신의 전능성을 포기해버리는 해답, 이 두 가지이다. 이 두 가지는 야스쿠니 문제에 관하여 논의해 온 좌파와 우파에 각각 대응할 수 있다.

신의 절대적인 주권, 비유 불가능한 신의 전능성을 유지하는 견해야말로 정통적인 견해이리라. 이 견해에 입각한 경우에는 당연히 악의 존재도 신의 책임이다. 이에 대해 다양한 설명이 시도되어 왔다. 예를 들어 '악'의 존재를 인류의 죄에 대한 벌로 해석하거나, 미숙한 인간을 위한 교육과 시련으로서 해석하는 설명이 제기되었다. 하지만 이러한 해석이 설득력이 있다고만은 할 수 없다. 만약에 일본의 대미전쟁을 미국을 비롯한 서양의 제국주의적인 침략이라는 '죄'에 대한 벌의 일종으로서 해석할 수 있다고 하더라도, 아시아 침략까지 그 선상에서 해석하기란 어렵다. 미국의 원폭 투하라는 '악'

을 어떤 벌이나 미숙함에 대한 조치라고 간주한다면, 너무도 모독적이지 않은가? 무릇 이러한 설명은 '악'의 존재를 다른 '악'의 존재(인류의 죄와 미숙함)로서 해석하고자 하는 것으로, 순환논법에 빠져 있다. 그렇기에 신의 전능성을 계속 고집하는 경우에는 단지 신은 신비적이며 —욥에 대해서도 그러했듯이— 불가해하다는 결론을 내릴 수밖에 없다. 물론 이는 설명의 포기 이외의 무엇도 아니다. 어찌되었든 '보편적 정의'의 존재를 상정하는 좌파의 태도는 신의 전능성을 믿는다는 이러한 입장과 닮아 있다.

또 하나 가능한 해답은 신의 절대적인 전능성이라는 전제를 포기하고, 신의 능력에 한계를 설정하는 해석이다. 이러한 해석을 정합적으로 추구했을 때 도달되는 것은 신의 외부에 신의 주권이 미칠 수 없는 또 하나의 계기를 인정하는 설명이다. 즉 선을 담당하는 신과 악을 담당하는 또 하나의 계기(악마나 적그리스도) 사이의 갈등으로서 역사를 그리는 것이다. 이러한 설명을 대표하는 것으로 그노시스주의가 있다. '선'을 특정 공동체가 가진 전통의 범위로 한정해버리는 입장, '선'의 환원 불가능한 다원성을 용인하는 입장(각각의 공동체에는 각각의 '선'이 있다), 따라서 어떤 공동체의 '선'이 다른 공동체에는 '악'일 가능성을 인정하는 입장이다. 요컨대 야스쿠니 신사 참배를 용인하는 우파는 선·악의 이원적(다원적) 갈등으로 세계를 묘사하는 이러한 종류의 기독교 이단과 닮아 있지 않은가?

이 대립 —전능한 신과 유한한 신의 대립— 이 구성하는 막다른 상태deadlock를 뛰어넘는 제3의 입장이 있을 수 있는가? 있다. 막다른 상태는 신이 절대적 선이며 오류가 없다고 간주하는 것에서 온다.

막다른 상태를 탈출하는 길이 있다고 한다면, 그것은 신(제3자의 심급) 자체가 악이라는 것, 신이 악을 이루고 있다는 것, 따라서 신에 오류가 있다는 것, 이것들을 인정하는 곳에서 발견되는 것은 아닌가? 이러한 제언은 결코 기묘한 것이 아니다. 신이 인간적인 고뇌와 좌절에 가득 찬 한 사람의 남자, 즉 예수 그리스도라는 것의 함의는 바로 이 논점에 있다고 생각될 수 있기 때문이다.

신(제3자의 심급)을 악의 가능태dynamis[20]로 간주하는 것은 신(제3자의 심급)을 역사화하고 역사의 과정에 집어넣는 것을 의미한다. 통상의 '최후 심판'의 구성에서는 신은 역사의 과정 바깥에 놓여 있었다. 그러므로 신은 순수한 선일 수 있었다. 신은 잘못을 범할 방법이 없는 것이다. 반대로 말하면, 신을 악의 가능태로 보는 것은 신이 역사의 과정에서 고뇌하거나 역사에 영향을 받거나, 때로는 실패할 수 있다는 것이다.

이렇게 해석해 두면, 서두에 언급한 '창세기' 우화의 수수께끼도 풀린다. 우리들의 난문은 이러했다. 신이 금단의 열매를 심어 놓은 에덴에 아담을 살게 하고, 그를 타락에 빠지도록 유혹한 것은 왜인가? 통상의 해석에서 이 타락은 한참 뒤 그리스도에 의해 속죄 받는다. 나중에 속죄 받을 것이라면 신은 왜 이러한 심술궂은 일을 한 것일까? 무구하고 전능한 신이 약한 인간인 아담을 유혹하고 있다고 해석하면 이 우화는 완전히 기묘한 것이 되어버린다. 하지만 '고린도인에게 보낸 첫 번째 편지'에서 바울이 그리

20 아리스토텔레스의 용어로, 질료(質料)에 내재하면서 발전하여 형상(形相)을 실현할 수 있는 가능성을 말함 - 역자 주.

스도를 '최후의 아담'이라고 부르고 있는 것이 하나의 힌트가 된다. 순결하고 선한 신(그리스도)과 악을 낳고 타락한 인간(아담)을 다른 것으로 간주해서는 안 되는 것이다. 악을 낳은 아담이야말로 신인 것이다. 아담의 원죄와 그리스도의 속죄는 동일한 것이다.

제3자의 심급(신) 자체에 악이 새겨져 있으며, 제3자의 심급이 파괴적인 실패를 낳을 수 있다는 것, 그렇기에 제3자의 심급이 역사의 생성 과정 안에 연루되어 있다는 것, 이 점을 전제로 했을 때 역사가 전혀 다른 모습으로 나타날 것이다. 한 번 더 「마지막에 본 거리」로 되돌아가자. 주인공은 '마지막'에, 즉 전쟁이 끝난 뒤에 자신은 벌써 최후 심판의 입장에 서 있다고 생각하고 있었다. 그런데 「마지막에 본 거리」는 사실 전쟁 중인 자신들의 현재 거리였던 것이다. 초월적인 위치에서 전쟁의 선과 악을 판단하고 있었던 주인공 자신이 실은 전쟁 속에 스스로 관여하고 있었던 것이다.

제4장

〈야마비토(山人)〉와 〈마레비토(客人)〉

1

패전에 임하여 — 야나기타(柳田)와 오리쿠치(折口)

근대 일본에서 국가와 천황에 대하여 독자적인 고찰을 행한 민속학자로는 야나기타 구니오柳田国男와 오리쿠치 시노부折口信夫[1]가 있다. 이 장에서는 이 둘의 사상을 내셔널리즘의 시각에서 검증하도록 하자.

야나기타 구니오도 오리쿠치 시노부도 태평양전쟁의 패전이 일본인에게 전대미문의 정신적 손상을 주었다는 점, 그리고 그들의 학문, 즉 민속학이야말로 그 손상에 대응할 수 있으며, 또한 반드시 해야 한다는 공통적인 인식을 가지고 있었다. 하지만 손상에 호응하여 제시한 두 학자의 학문적 내용은 대조적이었다.

---

1 오리쿠치 시노부(1887~1953) : 국문학자. 가인(歌人). 민속학을 국문학에 도입하여 새로운 학문 영역을 개척함 - 역자 주.

야나기타 구니오와 오리쿠치 시노부(左: 야나기타, 右: 오리쿠치). 출전 : 블로그 '松岡正剛の千夜千冊' URL: http://1000ya.isis.ne.jp/1144.html.

야나기타 구니오에 대해서는 앞 장에서 소개했지만, 여기서 다시금 확인해 두자. 야나기타 구니오의 일기에 따르면, 야나기타는 1945년 8월 11일('토요일, 맑고 덥다')에 전 경시총감장 나가오카 류이치로에게서 '시국에 직면한 이야기', 즉 종전이 가까워졌다는 것을 듣게 된다. 일기는 이 사실을 기록한 뒤, "드디어 작업해야만 하는 세상이 되었다"며 자신의 결의를 기록한 문장이 이어진다.

이 결의의 결과로 야나기타가 전쟁 후 곧바로 집필한 것이 『선조 이야기』이다. 이 저작에서 야나기타의 학문적인 문제의식은 이에의 존속이라는 신앙상의 기반을 명확하게 하는 것에 있었다. 나아가 전쟁에서 죽은 자들을 구제하고 영혼을 달래야 한다는 실천적인 문제의식으로 집중되고 있었다. "사람을 경시하여 국가를 위해 죽도록 만든 도덕에 신앙의 기저가 없었다는 것은 생각할 수 없다. 따라서 이전에는 신앙의 기저가 있었다는 것이 우리에게는 더욱 확실해지는 것이다." 전쟁에 의한 죽음을 개죽음으로 만들어서는 안 된다는 것이었다.

그러나 이에의 존속을 뒷받침하는 조령숭배 전통의 존재를 실증하는 것이 왜 죽은 자들의 구제가 되는 것일까? 전장에 흩어진 젊은이들의 죽음은 나라를 위한, 국체를 위한, 좀 더 단적으로 말하면 천황과 황실을 위한 죽음이었다. 패전이라는 것은 죽은 이들이 그것을 위하여 죽어 간 것, 이른바 천황과 황실이라는 관념이 무의미한 것으로 전환되었다는 것이다. 즉 만세일계萬世一系의 혈통을 보증하던 천황의 초월성이 완전히 박탈당했다는 것을 의미한다.[2] 이때 죽은 자들의 죽음을 무가치한 것으로부터 구제하기 위해서는 황실과 천황가의 전통 등은 그 일부에 불과하도록 만드는, 즉 훨씬 포괄적이고 깊은 전통이 일본인이라는 '민족의 자연'에 있다는 것을 실증하고, 그 죽음에 다시 의미를 부여하는 것이 필요하다. 이렇듯 죽음에 새롭게 의미를 부여하는 참조 축으로서 야나기타가 제기한 것이 이에의 존속을 뒷받침하는 선조 신앙이다. 황실과 국체만을 위한 희생이라고 간주되면, 젊은이들의 죽음과 그들을 전장으로 보낸 전전·전중의 일본인의 행동은 무가치한 일이었다고밖에 해석될 수 없다. 하지만 그들이 지키고자 했던 것은 패전에 의해서도 잃어버릴 수 없는 이에이며, 그렇기에 그들이 죽은 선조의 집합 안으로 모셔질 수 있게 되면, 그 죽음도 그것을 응원한 사람들의 행동도 무가치

2 물론 그 명백한 귀결이 천황의 인간 선언이다.

했다고는 말할 수 없을 것이다.

그러나 이러한 일은 엄밀하게는 전사자들을 구제한 것이 되지 못한다. 젊은이들은 국가와 천황을 위해 전장에 나간 것이며, 반드시 이에를 위해서 전장에 나갔던 것은 아니기 때문이다. 오직 이에만을 위해서라면 그들 혹은 일본인이 전쟁 수행에 적극적으로 동의했는지에 대해서는 알 수 없다. 이러한 부정합성은 『선조 이야기』에도 명확한 흔적을 남기게 된다. 예컨대 마스다 가쓰미益田勝美와 나카무라 이쿠오中村生雄는 '칠생보국七生報国'[3]의 항목에 이 글의 다른 부분과는 연결되지 않는 논리적 비약이 있다고 지적하고 있다.[4] 이 항목 안에서 야나기타는 에도 시대의 비구니가 시세를 노래한 시를 인용하고 있는데, 그 비구니가 "다시 오지 않을 사람을 부르는 에니시縁가 있다면"이라고 노래했을 때의 '에니시'가 야나기타에게 '동일한 국가'였다고 보기에는 무리가 따른다는 것이다. 마스다는 야나기타가 "시종일관 '이에家'를 둘러싼 민족의 사상을 고찰해 오다가 돌연 '국가国'를 둘러싼 논의로 비약했다"고 비판하고 있다.[5]

오리쿠치 시노부는 어떠했는가? 야나기타가 "시국에 직면했다"는 이야기를 정부의 요직에 있는 인물에게 들었을 때와 비슷한 시기

3 '칠생보국'이란, 고다이고(後醍醐) 천황(일본의 남·북조 시대[1336~1392]에 재위했던 남조의 천황[재위는 1318~1339])을 모시던 장군 구스노키 마사시게(楠木正成)가 아시카가 다카우지(足利尊氏)에게 패하고 죽을 때 "죽으면 일곱 번 환생하여 국가(남조 천황가)에 충성을 다하겠다"고 맹세한 말에서 유래한다고 알려져 있다. 태평양전쟁에서는 '충군애국(忠君愛國)', '멸사봉공(滅私奉公)'과 함께 국수주의적 슬로건으로서 활용되었다 - 역자 주.

4 마스다 가쓰미, 「『炭焼日記』存疑」(神島二郎編, 『柳田国男研究』, 筑摩書房, 1973). 나카무라 이쿠오, 『折口信夫の戦後天皇論』, 法藏館, 1995.

5 마스다 가쓰미, 앞의 책, p.249.

에 오리쿠치는 민간인(목사 단체)과의 이야기를 계기로 마치 하늘의 계시와도 같은 섬광에 휩싸여 깜짝 놀랐다고 기록하고 있다.

> 쇼와 20년 여름의 일이었습니다.
> 설마, 전쟁이 끝난다는 참담한 사실이 시시각각 다가오고 있으리라고는 생각도 할 수 없었습니다. 그러던 어느 날, 돌연 어떤 계시가 오는 듯하여 깜짝 놀랐습니다. 이런 이야기를 들었던 것입니다. "아메리카의 청년들이 어쩌면 저 예루살렘을 회복하기 위하여 갖은 노력을 다 쏟았던 십자군과 같은 그들 선조의 열정을 지닌 채 이 전쟁에 힘쓰고 있는 것은 아닐까?"라고. 만약 그렇다면 우리는 이 전쟁에서 이길 승산이 있겠냐는 조용한 반성이 일어났습니다.

이러한 계시에 시초를 둔 오리쿠치의 작업은 야나기타와는 정반대를 향하게 되었다. 조금 전에 언급했듯이, 야나기타의 경우에는 (근대) 천황제와 황실숭배를 부정하지 않고, 그것들의 토대를 이루던 선조 신앙으로 심화시키고자 했다. 그에 반해 오리쿠치는 민족종교인 (근대) 천황제를 전적으로 부정하고, 일본의 고대 관념 속에서 기독교에 필적하는 보편 종교(인류교人類教)로 이어지는 요소를 추출해 내고자 했다. 그때 오리쿠치는 계보의 일관성·동일성을 보증하는 신, 즉 조령적 신을 뿌리에서부터 부정하게 된다. 야나기타가 전력을 다해 부활시키고자 한 것이야말로 오리쿠치에게는 거부의 대상이었던 것이다.

신도神道를 보편 종교로 전환하기 위해서는 즉 신도를 선조 신앙으로부터 분리하기 위해서는 황실의 기원으로 여겨지는 아마테라스오미카미天照大御神의 중요도를 낮춰야 한다. 아마테라스오미카미를 대신하여 오리쿠치가 신앙의 기초로 두어야한다고 여긴 것은 천지개벽의 최초에 출현했다고 간주되는 다카미무스비노카미高産霊神·가미무스비노카미神産霊神 등의 '무스비의 신産霊神'이다. '무스비産霊'란 생명의 원리, 영혼을 부여하는 원리를 말하며, '무스비의 신'은 오리쿠치에 따르면 인격신이 아니고, 선조신에 기원을 두는 인간 계보로부터 초월한 신이다.

천황제의 개혁을 은밀한 기획으로서 품고 있었다고 생각되는 오리쿠치의 패전 직후의 논고로는 「여제고女帝考」가 주목된다.[6] 한편으로 이것은 순 학문적인 업적이다. 이 안에서 오리쿠치는 '나카쓰스메라미코토中皇命·中天皇'에 대해서 고찰하고 있다. 일반적으로 이는 마치 잠정적인 원포인트-릴리프[7]와 같은 '중계천황'의 이야기라고 여겨진다. 전후에 천황이 퇴위하고 황족 중 누군가가 중간을 이을 천황으로서 즉위할 가능성은 충분히 있었다. 하지만 오리쿠치의 해석에서는 '나카쓰스메라미코토'는 중계천황과는 전혀 다른 것이다.

우선 오리쿠치는 『고지키』와 『니혼쇼키』에 등장하는 이이토요히메미코飯豊皇女에 대한 통설을 부정한다. 이이토요 히메미코는 모

6 오리쿠치의 「여제고」에 대해서는, 나카무라 이쿠오의 앞의 책 제1장에 잘 설명되어 있다.

7 특정한 한 명의 타자만을 상대하기 위하여 등판한 구원투수, 혹은 한 명의 타자만 상대하기 위해 구원투수를 투입하는 전략 - 역자 주.

토오리 노리나가本居宣長[8]의 해설에 기초하여 세이네이 천황清寧天皇의 뒤를 이을 중계천황으로 해석되어 왔다. 하지만 오리쿠치는 『고지키』를 재독해하여, 이이토요 히메미코는 황위·후사를 이을 다음을 정하는 중대사를 행하는 특별한 영력靈力을 지닌 여성이었다고 추정한다. 이어서 나카쓰스메라미코토가 무

에도 시대 국학자 모토오리 노리나가(本居宣長). 출전 : 일본어판 위키피디아.

엇이었느냐는 점에 대한 오리쿠치의 해석이 덧붙여진다.

천황(스메라미코토)의 '스메라'는 '가장 고귀하다'는 의미이며, '미코토'란 '미코토모치御言執ち(고대 천황의 명을 받아 지방 임무를 보던 관인)'의 약어이다. 나카쓰스메라미코토란 천황(스메라미코토)이면서 동시에 '나카(중간)中'를 의미한다. 그렇다고 한다면, '나카'란 무엇인가? 무엇과 무엇 사이의 '나카'라는 것인가? 그것은 아마쓰카미天つ神와 천황의 중간이라는 의미이다. 요컨대 오리쿠치에 따르면, 아마쓰카미와 천황을 이어주는 영적 능력를 지닌 여성, 이 여성이야말로 나카쓰스메라미코토이다. 아마쓰카미는 오리쿠치 학문의 중핵에 있는 마레비토客人임에 틀림없다. 전쟁 전에 오리쿠치는 이미 「물의 여성水の女」에서 물의 주술력을 관리하는 여성이 있으며, 그녀들이 천황

8 모토오리 노리나가(1730~1801) : 에도 시대 중기의 국학자. 외래학인 유교·불교를 거부하고 일본 민족 고유의 학문을 개척하고자 했으며, 일본 민족 고유의 심성인 '모노노아와레(もののあわれ)'를 주창함 - 역자 주.

의 즉위 때 목욕재계의 제를 올렸다고 논하고 있다. 여기에서는 황후의 기원이 '물의 여성'이라고 시사되고 있다. 「여제고」는 이러한 논의를 발전적으로 계승한 것이라고 간주될 수 있는 것이다.

이상과 같이, 야나기타와 오리쿠치가 패전이 초래한 일본인의 정신적인 위기, 이것과 병행한 천황제의 제도적인 위기에 대하여, 각각이 제기한 학문적인 처방전은 완전히 대립적이다. 이러한 대립은 어디에서 온 것인가? 이러한 대립의 심원에는 둘의 학문의 근간을 이루는 내용과 학문적인 태도에 상이점이 있다는 것을 제시해 보기로 한다. 우선, 공동체에 대한 외래자·내재자의 자리매김 속에 양자의 상이점의 원천이 있다.

2 〈야마비토(山人)〉와 〈마레비토(客人)〉

앞 절의 마지막에서 다룬 것처럼, 오리쿠치의 체계 안에는 마레비토가 있다. 마레비토란 공동체 외부에서 내방하는 신이다. 오리쿠치는 "바다의 피안海彼岸 —보통 이는 황천을 의미한다— 에서 주기적으로 내방하여 마을의 삶을 행복하게 한 뒤, 다시 되돌아가는 고대의 영물을 의미한다"고 마레비토를 정의하고 있다. 오리쿠치의 생각에는 언어 표현(이른바 '국문학')만이 아니라 좀 더 일반적인 사회적 질서에 대해서, 그것의 형식을 생산하는 기본적인 원리, 즉 '규범'은 마레비토에 의해서 초래되었다고 인지될 수 있으며, 이 점에서 일본 고대의 공동체에서 마레비토는 그 효력을 발휘할 수 있었다.

마레비토에 대한 신앙은 기본적으로는 '토지土地의 신 / 마레비토', 즉 '(공동체의) 내부 / 외부'라는 이항 대립을 전제하고 있다. 마레비토가 토지의 신을 누르고 자신을 따르게 했다는 것이다. 예컨대 오리쿠치는 오키나와 본섬의 '마을 춤'에서 마레비토 왕림의 기본적 구도를 발견하고 있다. 이 의례는 '장자長者의 우후슈大主', '니라이儀来의 우후누시大主', '페이친親雲上'의 세 가지 신체를 축으로 하여 전개된다. 마레비토를 맞이하는 토지의 신에 대응하는 것이 '페이친'이며, 공동체의 신을 표현하고 있다. 의례의 중핵적인 내용은 토지의 정령이 마레비토에 복종하고 춤을 춘다는 것이다.

만약 오리쿠치의 언급이 타당하다면, 즉 만약 일본 공동체의 공동성을 유지하는 신앙의 기저가 마레비토 신앙에 있다고 한다면, 그 공동성에는 외부성이 처음부터 환원 불가능한 형태로 각인되어 새겨져 있다는 이야기가 될 것이다. 공동체의 동일성을 보증하는 규범 자체가 외부에서 온 타자로부터 유래한 것이며, 이를 공동체의 성원들이 이른바 무의식의 기억 속에 남겨두고 있기 때문이다. 오리쿠치가 패전에 임하면서 이에의 계보·연속성을 뒷받침하는 신과 민족신을 거부한 이유는 바로 여기에 있다. 선조숭배와 민족신은 이에와 공동체를 그 고유성·순수성에서 유지하는 것에 기여하는 신이기 때문이다.

한편, 야나기타 구니오의 초기 민속학에서도 오리쿠치의 '마레비토'와 매우 유사한 형상, 즉 오리쿠치라면 '마레비토'의 일종이라고 간주했을지도 모를 신이 등장한다. 바로 산의 신, '야마노카미山の神'이다. 야나기타가 볼 때는 평지에 살면서 벼농사를 하는 사람이야말로 일본인의 기본적인 모습 —이른바 '상민'— 이었다. 그러나 이러한 벼농사 생활을 전제할 때에는 '야마노카미'에 대한 전승과 설

화의 유래를 설명하기 힘들다는 점을 야나기타는 주목하고 있었다.

예컨대 메이지 42년(1909년)의 『노치노카리코토바노키後狩詞記』에는 야마노카미에 대한 기술이 곳곳에 보인다. 기술은 체계화되어 있지 않으나, 예컨대 짐승을 포획하면 총을 세 번 발포하고 야마노카미에게 바치는 풍습 등이 소개되어 있으며, 상당 부분 —전체가 아닌 상당 부분— 이 야마노카미는 수렵민이 모시던 신이라는 점을 암시하고 있다. 야나기타는 "실제로 나는 아직 야마노카미가 어떤 신인지를 알지 못한다"고 쓰고 있다. 다음 해 출간된 『도노모노가타리遠野物語』에는 야마노카미와 조우했다는 이야기가 몇 가지 기술되고 있다. 그에 따르면, 야마노카미는 항상 붉은 얼굴을 하고 번쩍이는 눈을 가진 거한이다. 야마노카미와 만나기 쉬운 시간과 장소가 있는 듯하며, 예컨대 음력 정월 대보름의 밤과 같은 경계적인 시간에는 신이 자주 출현한다고 한다. 야마노카미와 조우한 자는 징벌(병이나 죽음)을 받거나, 반대로 예지와 점술 같은 기이한 능력을 받는다.

결국 야나기타는 야마노카미가 야마비토山人에서 유래한 것이 아니냐는 가설에 도달한다(「산민의 생활山民の生活」, 메이지 42년[1909년]). 야마노카미는 산과 평지의 경계에서 모셔지는 신이다. 그렇다면, 야마노카미는 경계 저편에 소속된 사람들로부터 유래한 신은 아닐까? 야나기타는 이렇게 추론한다. 저 '경계 저편의 사람들'이야말로 야마비토이다.

야마비토란 누구인가? 야마비토란 벼농사를 생업으로 하는 일본인의 눈으로 보면 선주민이며, 수렵을 주로 하던 이민족이다. 야마노카미는 야마비토에서 유래한 신이었다는 것이다. 오리쿠치의

마레비토론도 외래 민족에 의한 정복이라는 역사적 과정을 연상시키지만, 야나기타도 열도에 원래부터 살고 있었던 선주민(야마비토)이 외부에서 온 자들에 의해 정복되고 쫓겨난 역사적 과정이 있었다고 추측한 것이다. 단 마레비토적인 것의 위치에 대한 의견은 서로 반대이다. 오리쿠치는 마레비토가 토지의 신을 정복한다고 생각했지만 야나기타는 야마비토와 야마노카미가 일본인에 의해 정복되고, 외부로 배제된다고 생각했다. 이러한 양자의 차이는 '아마쓰카미天つ神 / 구니쓰카미国つ神'의 대조와 관련시켜보면 선명해진다. 오리쿠치의 논의에서는 아마쓰카미가 마레비토이며 구니쓰카미가 토지의 신이지만, 야나기타의 사고에서는 반대로 아마쓰카미를 모시는 일본인에 의해 쫓겨난 구니쓰카미야말로 야마비토에 대응하고 있다.

야나기타의 사고에서는 야마비토는 열도의 선주이민족先主異民族이다. 야나기타는 선주이민족의 후예인 야마비토가 현재에도 실재하고 있다고 생각했으며, 메이지 40년대부터 다이쇼 시대를 통틀어 그 증거를 찾는데 몰두했다. 예컨대 『덴구[9] 이야기天狗の話』(메이지 42년[1909년])에서, 덴구는 야마비토를 오해한 모습이며 "일본 각 고을의 산중에는 메이지인 오늘날이라 할지라도 아직 우리 일본인과 전혀 관계없는 어떤 인류가 살고 있다"고 기술하고 있다.

혹은 「야마비토가이덴시료山人外伝資料」에서는 야나기타 자신과 야마비토와의 혈연관계도 암시되고 있다(나조차도 약 10대 전의 선조가

9 하늘을 자유로이 날며 신통력이 있다고 여겨지는 산에 사는 괴물. 얼굴이 붉고 코가 큰 것이 특징이다 - 역자 주.

교토의 구라마(鞍馬)산에 있는 덴구상(2007년 11월 24일 사카노 유스케 씨 촬영).

누구인지 정확하지 않다. 그들[야마비토]과 전혀 혈연관계가 없다고는 단언하기 힘들다).

하지만 현재 야마비토가 존재하는지는 실증될 리 없고, 야마비토에 대한 정열은 다이쇼 말년이 되어 돌연 사라져버린다. 야마비토와 같은 이민족이 있다(혹은 있었다)는 주장을 야나기타는 사실상 포기해버린 것이다. 그렇다고 한다면, 야마노카미의 유래는 어떻게 설명되는 것일까? 야마노카미에 대한 설화와 습속은 확실히 존재한다. 야마비토가 없다고 한다면 왜 야마노카미에 대한 신앙이 존재하고 있는 것일까?

야마비토가 없다고 한다면, 야마노카미는 벼농경민인 상민의 신앙 속에 처음부터 내재되어 있었다고 생각할 수밖에 없다. 벼농경민의 신이란 밭의 신이며, 그것은 이에의 신, 즉 선조신과 동일한 것이다. 최종적으로 야나기타는 야마노카미와 밭의 신을 동일시하기에 이른다. 밭의 신이 계절적인 순환에 응하여 야마노카미로 전환되고, 다시 밭의 신으로 회귀한다는 것이 야나기타의 결론이다. 『선조 이야기』에는 다음과 같이 쓰여 있다.

> 예컨대 아주 오래전부터 우리가 주시했던 한 가지, 봄은 야마노카미가 마을에 내려와 밭의 신이 되며, 가을이 끝나면 다시 밭에서 산으로 올라가 야마노카미가 된다는 이야기가 전해 내려왔으며, (중략), 일본 전국의 북쪽 끝부터 남쪽 끝까지, 이러한 전승이 없는 곳이 오히려 적다고 말해도 좋을 정도로 널리 퍼져있다는 것은 대단한 사실이다. 그럼에도 아직 그 사실을 눈치채지 못한 사람이 많다. (중략), 농민의 야마노카미는 1년 중 4분의 1만을 산에서 쉬시고, 그 외 4분의 3은 농작의 수호를 위하여 마을로 나와 밭 속이나 밭 근처에 계시기 때문에 실제로는 겨울 동안만 산에 머무시는 신에 불과하다는 것이었다.

여기에서는 벼농사에 종사하는 공동체의 생활과 사회질서로부터는 설명되지 않는 신이 있다는 애초의 직관, 화전농경이나 숯장이, 벌채, 혹은 수렵 등을 주업으로 하는 사람들이 모시는 신이 있다는 본래의 인상은 완전히 사라졌다. 천황제의 위기 앞에서 부활시켜야 할 일본의 전통은 벼농경민의 고유 신앙인 선조숭배밖에 없다는 결론이 불가피한 것이 되었다.

오리쿠치의 마레비토론으로도 이어지는 야나기타의 애초의 감각이 소멸해버린 것은 왜일까? 적어도 이는 실증적인 사실과는 관계없다.[10] 거의 동일한 사실에 대한 인식을 기초로 하여 오리쿠치는 마레비토라는 가설을 유지할 수 있었으며, 민속학이 제시할 수 있는 사실의 집적에서 보면 오히려 벼농경민의 신앙과는 다른 계열의 신앙이 지속되어 왔다고 보는 편이 자연스럽기 때문이다.[11] 달리 말하면, 야나기타에게 '야마노카미'의 독자성과 '야마비토'의 소거는 그의 논의를 뒷받침하는 이론적 구조의 문제로서 설명되어야만 한다.[12]

---

10 야마비토가 메이지·다이쇼 시대에 이르러서도 실재한다는 이야기에 대해서는 민속학자 미나카타 구마쿠스(南方熊楠)가 신랄하게 비판했다.

11 예를 들어, 홋다 요시오(堀田吉雄)는 『야마노카미 신앙의 연구(山の神信仰の研究)』(伊勢民俗学会, 1966년)에서 "마타기(マタギ:두 갈래로 갈라진 나무) 등 수렵민이 믿는 야마노카미 쪽이 농경민보다 한층 더 오래된 기원을 가지고 있다는 점만은 의심할 수 없다"고 기술하고 있다. 야나기타 민속학의 계승자를 자임하는 사람들조차 이렇게 논하고 있다.

12 '야마비토'라는 주제의 소멸에 대해 신랄하게 비판한 연구자로는 아카사카 노리오(赤坂憲雄)가 있다.

3 외적 관계의 주체화

야나기타의 민속학으로부터 '야마비토'와 '야마노카미'의 이야기가 사라져버린 것은 왜인가? 이제 결론을 내려보자.

공동체가 자기동일성을 자각하기 위해서는 외적 관계가 전제되어야 한다. 여기까지 야나기타의 논의는 옳았다. 일본인이 일본인으로서, 즉 벼농경민으로서 자신을 의식하기 위해서는 이민족인 야마비토와의 우발적인 만남이 필요하다. 일본인이 자신을 고유한 민족으로 자각하기 위해서는 자신이 진입한 장소에서 때로는 이전에 살던 이민족과의 갈등을 거친 뒤에 자신과 타자인 이민족과의 차이를 인식하는 것이 필요했던 것이다.

야나기타의 논의에 결여되어 있던 것은 이 외적 관계를 공동체가 어떻게 주체화한 것이냐는 점에 대한 설명이다. '공동체가 어떻게 외적이고 우연적인 관계를 자신들의 것으로 받아들이게 되었는가'라는 이 메커니즘이 밝혀지지 않으면 안 된다. 우연성은 주체화됨으로써 소급되어 필연성으로 그 양상을 전환시킨다. 이것은 점술을 떠올리면 쉽게 이해될 것이다. 모호하고 어떤 식으로도 해석될 수 있는 예언과 현실 생활의 우연의 일치가 실로 '자신의 일을 말하고 있다'고 받아들여지고, 그것들이 적중했다고 간주되는 것은 고객이 점술에 주체적으로 관여하고 있을 때에 한해서이다. 야나기타의 논의에 결정적으로 결락되어 있는 것은 우연성에 필연성이라는 옷을 입히는 공동체의 주체화 메커니즘에 대한 배려이다. 이때, 일본인 공동체와 이민족인 야마비토 사이의 외적 관계는 이론 자체에서도 외적이고 우연적인 것으로 여겨지면서, 섬세한 이유로 탈락하고 소거되는 것이다. 실제로 야나기타의 논의가 도달한 운명이 이것이었다.

그에 반해 오리쿠치의 논의에는 공동체가 마레비토와의 외적인 조우를 주체화하는 메커니즘에 대한 설명이 내포되어 있다. 이것이야말로 마레비토를 공동체로 불러들이기 위해서는 여성이라는 매개체, 즉 특수한 영력을 지닌 여성에 의한 매개가 필요하다는 오리쿠치의 논점이다. 여성은 마레비토의 사랑을 애타게 그리며 갈망한다. 마치 이 여성의 사모하는 마음에 응하기라도 하듯이 마레비토는 왕림한다. 당사자에게는 이렇게 의식되고 있는 관계를 우리의 관점에서 재해석하면 다음과 같다. 공동체는 공동체 내의 여성을 향한 관계의 연장 선상에서 마레비토를 보는 것이다. 좀 더 이해하기 쉽게 설명해보자.

오리쿠치에 따르면 여성은 '신(마레비토)의 딸'이다. 즉 여성과 마레비토는 성교의 은유로서 지시될 수 있는 관계를 갖는 것이다. 오리쿠치의 '여성'에 관련된 기술을 조금 더 상세히 읽어보면 이 성애 관계는 두 종류의 대립적인 계기에 의해 성립되고 있다는 것을 알 수 있다.

첫째로, 오리쿠치가 '물의 여성'이라는 말로 요약했듯이 마레비토(신)를 맞이하는 여성의 기능이 있다. 예컨대 『고지키』의 스이닌 천황垂仁天皇에 관한 부분에는 다음과 같은 에피소드가 기술되어 있다. 천황이 황후에게 아들 양육법에 대해 질문하자, 황후는 "양육을 담당하는 여성으로서 나이 든 사람과 젊은 사람 둘을 정하여, 황자를 목욕시키는 일을 내리시면 좋지 않겠습니까(御母を取り、大湯坐·若湯坐定めて、ひたし奉らば宜しけむ)?"라고 대답했다고 한다. 오리쿠치에 따르면 갓난아기를 목욕시키는産湯 여성에 대한 이러한 기술은 고대에 신(마레비토) —이 경우에는 천황·황자가 여기에 대응한다— 에 봉사하던 '물의 여성'이 존재했다는 것을 입증하고 있다. 예컨대 오리쿠치의 사고에서는 '미누마水沼', '미쓰하水葉', '미부베壬生部' 등의 말이 물의 영력을 통해 귀족의 부활과 탄생 등에 관여했던 여성이 존재하고 있었다는 것을 암시하고 있다.[13]

물의 여성이란 누구인가? 물에서 우선 강조되는 것은 무엇인가? '물속의 신'은 '자궁 안의 아이'를 연상시킨다. 오리쿠치에 따르면 물의 여성이 조작하는 '물'은 보통의 물이 아니라, '유齋'였다. '유'

13 '미누마', '미쓰하'는 뱀 혹은 그 외 수중 동물의 모습을 한 여신 —혹은 무녀와 같이 신에 가까운 여성— 이다. 또한 '미부베'는 귀한 자가 탄생할 때 부정을 씻는 물을 헹구는 여성이다.

는 황천에서 흘러오는 물이며, 보통 물보다 따뜻하다. 그것은 체온처럼 따뜻했으리라. 즉 물은 양수과 같은 것이었다. 이처럼 물에 잠긴 마레비토는 자궁 안의 태아와 같은 상태였으리라고 생각해보면 '물'의 형식으로 표현된 여성과 마레비토의 관계는 밀착성, 즉 촉각적인 밀착성은 아니었을까?

둘째로, 여성에게는 '옷'에 의해 표상되는 중요한 역할이 있으며, 그것은 물의 영력으로 마레비토에게 접촉되는 것과는 다른 ―대조적인― 의미가 있다. 예컨대 '오니에노마쓰리大嘗祭'[14]를 생각해보자. 오니에노마쓰리는 오리쿠치의 해석으로는 새로운 천황이 마레비토를 맞이하며, 마레비토로부터 '혼天皇霊'을 받는 의식이다. 앞서 언급한 '무스비의 신' 에서 '무스비'란, 이 '혼'을 말한다고 보면 된다. 한편, 오니에노마쓰리에서 여성은 특별한 의상을 준비하고, 그것을 새로운 천황에게 입혀야 한다. 의상은 '아마노하고로모天の羽衣'라고 불린다. 마치 마레비토는 옷을 통해서만 도래하는 것 같다.

오리쿠치는 후대에는 마레비토가 천황에게 주는 천황영天皇霊과 기모노가 거의 동일시되어, 천황영을 분할하는 의례가 기모노의 분배衣配り 형태를 띠었다고 해설하고 있다. 오리쿠치는 그의 유명한 강연 「오니에노마쓰리의 참뜻」에서 강연 타이틀과는 다르게 오니에노마쓰리 행사가 실제로 진행되는 모습에 대해서는 일절 언급하지 않았다. 실제 행사에 가장 가까운 장면은 유키悠紀·스키主基, 두 주군의 침실에 대한 부분이다. 여기서 오리쿠치가 화제로 삼는 것은 천황의

14 오니에노마쓰리(大嘗祭)란, 새 천황이 즉위한 후 처음 행하는 궁중 제사를 말한다 - 역자 주.

오니에노마쓰리(유키전[悠紀殿]으로 향하는 쇼와 천황).
출전 : URL: http://www.tanken.com/daijyo.html

침구에 대한 것뿐이라는 점에 주의해야만 한다. 반대로 말하면, 침구야말로 오니에노마쓰리의 핵심인 것이다. 오리쿠치는 거기서 깔개와 의복을 병치하고 있는데, 마쓰우라 히사키松浦寿輝는 이것을 언급하면서 양자는 합체하여 융해되는 하나의 장치를 형성하고 있다는 점을 시사하고 있다. 즉 양자는 알몸을 감싸는 장치라는 점에서 동일한 기능을 지닌다.[15] 곧이어 설명할 '치마裳'에 대한 기술 역시 그것이 '옷자락을 길게 늘인 것'으로, 감싸는 기능을 주안으로 하고 있다는 점이 강조되고 있다.

그렇다면 여기서 우리는 다음과 같은 점을 눈치챌 수 있다. 신체에 접촉되는 밀착성으로 이어지는 '물의 여성'의 계열과 동일한 여성에 의해 준비되는 '아마노하고로모'의 계열은 완전히 대립하고 있으며, 두 계열은 반대 방향을 향한 벡터를 형성하고 있다는 점이

15 마쓰우라 히사키,『折口信夫論』, 太田出版, 1995.

다. 한편으로, 신체 사이의 관계는 직접적인 것을 지향하고 있다. 다른 한편으로, 옷은 신체를 감싸는 것이므로 신체 사이의 관계를 간접화하는 것을 지향한다.

이 서로 배반하는 두 벡터를 어떻게 통일적으로 파악하면 좋을까? 접촉한다는 것은 누군가에게 접촉을 당한다는 것이기도 하다. '나'가 무언가를 만진다는 것은 그 무언가가 '나'에게 만져지고 있다는 것이리라. '나'가 만지고 있을 때, '나'는 '나'에게 만져지고 있는 그 대상 또한 '나'와는 다른 고유의 능동성을 가진 신체라는 것, 즉 '타자'라는 것을 직관하는 것이다. 하지만 이때 '나'가 그 '타자'의 '타자'인 연유를, 즉 외부에 있는 타자 고유의 능동성을 파악하고자 하면 어떻게 될까? 바로 그 순간 '타자'의 능동성은 '나'가 파악하고자 하는 지향으로부터 달아나고, 그 대상은 '나'에 의해 만져지고 있기만 한 차가운 사물로 변해버릴 것이다.

임마누엘 레비나스E. Levinas는 '돌연 촉진觸診이라고 깨달아버리는 애무'라는 기묘한 예를 들고 있다. 애무가 성립하는 것은 닿는다는 것의 상호성이 성립하는 경우뿐이다. 즉 손가락이 닿고 있는 상대의 피부를 살아있는 능동성으로서 감수하고 있는 경우에만 그것은 애무가 될 수 있다. 하지만 닿아 있는 중에 자신을 의식해버린 애무는 더 이상 애무가 되지 못하고 촉진으로 전락해버린다고 레비나스는 지적한다. 일본어 화자라면 이렇게 말해도 좋으리라. 애무와 촉진의 차이는 '(~에) 닿는 것'과 '(~을) 손대는 것'의 차이와 같다고 말이다. 애무(닿는 것)는 촉진(손대는 것)으로의 타락에 항상 근접해 있다.

그렇다고 한다면 ('나'에게 있어서) '타자'의 실재성은 '나'의 파악하고자 하는 지향으로부터 달아난다는 부정성을 통해서만 확보된다고 말할 수 있다. '타자'가 '나'에게서 달아남으로써만 역설적으로 '타자'는 '나'에게 나타난다고 말할 수 있지 않을까? '옷'의 기능이 매개하고 있는 것은 이 맥락에서이다. '만지다 / 만져지다'의 관계를 통해 '타자'는 개시되지만, 바로 그 '타자'를 포착하려고 하면 '타자'는 그 포착하려는 행위로부터 달아나버린다고 설명했다. 즉 '물'이 표상하고 있는 촉각적인 용해 체험 안에서 '타자'의 드러남과 사라짐이 한순간에 교차되는 것이다. 이 교차의 순간에 '타자'의 피부 표면을 덮어야 하는 '옷'은 '타자'의 현전으로부터의 퇴각을 작위적으로 강화하는 장치가 될 수 있는 것이다. 이렇게 하여 '물'이 '옷'으로 접속된다. 하지만 이것과 마레비토가 공동체로 왕림한다는 것과는 어떠한 관련이 있는 것일까?

우선 이상에서 개관한 '물'로 표상되는 촉각적인 밀착성과 '옷'으로 표상되는 격리성 사이의 관계는 '여성'에 대한 체험의 원형을 구성하고 있다는 점에 유의해 두자. 예컨대 다음과 같은 전형적인 상황을 상상해보자. 여성이 '나'를 사랑하고 있다고 하자. 여성은 연인인 '나'를 온몸과 영혼을 바쳐 사랑하고 있으며, '나'를 위하여 그녀의 전부를 바치고 있다. 어떠한 제한이나 유보도 없이 사랑에 모든 것을 바치는 것이다. 연인인 '나'도 그녀가 나에 대한 사랑에 전부를 바치고 있다는 것을 인지할 수 있다. 하지만 그럴 때조차 '나'는 궁극적인 불안을 불식시킬 수 없다. '그녀는 정말로 나를 사랑하고 있는 것일까?'라는 불안 말이다. 즉 그녀의 사랑에 대하여 확신을 가질 수 없는 것이다. 그녀의 사랑 저편에 어디로 향하는지 규정하기 힘든 근원적인 무관심이 자리하고 있다는 것을 '나'는 느끼지 않을 수 없다. 그녀의 경험 속에는 온통 연인인 '나'와의 사랑을 위한 것뿐이다. 그럼에도 그녀의 삶 전부가 사랑과 등치 관계에 있지 않으며, 거기에는 뭐라 말하기 힘든 무관심이 잔존한다.

즉 '나'는 여성의 마음속을 조사하여 그녀가 정말로 '나'를 사랑하고 있는가를 알고자 하지만, 아무리 알고자 하더라도 지금의 '나'의 파악, '나'의 이해로부터 달아나 버리는 무언가가 남아있는 것이다. 아무리 깊이 이해한다 해도, 결국 '전부는 아니다'라는 감각을 극복할 수 없다. 하지만 여기서 중요한 것은 그렇다 해서 여성이 '나' 이외의 무언가에 관심이 있는 것은 아니며, 하물며 '나' 이외의 누군가를 사랑하고 있는 것은 아니라고 말하는 점이다. '나'가 그 여성에 대해 알고 있는 것이 '전부는 아님'에도 불구하고, 그것을 넘어선 무언가가 존재하는 것도 아니라는 역설이 여기에는 있다. '여성'을 둘러싼 이러한 멜로 드라마적이라고도 말할 수 있는 전형적인 상황은 닿고자 하면 할수록 닿는 작용으로부터 달아나버리는 감각의 일반화이다.

이렇듯 여성을 통해 모든 것을 알았다 하더라도 '전부는 아니다'라는 잔여 감각을 갖게 되는 것이다. 알아낸 이것들이 '전부는 아니다'라고 한다면, 알아낸 이것 저편에 무언가가 적극적으로 존재하고 있는 것은 아닐까? 여성이 '전부는 아니다'라고 한다면, 그것을 넘어선 무언가를 내포하고 '전부'를 획득해버린 타자가 어딘가에 있는 것은 아닌가? 인간이란 그렇게 느끼며 추측해버리는 것이다. 이 '전부는 아니다'라는 불충족감을 해소할 무언가, '저편의 무언가'를 품고 있는 신체야말로 외부에서 도래하는 초월적인 타자, 즉 마레비토는 아닐까? 마레비토를 공동체로 초대하기 위해 반드시 여성이라는 매개체가 필요했던 것은 이러한 논리가 작동하고 있기 때문이다. 여기서 한 번 더 여성이 조작하는 '옷'을 떠올려보자. 옷은 '저편(의 신체)'을 덮어서 숨기는 장치이다. 우리는 내부가 보이지 않도록 엄중히 덮여 있는 천을 보면, 실제로 천 저편에 아무것도 없다 하더라도 거기에 보물이나 귀중품이 틀림없이 숨겨져 있을 거라고 확신해버린다. 마레비토에게 입혀지는 '옷'은 이러한 덮는 효과를 지닌 장치이다.

따라서 특수한 '여성'을 매개로 공동체는 자신들이 놓인 외적 관계를 주체화하고 받아들이게 된다. 즉 '여성'과의 관계를 활용하여 마레비토라는 외부성을 공동체 안으로 불러들일 수 있다. 이것이 오리쿠치의 통찰이었던 것은 아닐까? 패전으로 인한 천황제의 위기에 임하여, 오리쿠치가 「여제고」를 쓰고 '나카쓰스메라미코토'를 논한 것은 이 때문이다.

제5장

현대 일본 젊은이들의 보수화?

1

정말로 보수화되고 있는가?
―의외의 조사 결과

젊은이들은 보수화되고 있다

현대 일본의 사회의식은 보수화·우경화되고 있다고 일컬어지고 있다. '보수(주의)', '우익'이라는 개념을 사회사상에 기초하여 엄밀히 사용할 때, 어떤 표현이 타당한지의 문제는 여기서는 일단 차치해 두자.[1] 어찌 되었든 우 / 좌, 보수 / 혁신에 대한 전통적인 기준을

---

1 이 점에 대해서는, 나카지마 다케시(中島岳志)의 정리를 참고하면 좋다. 나카지마 다케시, 「사상과 이야기를 잃어버린 보수와 우익(思想と物語を失った保守と右翼)」, 『論座』, 2007년 7월호. 여기서 그는 '보수'와 '우익'을 엄밀하게 구분하고 있다.

사용하여 판단해볼 때, 보수화·우경화로 파악할 수밖에 없는 현상이 현대 일본 사회에서 나타나고 있다. 어느 정도 장기적인 범위로 파악해본다면 이러한 경향은 1990년대 초의 '역사교과서 다시 쓰기' 운동을 전후하여 시작되었다고 볼 수 있다. 조금 더 단시간의 범위로 본다면 페미니스트 공격이나 인터넷상의 좌익 공격이 두드러졌던 2000년대부터 사태는 점점 더 가속화되었다고 말할 수도 있을 것이다. 이러한 보수화 경향을 이끄는 자들은 주로 젊은 층이라고 일컬어지고 있다. 젊은이들의 우경화를 보여주는 사실로는 1998년에 출판된 고바야시 요시노리小林よしのり의 만화 『전쟁론戦争論』의 압도적인 유행을 들 수 있다.

하지만 이러한 인상은 엄밀한 사회 조사를 통해 확인되고 실증된 것인가? NHK 방송문화연구소가 1973년부터 5년마다 실시하고 있는 『현대 일본인의 의식구조』 조사를 참고해보자. 이 조사는 16세 이상의 일본 국민을 대상으로 하는 조사로, 최근 2008년까지 총 8회 실시되었다. 이 조사는 약간의 변화는 있지만, 기본적으로 매년 동일한 질문으로 구성되어 있다는 점에 그 특징이 있다. 따라서 35년 동안의 사회의식 추이를 보기 위한 용도로 이 조사는 적절하다고 말할 수 있다.[2]

여기에서는 보수화를 '내셔널리즘의 강도強度'를 지표로 하여 측정하기로 하자. 물론 내셔널리즘은 보수주의나 보수화와는 다른 개념이며 이것들을 동일시할 수는 없다. 하지만 '보수화'를 운운하는

---

2 『現代日本人の意識構造(第七版)』, NHK出版, 2010.

일반적인 담론이 사회사상이나 사회철학 개념의 엄밀한 의미에 기초하여 이 어휘를 사용하고 있는 것은 아니므로 이러한 개념의 차이에 구애받을 필요는 없다. 오히려 막연하게 '보수화'라는 말에서 지시되고 있는 현상은 방금 언급한 것처럼 광의의 내셔널리즘 안에 포괄시킬 수 있는 상황이므로 내셔널리즘의 강도를 가지고 보수화를 판정하는 방법은 충분하게 정당화될 수 있을 것이다.

내셔널리즘의 강도

그렇다고 해도, 『현대 일본인의 의식구조』 조사에서 어떤 질문에 대한 회답을 참조하여 '내셔널리즘의 강도'를 분석하면 좋을까? 이 조사에는 내셔널리즘과 관련된 질문이 두 계열 포함되어 있다. 한 계열은 일본에 대한 애착과 관련된 질문이다. 이 계열에 속하는 물음은 세 가지가 있는데 '일본에 태어나서 좋다', '일본의 오래된 절이나 민족에 친밀감을 느낀다', '일본에 공헌하고 싶다'라는 세 질문에 대해 각각 '그렇다고 생각한다' 혹은 '그렇게 생각하지 않는다'를 답하게 되어 있다. 또 다른 하나의 계열은 일본에 대한 자부심이나 일본인으로서의 자존심에 관련된 질문이다. 이 계열에서는 '일본은 일류 국가다', '일본인은 다른 나라 국민과 비교하여 우수한 소질을 갖고 있다', '지금도 일본은 외국으로부터 배워야 할 것이 많다'라는 각 질문에 대해서 역시 '그렇게 생각한다' 혹은 '그렇게 생각하지 않는다'라고 답한다.

이 조사를 통해 내셔널리즘 강도의 변화를 이해하기 위해서는 전자의 계열, 즉 일본에 대한 애착에 관한 질문은 그다지 도움이 되지 않는다. 35년 동안 각 질문에 대한 회답의 분포에 거의 변화가 없기 때문이다. 예컨대 '일본에 태어나서 좋다'에 '그렇다'고 대답한 자의 비율은 어느 조사 시점에서도 90%를 넘고 있으며, 거의 변화하지 않는다. 덧붙여 10명 중 적어도 9명의 사람이 일본에 대한 애착을 표명하고 있다고 해서, 일본인이 다른 나라의 국민에 비하여 특히 애국심이 강하다고 생각할 필요도 없다. ISSP^International Social Survey Programme^가 2003년에 행한 National Identity 조사에 따르면 자국에 애착이 있다고 대답한 일본인은 92%로, '일본에 태어나서 좋다'라는 응답과 거의 동일한 비율이다. 이 숫자는 특출나게 높은 것은 아니라, 이 조사에 참가한 34국과 지역(서양의 여러 나라가 중심) 중 대체로 3분의 2에 해당하는 22개국에서 90%가 넘는 사람이 자국에 애착이 있다고 대답했다. 즉 자신이 태어나고 자란 나라에 9할 이상의 사람이 애착을 느낀다는 것은 적어도 어느 정도 풍요로운 '선진국'에서는 매우 흔한 일이라고 생각해도 좋다.[3] 따라서 일본인에 대한 애착심에 관한 질문의 답은 시계열적인 변화를 조사한다 하더라도 유효하지 않으며, 국제 비교의 관점에서도 유효하지 않다는 것을 알 수 있다.

---

3 반대로 말하면, 자기 나라에 애착이 있다는 취지의 답을 한 사람의 비율이 9할을 크게 밑돌 때 어떤 특별한 '원인'이 있다고 생각해야 한다.

젊은이들은 보수화되지 않았다?

내셔널리즘의 강도의 시계열적인 변화는 제2계열에 속하는 질문, 즉 일본에 대한 자부심을 묻는 질문에 대한 회답을 기준으로 하여 측정할 수 있다. 관련된 세 질문에 대한 답은 【도표 1】과 같이 변화해 왔다(단, '오늘날에도 일본은 외국으로부터 배울 것이 많다'라는 질문에 대해서는 '그렇게는 생각하지 않는다'라고 답한 사람을 '배울 것이 적다'라는 의견으로 해석하고 있다).

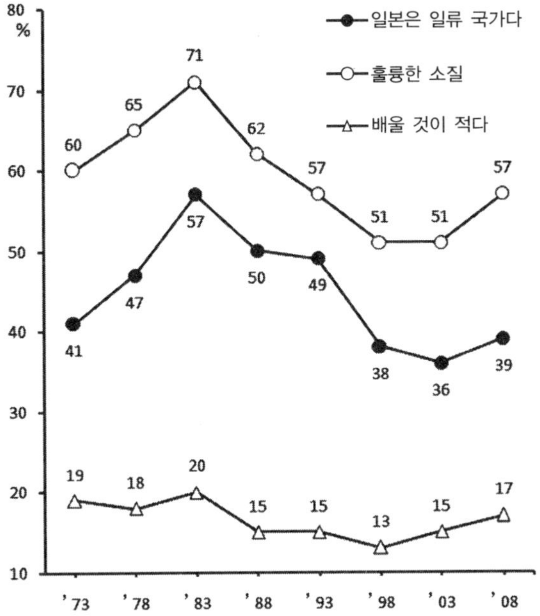

【도표 1】 일본에 대한 자부심('그렇게 생각한다', 전체) (『현대 일본인의 의식구조[제7판]』 NHK북스, 2010년, 110쪽)

우리는 1990년대부터 2000년대에 걸쳐서 일본인의 의식이 급속히 보수적으로 변했다는 인상을 받고 있다. 이 데이터는 이러한 인상을 실증하고 있을까? 데이터는 이러한 인상을 부분적으로 뒷받침하고 있지만, 전체적으로는 오히려 부정하고 있다. '부분적으로 뒷받침하고 있다'는 것은 98년 이후에는(일본에 대한 자부심에 따라 측정했다) '내셔널리즘의 강도'가 미약하게 증가하고 있거나 혹은 적어도 그 저하 경향은 둔화되고 있기 때문이다. 특히 최근의 2003년에서 2008년에 걸쳐서는 어떠한 질문 항목에서 보아도 일본에 대한 자부심의 정도가 증대하고 있다는 것을 알 수 있다.

하지만 데이터를 전체적으로 보면 보수화가 진행되고 내셔널리즘이 강화되고 있다는 인상은 오히려 반증되고 있다. 35년 동안 명백한 변화를 보이고 있는 것은 '일류 국가다', '일본인은 훌륭한 소질을 지녔다'에 의해 판정된 내셔널리즘의 강도이다. 그 변화를 나타내는 그래프는 전체적으로 80년대 초를 정점으로 하는 산 모양을 띠고 있다. 즉 일본에 대한 자부심은 80년대 초를 향해 고조되고 있지만, 그 이후로는 저하되는 경향이 지배적이다. 확실히 2000년대에 들어와서부터 다시 강화되는 조짐이 보이지만, 절정기인 80년대 초에는 아직 미치지 못하고 있다. 그렇다고 한다면, 1990년부터 2000년대에 걸쳐서 보수화가 급속하게 진행되고 있다는 인상은 착각인 것일까?

그러나 최근에 보수화되고 있다고 여겨지는 것은 특히 젊은이들이다. 그렇다면 세대cohort별로 변화를 살펴보면 어떨까? 국민 전체적으로 보수화 경향은 보이지 않는다 하더라도 젊은이들에 한정되어 보수화 경향이 나타나는 것일까? 【도표 2】는 일본에 대한 자부심과 관련된 질문에 대한 대답의 변화를 젊은 층 / 중년층 / 노년층으로 나누어 표시한 것이다.

이 데이터는 다시금 젊은이들에게 보수화의 경향이 보인다는 일반적인 인상을 부분적으로 긍정하고 있으나, 총체적으로는 오히려 부정하고 있다. 확실히 '일류 국가다', '일본인은 훌륭한 소질을 지녔다'에 대한 대답의 변화를 볼 때, 2000년 무렵을 기준으로 일본에 대한 자부심의 회복은 젊은 층에서는 명백하지만, 노년층에서는 거의 나타나지 않는다. 특히 '일본인은 훌륭한 소질을 지녔다'에 동의하는 젊은 층은 98년에 가장 적게 나타났으며 최근 두 번의 조사에서는 급증하고 있다. 이러한 경향을 통해 사람들은 '(일본의)

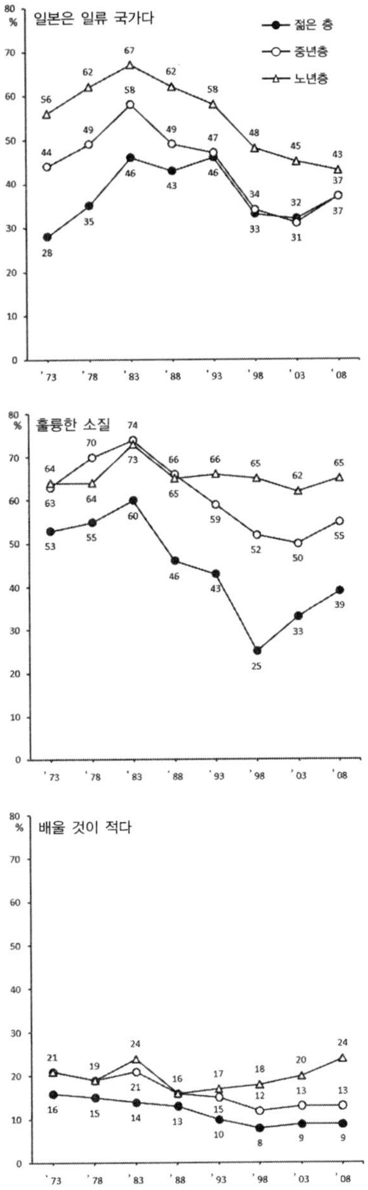

【도표 2】 일본에 대한 자부심('그렇게 생각한다', 세 개의 연령층별 구분) (『현대 일본인의 의식구조[제7판]』 NHK북스, 2010년, 111쪽)

젊은이들은 보수화되고 있다'고 보는 것이다.

그러나 여기에서도 미세한 부분에 구애받지 않고 오히려 큰 국면에서 변화를 파악할 경우, 이 데이터가 최근 젊은이들의 보수화를 실증하고 있다고 반드시 해석될 수 있는 것은 아니다. 여기에는 다음의 두 가지 점에서 유보가 요구된다.

첫째로, '일본인은 훌륭한 소질을 지녔다' 등의 판단을 통하여 일본(인)에 대하여 자부심을 느끼는 젊은 층의 비율은 확실히 2000년 무렵을 기준으로 증대하고 있는 듯이 보인다. 하지만 이에 대해서도 절정기였던 1980년대 초와 비교하면 그 수치는 아직 낮다. 즉 1980년대 전반의 젊은 층보다 현대의 젊은 층이 더 '보수적'이라고 볼 수는 없다는 것이다.

둘째로, 2000년 이후 젊은 층 사이에서 내셔널리즘이 강화되고 있다고 말하지만, 조사된 어느 시점에서도 그리고 어떤 질문으로 측정해 보아도 일본에 대한 자부심은 젊은 층보다 노년층이 더 높다. 즉 '자부심'에 관하여 젊은 층과 노년층의 격차가 좁혀지고 있는 것이지, 젊은 층이 노년층을 압도하는 것은 아니다. 따라서 젊은 층이 중·노년층보다 보수적으로 변했다고는 말할 수 없다. 달리 말하면, 중·노년층은 자신들의 태도는 제외하고, 젊은이들의 보수화에 대해서만 말하고 있는 것이다. 좀 더 부연하자면, '자부심'에 관련된 세 가지 질문 속에서 '배울 것이 적다'의 항목만 젊은 층, 중년층에서는 거의 변화가 없거나 다소 감소했다. 그러나 반대로 노년층에서는 90년대 이후 증대했다. 즉 '이제는 외국에서 배울 것이 없다'는 대답을 통해 자부심의 정도를 측정하는 경우, 내셔널리즘의 정도가 강해

지고 있는 것은 젊은 층이 아니라 오히려 노년층이다.[4]

4 【표 1】 외국과의 교류('그렇게 생각한다', 연령 3구분, 일본에 대한 애착별과 자부심별, 2008년)

		일본에 대한 애착			일본에 대한 자부심		
		강함 (3.2점)		약함 (그외)	강함 (3.2점)		약함 (그외)
친구가 되고 싶다	젊은 층	84%	>	67	80		82
	중년층	75	>	54	69	<	75
	노년층	45	>	26	38	<	47
지원 활동	젊은 층	88	>	63	89		84
	중년층	81	>	53	74	<	80
	노년층	75	>	41	75		71
외국에서 일·공부	젊은 층	61		54	60		60
	중년층	50	>	35	45		50
	노년층	22		14	20		22

•숫자 간의 부등호는 양측의 숫자를 비교한 검정 결과(신뢰도95%)에서 좌측이 높을수록 [〉]이고, 적을수록[〈]로 표시했다.(『현대일본인의 의식구조』[제7판] 116쪽)

여기에서 제시했듯이 한마디로 '내셔널리즘'이라 하더라도, '자국에 대한 애착'과 '자국에 대한 자부심'은 상당히 다른 태도와 행동에 대응하는 것을 알 수 있다. 즉 양자를 동일한 내셔널리즘의 두 현상으로 간주할 수는 없다. 필자는 본문에서 '애착'에 관해서는 시계열적 변화에 미약하고, 사회학적 관심을 품을 정도의 데이터를 얻을 수 없다는 듯이 언급했다. 하지만 '자부심'에 대한 데이터와 대비시키면 다소 흥미로운 것을 발견할 수 있었다. NHK의 조사에는 외국과의 교류에 대한 적극도를 측정하는 질문이 있다('외국인과 친구가 되고 싶다', '빈곤국의 지원 활동을 하고 싶다', '외국에서 일이나 공부를 하고 싶다'에 대하여 어떻게 생각하는가를 질문하고 있다). 우선 '일본에 대한 애착'과 '교류에 대한 적극도'를 교차시켜보면, 일본에 대한 애착이 강할수록 외국과의 교류에도 적극적인 경향이 있다는 것을 알 수 있다(표1). 따라서 내부를 사랑하는 자는 외부 사람에 대한 관심이나 애정이 적어지며 때로는 배타적으로 될 수 있다는 상식은 완전히 부정된다. 자국에 대한 사랑은 타국과의 교류를 촉진하는 경향이 있는 것이다. 다음으로 '일본에 대한 자부심'과 '교류에 대한 적극도'를 교차시켜보면, 놀랍게도 자부심이 강할수록 외국과의 교류에 소극적인 경향이 나타난다(표1). 이처럼 '애착'과 '자부심'은 외국에 대한 대타적(對他的)인 태도에 관하여 전혀 반대의 태도를 조장하고 있기 때문에 다른 심성으로 간주해야 한다. 그렇다 하더라도, 일본에 대한 자부심이 강한 사람이 외국인과 그다지 교류하고 싶어하지 않는 것은 왜인가? 자국에 대한 프라이드가 강해서 외국에서 공부할 필요가 없다고 생각할 뿐이라면 이해하겠지만, 외국 친구를 사귀는 것이나 빈곤국에 대한 지원 활동에까지 소극적인 이유는 왜인가? 그토록 자부심이 있다면, 외국으로 점점 더 나가서 친구를 많이 만들거나 어려운 외국인을 도와주면 어떨까? 일상에서도 허세나 과잉적인 자부심의 표명은 오히려 자부심이 없다는 반증의 표현이거나 불안을 은폐하는 몸짓이기도 하다. '일본에 대한 자부심'에 관해서도 이와 유사한 심리적 메커니즘이 작동할 가능성이 있다.

이처럼 『현대 일본인의 의식구조』 조사는 1990년대 이후의 일본 사회에서 젊은 층을 중심으로 보수화가 진행되고 내셔널리즘이 강화되고 있다는 인상을 뒷받침하지 못한다. 즉 이 조사 결과는 우리의 인상을 배반하는 '의외의 결과'이다. 하지만 다시 생각해보면, 이러한 데이터는 오히려 매우 당연한 결과라고도 풀이될 수 있다. 70년대의 오일쇼크를 영리하게 잘 넘긴 80년대의 일본 경제는 최상의 호조였다. 1980년에는 자동차 생산이 미국을 능가하여 세계 1위가 되었고, 또한 에즈라 보겔Ezra Vogel로부터 '재팬 애즈 넘버원Japan as number 1'이라고 상찬되었던 것이 1979년의 일이다. 이 무렵 일본에 대한 자부심이 고양되는 것은 당연하다. 하지만 그 뒤로 경제 침체기를 맞는 것을 생각하면, 국수주의적인 자부심이 흔들리는 것도 당연한 일이다.

일찍이 베네딕트 앤더슨이나 어네스트 겔너와 같은 뛰어난 학자가 내셔널리즘을 초래한 사회학적 요인을 몇 가지로 제시했다. 하지만 그러한 요인(일국 시장을 전제로 한 산업화, 출판자본주의, 관리나 학생의 '순례' 등)은 오늘날에는 거의 실효성이 없다(이 책의 제1장을 참조). 따라서 젊은 층일수록 내셔널리즘의 영향에서 자유로울 수 있다는 것도 이상한 일은 아니다.

그렇다면, 현대 일본에서 보수화가 진행되고 있다는 것은 매스컴의 왜곡된 보도 등의 영향을 받은 우리의 착각이며, 객관적으로는 그러한 경향은 발견되지 않는다는 결론을 내려야만 하는 것일까? 하지만 그렇게 결론을 내리기에는 '보수화'를 추정하게 하는 현상은 너무도 다양하고 압도적이다. 그렇다면 조사 결과 사이의 괴리는 어떻게 되는 걸까?

종교심을 둘러싼 역설

여기에서 이 조사와 유사하게 매우 역설적인 결과를 보이는 다른 종류의 데이터를 병치시켜 고찰해 보자. 동일한 NHK 방송문화연구소에 의한 『현대 일본인의 의식구조』 조사 안에 포함된 종교적인 신앙심에 대한 결과이다. '신'이나 '부처' 등의 초자연적 존재를 믿는 사람들의 비율을 보면 노년층일수록 높다는 것을 알 수 있다. 【도표 3】의 두 그래프가 명확한 우측 상승의 경향을 보이는 것은 노년층 그리고 노년층이 될수록 초자연적 존재를 믿는 경향이 높다는

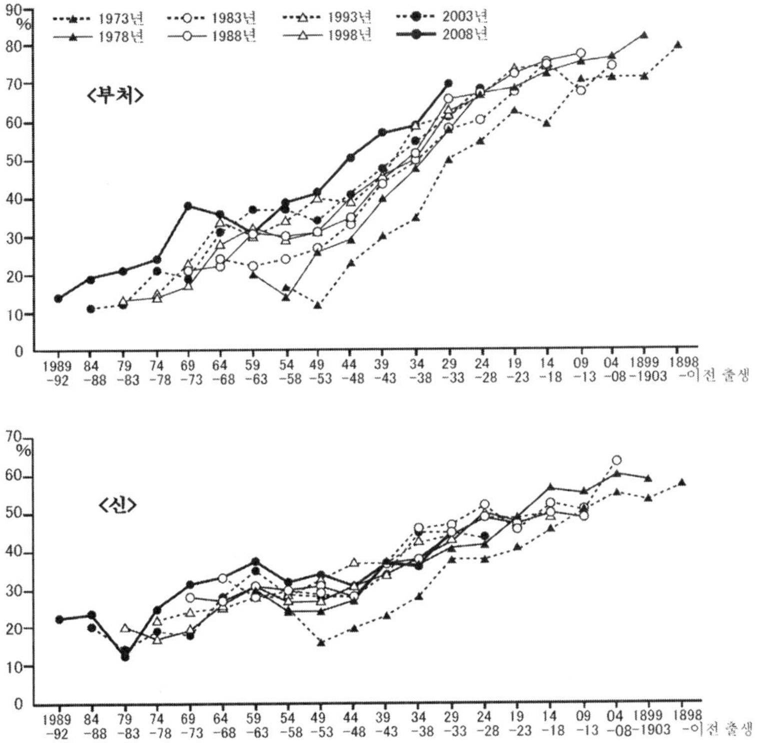

【도표 3】 신앙·신앙심(생년별) (『현대 일본인의 의식구조[제7판]』, 131쪽)

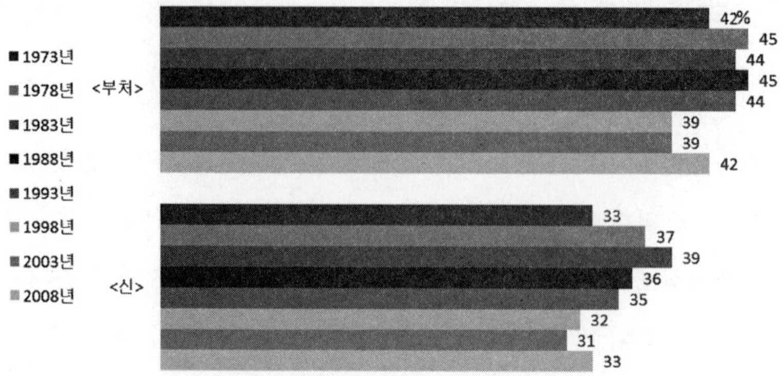

【도표 4】 신앙·신앙심(『현대 일본인의 의식구조[제7판]』, 127쪽)

것을 보여준다. 이 데이터는 예측한 대로 매우 당연한 결과라고 말할 수 있을 것이다. 일본의 내셔널리즘이 80년대 초를 정점으로 하여 약화되는 중이라는 것과 마찬가지로 매우 당연한 사실로 생각된다. 근대화는 세속화의 과정이기도 하기 때문이다. 신이나 부처를 믿는 사람은 낡은 타입의 인간이라는 셈이다. 사실 신이나 부처를 믿는 자의 비율은 젊은 층 사이에서뿐만 아니라 전체적으로도 80년대 전반 무렵을 정점으로 하여 감소하는 경향이다(【도표 4】).

그러나 동시에 이 조사 결과는 의외의 결과로도 해석될 수 있다. 1995년의 옴진리교 사건 때 주목된 바 있듯이, 특히 젊은이들 사이에 '종교'가 침투되고 있기 때문이다. 젊은이들에 대한 종교의 보급은 『노스트라다무스의 대예언』이 베스트셀러가 되었던 70년대에 시작되었다고 여겨졌다. 2000년대에는 '영성spirituality'을 핵심어로 한 종교적인 것이 유행했으며, 젊은이들에 대한 종교의 침투는 가속화되고 있다고 여겨졌다. 이러한 사실은 신이나 부처를 믿는 사람의 비율이 젊은이들을 중심으로 감소하고 있다는 것을 나타내는 조사

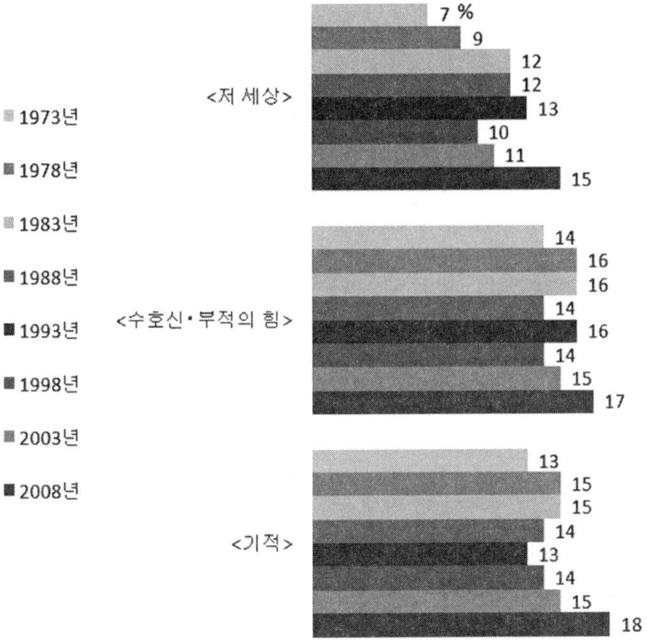

【도표 5】 신앙·신앙심(『현대 일본인의 의식구조[제7판]』, 127쪽)

결과와 어긋난다는 것을 보여준다.

그러나 젊은이들 사이에서의 종교의 급속한 침투에 대해서는 동일한 『현대 일본인의 의식구조』 조사에서 얻은 다른 데이터를 활용하면 확인할 수 있다. 앞서 언급했듯이, 젊은이들 사이에서 신이나 부처를 믿는 사람의 비율은 저하되어 왔지만 다른 신앙 대상, 즉 '기적', '수호신·부적의 힘', '저 세상'을 믿는 자의 비율은 전혀 다른 변화를 보이고 있는 것이다(【도표 5】). 이 세 가지 대상을 믿는 자의 비율은 35년 사이에 감소하는 것이 아니라 오히려 증가하는 모습을 보이고 있다. 나아가 이 세 가지 대상을 믿는 자의 비율 변화를 연령별로 비교해 보면, 젊은 층과 노년층이 전혀 반대의 동향을 보이는 것

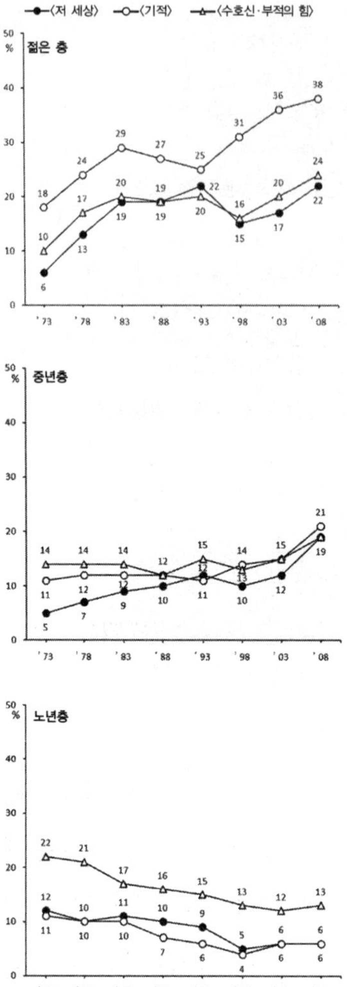

【도표 6】 신앙·신앙심(세 개의 연령층별 구분) (『현대 일본인의 의식구조[제7판]』, 129쪽)

을 알 수 있다(【도표 6】). 젊은 층에서는 믿는 자의 비율은 상당한 기세로 증가해 왔다. 반대로 노년층에서는 이것을 믿는 자의 비율은 거의 일관되게 감소해 왔다. 젊은 이들 사이에서의 종교 유행은 이 세 가지 대상을 믿는 자의 증가를 반영하고 있는 것이다.

세 가지 중에서 특히 현저하게 '젊은이'의 특징을 반영하고 있는 것은 '기적에 대한 신앙'이다. 이 점은 최근 2008년 조사 결과에 대하여, 세 대상을 믿는 자의 비율을 좀 더 세분하여 연령별로 표시한 다른 그래프에서 명확하게 확인할 수 있다(【도표 7】). 【도표 7】을 보면 어떤 대상에 대해서도 젊은 층일수록 믿는 자의 비율이 높아지는 경향이 있지만, 젊은 층과 노년층과의 격차가 가장 큰 것은 '기적'이다. 특히 10대 후반에서 20대 초반까지는 기적을 믿는 자의 비율이 40%를 넘어 절반 가까운 수치에 달해 있다.

따라서 우리는 다음과 같은 구도를 얻을 수 있다. 노년층은 신

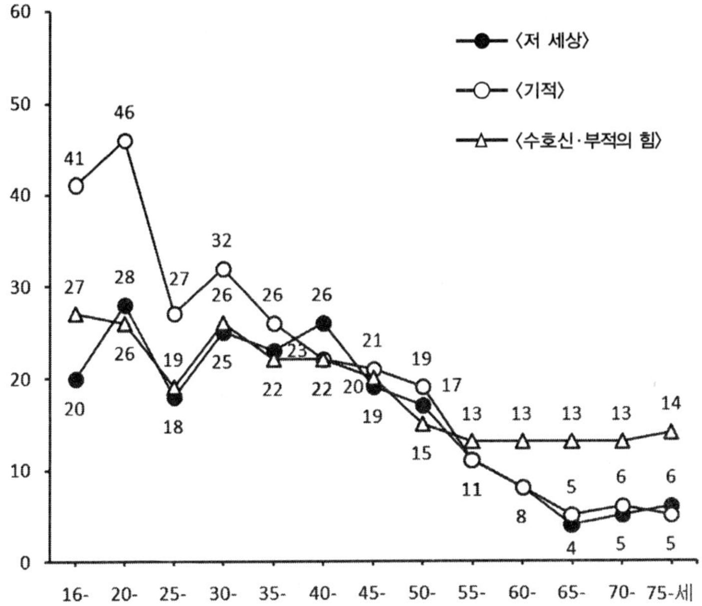

【도표 7】 신앙·신앙심(2008년, 연령층별) (『현대 일본인의 의식구조[제7판]』, 130쪽)

이나 부처(조령)를 믿고는 있지만 기적 등은 믿지 않는다. 반면에 젊은이들은 신이나 부처를 믿는 신앙심은 완전히 잃었지만 기적을 비롯하여 부적이나 저 세상을 믿고 있다. 이 사실이 함의하고 있는 것은 동일한 초자연적 대상에 대한 신앙일지라도 신이나 부처에 대한 신앙을 지지하는 심적 기제와 기적 등에 대한 신앙을 가능하게 하는 심적 기제는 전혀 다르며 오히려 서로 배반한다고 말할 수도 있다는 점이다. 일견 이 둘은 동일한 듯이 느껴진다. 하지만 고령자가 "나는 부처를 믿는다"고 말할 때와 젊은이들이 "나는 기적을 믿는다"고 주장할 때는 전혀 다른 기제가 작동하고 있다고 해석하지 않는 한, 이 사실은 설명되지 않는다.[5] 도대체 양자는 어떻게 다른 것일까?

여기에서 얻을 수 있는 교훈은 이렇다. 내셔널리즘이나 보수화에 관해서도 동일하게 말할 수 있지 않은가라는 점이다. 초자연적 대상에 대한 관심에는 (적어도 일본인에게) 전통적인 신이나 부처에 대한 신앙과는 다른 신앙의 기제가 있을 수 있다. 그것과 마찬가지로, 내셔널리즘에 대해서도 말하자면 전통적인 형태와 새로운 형태가 있다. 전통적·고전적인 내셔널리즘은 일본(인)에 대한 자부심과 긍지를 묻는 질문을 통해 드러날 수 있다. 이러한 질문은 종교의 영역에서 신이나 부처에 대한 신앙을 묻는 질문에 대응한다. 하지만 현대 젊은이들의 태도가 보여주고 있는 것은 신이나 부처를 믿지 않는다고 해서 그들이 초자연적 대상 일반에 대하여 주술적인 신앙을 갖지 않는다는 것은 아니라는 점이다. 마찬가지로, 전통적 의미에서 내셔널리즘의 강도를 묻는 질문에 대하여 때로는 부정적으로 대답하는 것, 이러한 것을 특징으로 하는 내셔널리즘이나 보수화가 있을 수 있지 않은가? 현대의 젊은이들은 신이나 부처에는 냉담한 반면 기적 등은 점점 더 열심히 믿고 있는 셈이 되지만, 이와 동일한 역접이 내셔널리즘 자체 안에도 배태되어 있는 것은 아닌가?

그렇다고 한다면, 일견 내셔널리즘이나 보수화의 경향성을 부

5 【도표 7】의 그래프에서 젊은 층과 노년층의 차이가 가장 적은 것은 '수호신·부적의 힘'이다. 이에 관해서도, 기적이나 저 세상과 동일하게 젊은 층일수록 믿는 경향이 크지만, 수호신·부적의 힘에 관해서는 50대 후반 이상의 노년층도 기적이나 저 세상보다는 믿는 경향이 크고, 젊은 층과의 차이도 적다. 그 원인은 수호신과 부적은 기적과 비교하면 전통적인 신·부처와의 연속성이 크기 때문일 것이다. 수호신이나 부적의 신앙에서는 다른 두 심적 기제가 함께 작용할 수 있다.

정하는 듯이 보이는 데이터야말로, 오히려 오늘날 영향력을 강화시키고 있는 일종의 내셔널리즘화나 보수화의 독특한 특징을 제시하고 있는지도 모른다. 이처럼 결과를 역이용하여 해석해보는 것이다.

2 스탈린주의로의 우회

스탈린은 스탈린주의자인가?

이상의 문제 설정이 갖는 의미를 좀 더 첨예하게 부각시키기 위해서 여기서는 보조선을 그어보자. 예를 들면 이렇게 질문해보는 것이다. 스탈린Stalin은 스탈린주의자였던 것인가? 스탈린 체제가 스탈린의 지도하에 있었던 것은 물론이지만, 그때 스탈린은 당이 하는 일이나 당이 표명하는 공식 견해에 어느 정도 관여하고 있었던 것일까? 당의 대의와 갖가지 발표를 스탈린은 정말로 믿고 있었던 것일까? 스탈린 체제하에서의 가장 큰 악은 백만 명이 훨씬 넘는 사람들을 희생시킨 숙청이지만, 스탈린 자신은 저 희생자들이 정말로 스파이 혹은 반역자라고 믿고 있었던 것일까?

스탈린 자신이 그러한 견해를 문자 그대로 믿고 있었다고는 생각할 수 없다. 숙청된 사람들 모두가 반역자거나 스파이라고 스탈린이 믿었을 리가 없다. 그는 체제와 권력을 유지하고 확대하기 위한 구실로서 냉소적으로 숙청에 관여했을 뿐이었으리라. 그는 처형된 자들의 대부분이 죄가 없다는 것을 틀림없이 알고 있었을 것이다. 숙청은 1930년대 중반부터 후반에 걸친 시기에 정점에 달했으며, 이 무렵 공산당의 정치국은 때마침 사회주의의 생산 목표와 동일한 요령으로 각 지구에 매주 적발해야만 할 스파이의 목표 인원수를 부과했다. 내무관료는 목표 인원수를 채우지 못하면 태만하다는 죄로, 반대로 목표 인원수를 초과하면 무고한 자를 적발한 죄로, 어느 쪽이든 자기 자신이 숙청될 위험이 있었기 때문에 항상 정확한 목표 인원수만 체포했다. 하지만 실제로 이렇게 자의적으로 부과된 사람 수에 정확히 들어맞는 수의 스파이가 규칙적으로 발견될 리가 없으므로 무고한 사람들이 대량으로 스파이로 취급되었음이 분명하다. 이러한 사실을 잘 알고 있었던 스탈린이 그들의 유죄를 문자 그대로 믿고 있었다고는 도저히 생각하기 힘들다.

그러나 한편 최근 열람이 가능해진 자료로부터 얻을 수 있는 연구는 이와는 반대의 답을 시사하고 있다. 즉 스탈린은 실제로 믿고 있었다는 것이다. 그는 당의 공식 이데올로기를 문자 그대로 받아들였으며, 자기 자신을 자비심 많은 지도자라고 믿었고 또한 무엇보다도 대숙청의 대상인 피고들의 유죄를 믿고 있었다. 최근의 연구는 이러한 결론을 지지하고 있는 듯이 보인다.[6]

---

6 예컨대 다음을 참조할 것. J.Stalin, *Stalin's letters to Molotov*, Yale University Press, 1995.

이로부터 스탈린은 믿고 있었다고도 혹은 믿지 않았었다고도 말할 수 있다. 스탈린이 반신반의 애매했다는 것이 아니다. 그는 최대한 믿었고, 최대한 냉소적이었던 것이다.

이 점을 전제로 하여 우리의 주제인 현대 일본으로 눈을 돌려보자. 스탈린의 심리를 뒷받침하고 있었던 것과 동일한 메커니즘이 여기서 작동하고 있다면 어떨까? 이때 사람은 내이션이나 내셔널리즘에 대한 불신을 말하면서, 한편으로는 열렬한 국수주의자일 수도 있는 것이다.

항목 'Beria'

그렇다고 해도 이것은 지도자(스탈린)의 사례가 아닌가? 스탈린 체제하에 있는 일반 민중의 태도에는 그러한 기묘한 양의성은 없지 않았을까? 즉 그들은 소박하게 믿고 있던지 믿고 있지 않던지 둘 중 하나였던 것은 아닌가? 그렇지 않다. 이에 대해서는 스탈린이 죽은 직후에 '라브렌티 파블로비치 베리아Lavrentiy Pavlovich Beria'를 둘러싸고 발생한 다소 우스꽝스러운 사건에 잘 드러나 있다.[7]

베리아는 스탈린 시대의 위대한 정치가로 간주되고 있었다. 그의 최대 '업적'은 대숙청을 지휘했던 일이다. 하지만 스탈린의 죽음 직후인 1953년 말 베리아 자신도 숙청되어버렸다. 한편 당시의 『소

7 슬라보예 지젝, *Violence*, Profile Books, 2008.[김희진 외 옮김, 『폭력이란 무엇인가』 난장이, 2011.]

비에트 대사전』에는 'Beria'라는 두 쪽에 걸친 항목이 있었는데, 거기서 베리아가 소개되어 찬양되고 있었다. 하지만 베리아가 실각한 직후에 사전의 독자는 편집부로부터 어떤 편지를 받게 된다. 그 편지는 베리아 항목의 두 쪽을 잘라내어 편집부로 발송해 달라는 의뢰였다. 편집부로 보내주면 대신에 독자는 동일한 두 쪽의 다른 항목 'Bering pass'를 소개하는 기사를 받았다. 이 새로운 쪽을 'Beria'가 있었던 부분에 삽입하면 낙장 없는 사전으로 회복되므로 이로 인해 여기에 '잘못된 항목'이 있었다는 것, 서둘러 잠정적인 항목이 쓰였다는 사실을 알아채지 못한 채 넘어가게 된다.

그렇다면 누가 알아채지 못하는 것일까? 이토록 서두르듯 허둥대는 대응은 누구를 속이고자 하는 것인가? 달리 말하면 당이 믿게 하고 싶은 것, 즉 베리아는 최초에 나쁜 놈이었다(따라서 소련 공산당은 베리아를 인정한 적이 한 번도 없었다)는 것을 진정으로 받아들이고 믿고 있는 자는 누구인가? 가장 유력한 듯이 보이는 후보자는 일반 '독자'이지만, 경위를 살펴보면 그렇지 않다는 것이 확실하다. 어찌 되었든 독자는 부탁을 받고 이 속임수에 가담하고 있기 때문이다.

어떤 의미에서는 여기서 소박하게 믿고 있는 자는 한 사람도 없다. 예를 들어 만약 한 명 한 명씩 비밀 엄수로 청취 조사가 가능하다면, 당의 공식 견해를 소박하게 믿고 있는 자는 아무도 없다는 것을 알 수 있을 것이다. 하지만 그렇다고 해서 스탈린주의와 같은 전체주의가 여기에는 존재하지 않는다고 말할 수는 없다. 그렇기는커녕, 객관적인 사회적 사실로서 이때 스탈린주의는 매우 견고하게 소련을 지배하고 있었다.

이렇듯 한 사람 한 사람의 신념과 지식의 집계로 볼 때는 완전히 무無와 다름없음에도 불구하고, 사회적 사실로서는 확실한 현실성을 지니는 상황도 존재하는 것이다. 앞서 사회 조사의 결과가 보수화 및 내셔널리즘으로의 경향이 사회적인 사실로서 존재할 가능성에 대한 부정이 아닌 것은 이러한 상황이 있을 수 있기 때문이다. 스탈린 체제가 개인적인 신념과는 완전히 거꾸로 선 형태로서 존속할 수 있는 메커니즘을 설명할 수 있다면, 이 체제의 가장 본질적인 비밀을 밝히는 것이 될 것이다. 틀림없이 오늘날의 내셔널리즘과 보수화의 사회변동에 대해서도 동일한 것을 말할 수 있으리라.

3 두 가지 사례

재일 코리안에서 국수주의자로

구체적인 사례를 관찰하는 것에서 실마리를 찾아보자. 처음에 주목하고자 하는 것은 기타다 아키히로北田暁大나 나카지마 다케시中島岳志 등 현대 일본의 내셔널리즘에 학문적인 관심을 두고 있는 젊은 사회학자·역사학자가 대체로 공감을 표하며 분석하고 있는 배우, 구보즈카 요스케窪塚洋介의 사례이다.[8] 구보즈카는 높이 평가되고 있는 일본의 영화배우로, 2004년에 맨션 9층에서 뛰어내렸음에도 불구하고 기적적으로 살아나 화제가 되었다. 구보즈카는 어떠한 시기부터 급속하게 내셔널리즘에 접근해 간다.

8 기타다 아키히로, 『嗤う日本の「ナショナリズム」』, NHKブックス, 2005. 나카지마 다케시, 「窪塚洋介と平成ネオ・ナショナリズムはどこへ行くのか」, 『論座』, 2006年 1月号.

구보즈카는 1979년생이다. 즉 그에게 학문적 관심을 두고 있는 기타다나 나카지마와 동일한 70년대생이다. 학업성적은 우수했고, 명문 고등학교에 입학했다. 하지만 학교의 주입식 공부에 의문을 갖고 결국 고교 생활에서 이탈한다. 그를 고교생활에서 도피시킨 것은 이른바 '자아 찾기 여행', 즉 '나는 누구인가', '나의 본질은 무엇인가'라는 탐구이다. 처음에 그는 시부야의 거리문화나 힙합에 매료당했다. 하지만 결국 2001년에 돌연 내셔널리즘에 몰입하게 된다.

그가 내셔널리즘에 접근해 간 경위에 대해 두 가지 사실에 주목하고자 한다. 첫째로, 구보즈카는 내셔널리즘과 거의 동시에 '신'에 대한 신앙에 눈을 뜬다. 닐 월슈Neale Walsh의 『신과의 대화Conversations with God』를 읽은 것이 계기였다. 그 후로 영성의 유행과도 공명하면서 UFO와의 조우를 비롯하여 다양한 신비 체험에 대하여 말하거나 대마초의 유용성을 주장하기도 했다. 우리는 제1절에서 내셔널리즘에 대한 조사 결과와 종교에 대한 조사 결과를 비교하면서 양자 사이에 유비적인 뒤틀림이 보인다는 사실을 지적했다. 구보즈카의 경험은 한 발 더 나아가 오늘날의 내셔널리즘과 종교적 유행이 동일한 사회적 메커니즘에 기초하여 융성하고 있을 가능성을 시사하고 있다.

두 번째 주목하고자 하는 것은 구보즈카가 내셔널리즘으로 전회한 결정적 경험이다. 이것은 가네시로 가즈키金城一紀의 소설을 원작으로 한 영화 「GO」(감독 : 유키사다 이사오行定勲, 2001년)에 주연배우로 출연한 일이다. 이 영화에서 구보즈카는 재일 코리안 스기하라를 연기했다. 구보즈카는 스기하라에 대한 감정이입을 계기로 내셔널리즘으로 선회한다.

하지만 구보즈카의 이러한 전개는 이중으로 역설적이다. 첫째로, 구보즈카는 영화 출연을 통해 일본인이 아닌 재일 코리안에 공감함으로써, 도리어 일본 내셔널리즘으로 각성되고 몰입된다. 일반적인 전개는 이와는 반대가 되어야 한다. 재일 코리안에 공감함으로써 내셔널리즘으로부터 이탈하거나 내셔널리즘을 대수롭지 않게 여기는 의식이 조성되어야만 하지 않는가? 재일 코리안의 생활을 성가시고 어렵게 만드는 것은 일본의 제도와 의식이 일본 내셔널리즘에 의해 규정되고 있기 때문이므로, 내셔널리즘에 대한 비판적인 의식이 함양되는 것이 일반적이지 않은가라는 인상을 받는다. 실제로 일본의 내셔널리즘에 대한 비판적인 논자는 줄곧 재일 코리안을 비롯하여 일본에 거주하는 외국 국적의 사람에 대한 '공감'을 호소하고 있다. 하지만 이러한 논자들의 생각과는 완전히 반대로 구보즈카는 재일 코리안에 대한 공감 —반감이 아닌 공감— 을 통해, 일본인으로서의 내셔널리즘에 깊이 참여하게 되었다.

역설은 이것으로만 그치지 않는다. 제2의 역설이 있다. 만약 이 영화가 코리안·내셔널리즘을 호소하는 작품이었다고 한다면, 구보즈카의 전회도 비교적 이해하기 쉽다. 사람은 타국의 내셔널리즘에 대한 반발이나 감복을 통해, 즉 그것을 일종의 거울로 하여 자기 자신의 내셔널리즘에 눈을 뜨기 때문이다. 하지만 이 작품은 전혀 반대의 내용을 주제로 한 것이다. 이 영화 속에서 주인공 스기하라는 민족적 정체성에 눈을 뜨거나 그것을 고집하거나 하는 고전적인 재일 조선인으로부터는 거리를 두는 자이다. 민족적 정체성 따위는 무엇이든 상관없다고 생각하고 그런 것에 구애받는 것은 무의미하다고 느끼는 신세대 재일 코리안으로서 그려지고 있는 것이다. 민족적 정체성으로부터 일견 해방된 재일 코리안에 공감한다면, 구보즈카도 일본인으로서의 정체성으로부터 이탈한 세계시민주의자나 다문화주의자로 전환해야만 하지 않는가? 하지만 사실은 반대였다.

나카지마 다케시도 "'재일'이라는 축을 초월해서 사는 길을 선택하거나 자각적으로 '일본인'으로서 사는 길을 선택하게 되지만, 그 방향성은 명백하게 대조적이며 양자는 결정적으로 모순되고 있다"고 언급한다. 이 '모순'이 모순으로서는 기능하지 않은 채, 오히려 구보즈카를 내셔널리즘으로 이끈 것은 왜인가? 여기에서 구보즈카의 내셔널리즘이 고전적인 내셔널리즘과는 다른 타입의 내셔널리즘이라는 점이 암시되고 있다.

구보즈카는 다음과 같이 언급하고 있다.

> 『어린이 민주주의』, 『미국 지상주의』의 완성의 끝에서／극동의 바빌론에 어서 오십시오／란 어디인지요?／일본의 전통, 문화, 정신을 부정한 미국이 건국한 나라／일본／역사가 비틀린다. 비틀리고 끊어진다／여기서 긍지를 빼앗겼다／주의할 것은, 어쩌다 우연히 빼앗긴 것은 아니라는 것. (『GO-구보즈카 요스케』)

여기에는 일본이 미국의 정신적인 식민지라는 감각이 나타나 있다. 이러한 세계관은 우리들의 시선을 애니메이션 「코드기어스コードギアス」로 이끈다.

「코드기어스」

「코드기어스 —반역의 를르슈」(제작 : 선라이즈, 감독 : 다니구치 고로谷口悟朗)는 일본의 내셔널리즘을 테마로 한 애니메이션이다. 이 애니메이션은 MBS·TBS 계열로 2006년 10월에 처음 방영을 시작하였다. 2007년 3월 말까지 23화가 방영되었고, 4개월 정도 중단된 뒤에 2007년 7월에 최종 2화가 방영되었다. 즉, 이 애니메이션은 전체 25화로 구성되어 있다. 2008년 4월부터 9월까지는 속편 「코드기어스 —반역의 를르슈 R2」 전 25화가 방영되었다.

「코드기어스」는 이른바 '오타쿠'적인 젊은이들 사이에 열광적으로 받아들여졌다. 이는 일본 국내의 구글 검색 건수를 조사하면 곧 확인할 수 있다. '코드기어스'라는 말의 검색 건수를, 특히 오타쿠 사이에서 인기 있는 다른 주요한 애니메이션 —「에반게리온」, 「데스노트」, 「스즈미야 하루히」— 과 비교해 보자. 「코드기어스」가 TV에서 방영되고 있던 2006년 10월부터 2008년까지의 기간 동안, '코드기어스'가 이들 주요 애니메이션 가운데 가장 많이 검색되었다는 것을 알 수 있다(【도표 8】).

나아가 방송 종료 후의 기간을 포함해도, 즉 2006년 10월부터 현재(2011년 5월)까지 '코드기어스'의 검색 건수는 '에반게리온' 다음으로 많다.

오타쿠들에게 특권적인 가치를 지닌 획기적인 애니메이션은 1995~1996년에 TV에서 방영된 「신세기 에반게리온」이다. 「코드기어스」가 방영되고 있을 무렵, 이 작품은 「에반게리온」 이후의 성공을

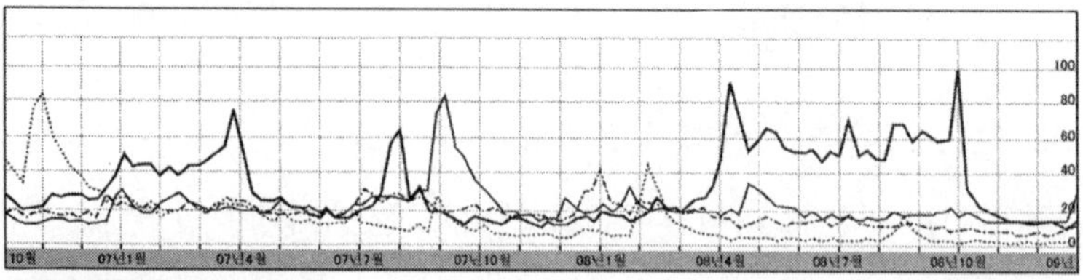

【도표 8】 Google Insights for Search–웹 검색의 인기도
코드기어스, 에반게리온, 데스노트, 스즈미야 하루히, 일본,
2006년 10월~2008년 12월

가져다 주었다고 평가되었다. 엄청난 검색 건수는 이러한 평판을 뒷받침해 주고 있다.

그렇기에 「코드기어스」는 현대 일본 젊은이들의 내셔널리즘을 표현하는 제2의 사례로서 여기서 소개·분석할 가치가 있다고 생각된다. 그렇지만 여기에서는 논의의 전개에서 중요한 작품의 아주 일부분 —더욱이 매우 표면적으로 파악될 수 있는— 양상만 다루기로 한다. 이 작품은 여기서 다룰 수 없는 점에 대해서도 사회학적으로 혹은 작품론적으로 매우 흥미로운 요소를 지니고 있음을 밝혀 둔다.

한편, 「코드기어스」에 관하여 우선 주목할 것은 작품의 독특한 설정이다. 이 애니메이션에서 일본은 초대국인 신성 브리타니아 제국의 침략을 받아 식민지화되었다. 일본인은 주권을 박탈당한 채 노예 상태에 처해 있고 무엇보다도 '일본'이라는 이름을 박탈당했다. 일본열도는 '에리아 11'이라는 행정 용어가 부여되었으며 일본인은 단지 '일레븐'이라고 불린다. 애니메이션의 기본 골자는 일본의 독립을 지원하는 테러리스트 그룹과 브리타니아와의 싸움으로 구성되어 있다. 주인공인 를르슈는 테러리스트의 리더이다.

브리타니아 제국이 미합중국의 은유라는 것은 작품을 보면 바로 알 수 있다. 이 애니메이션의 설정은 구보즈카 요스케와 동일한 감각을 확장시킨 형태로 그려내고 있다. 즉 애니메이션은 구보즈카와 마찬가지로 일본이 실질적으로는 미국의 식민지이며 따라서 미국에 대한 반항이야말로 일본 내셔널리즘의 가장 중요한 행동이라는 것을 표현하는 것이다. 주인공인 를르슈는 '기어스'라고 불리는 초능력을 사용할 수 있다. 기어스란 타자와 직접 눈과 눈을 맞추게끔 응시함으로써 그 타자를 절대적으로 복종시키는 능력, 즉 타자를 어떠한 명령에도 따르도록 만드는 능력이다. 를르슈의 왼쪽 눈을 직접 본 자는 의식할 새 없이 를르슈의 명령대로 따르게 된다. 명령이 아무리 싫다 하더라도 그것에 반대하는 것은 불가능하다(단, 동일한 타자에게 기어스를 사용할 수 있는 것은 단 한 번뿐이다). 왜 이런 내용의 초능력이 작자와 팬들에게 사랑받는 것일까? 그 사회학적인 의미는 무엇인가? 이러한 물음은 분명 매우 흥미로운 것이지만 여기서는 분석과 해석을 삼가기로 한다. 어떻든지 간에, 민족적 저항운동을 지휘하는 주인공에게 이러한 초능력을 부여한 점에서 내셔널리즘으로의 경도와 병행하여 영성의 유행에 빠져들었던 구보즈카의 행적과 유사한 점을 목격할 수 있다.

이 애니메이션을 내셔널리즘론의 시각에서 볼 때 가장 흥미로운 점은 일본의 독립을 위하여 싸우는 테러리스트의 리더, 즉 주인공 를르슈가 일본인이 아니라는 점이다. 그는 그가 지금 싸우고 있는 적인 브리타니아인인 것이다. 더욱이 원래는 브리타니아의 중핵에 있어야만 할 인물 —황제의 혈족에 속하는 자— 이다. 를르슈의 반동적인 거울상이 되고 있는 것은 또 한 사람의 주인공이며 를르슈의 친한 벗인 스자크이다. 스자크는 일본인, 더욱이 전 수상을 아버지로 둔 일본인이다. 스자크는 합법에 구애받는데, 즉 개혁은 합법적이고 공정하게 이루어져야 한다고 생각하고 있으며, 브리타니아의 지배하에서 결국 브리타니아의 군인이 되었다. 그는 브리타니아의 군인으로서 테러리스트 를르슈와 대결하게 된다. 를르슈와 스자크는 브리타니아의 명문가와 일본의 명문가라는 대조를 이루고 있지만, 전자가 일본의 독립을 지향하는 테러리스트이고 후자가 브리타니아를 방위하는 군인이라는 뒤틀림이 생기고 있다. 외국인인 를르슈가 일본을 위하여 싸운다는 구도는 재일 코리안에 대한 탈중심화를 매개로 하여 '일본인'으로 각성된 구보즈카 요스케의 체험을 연상시킨다.

이 애니메이션에서 에리아 11은 브리타니아인이 거주하는 '외국인 거류지'를 제외하고는 매우 황폐해 있다. 그곳은 폐허이거나 황무지이다. 이러한 풍경을 생각하면 브리타니아와 싸우는 테러 단체 '흑기사단'에 가장 가까운 현실의 대응물은 아프가니스탄에서 미국과 싸우는 알 카에다가 아닐까 생각된다. 알 카에다도 아프간이 아니라 외국인 —사우디아라비아에서 건너온 외국인 오사마 빈라덴— 을 리더로 하고 있다. 또한 그들은 브리타니아 제국의 현실상 대응물인 미국과 싸우고 있는 것이다.

4
전후사의 제3국면

이상의 현대/허구의 현대/……

이러한 사례를 경유하면 우리는 하나의 가설적인 실마리를 얻게 될 것이다. 오늘날의 보수화 혹은 내셔널리즘의 부활을 규정하는 메커니즘은 '오타쿠'라고 불리는 젊은이들을 묶어내는 메커니즘과 매우 유사하다. 이것을 오타쿠가 내셔널리즘의 기수라고 주장하려는 것이라고 오해해서는 안 된다. 내셔널리즘에 무관심한 오타쿠도 있으며, 오타쿠적인 취미와 관련 없는 국수주의자도 있다. 여기서 제기하고자 하는 가설은 일견 사회학적인 필연성이 없는 듯이 보일 수도 있다. 현대 일본에서 내셔널리즘의 부활은 오타쿠를 결합하는 기제와 형식적으로 유사한 메커니즘을 따르고 있다는 것이다.

우선 '오타쿠'를 일본의 전후사 속에서 간단하게 정리해 보자.

필자는 1995년(옴진리교에 의한 지하철 사린 사건이 있던 해)에 사회학자 미타 무네스케見田宗介의 제안을 받고, 현실에 질서를 부여하는 '반反현실'의 양태로 눈을 돌려 전후 일본의 정신사를 크게 두 가지 단계로 정리했다. 현실은 현실이 아닌, 즉 반현실을 준거로 하여 의미화되고 질서화된다. 한편, '현실'이라는 말이 가진 많은 반대어(이상, 꿈, 허구 등)에서도 알 수 있듯이, 반현실은 하나가 아니다. 전후사는 중심적인 반현실이 '이상'의 단계(1945년~1970년)에서 '허구'의 단계(1970년~1995년)로 전환해 왔다. 이것이 필자의 이해이다.[9]

'오타쿠'라는 젊은이들의 풍속은 허구의 시대 한복판에서 태어났다. '오타쿠'라는 말이 처음 사용된 것은 1983년('허구의 시대'의 상징이라고 불릴만한 도쿄 디즈니랜드가 개원한 해)이다. 나카모리 아키오中森明夫가 만화 시장에 모여드는 젊은이들이 서로를 '오타쿠'라고 부르는 점 —즉 2인칭 대명사로서 '오타쿠(댁, 귀하)'가 사용되고 있는 점— 에 이상함을 느끼고 이 호칭을 창조했다. 따라서 오늘날 '오타쿠'라고 불리는 사회 현상은 그보다 훨씬 전인 대략 1970년대 말경으로 거슬러 올라갈 수 있다.

한편 필자는 일본 사회는 1990년대 초·중반부터 허구의 시대가 한계에 이르러 제3의 단계로 진입했다고 생각한다. 이러한 이해를 시사해 주는 것은 '현실'로의 기묘한 환류라고도 부를 만한 현상이다. 동일한 반현실이라도 '이상'과 '허구'에서는 '허구'쪽이 반현실에 더 적합하다. 즉 '이상 → 허구'로, 반현실의 정도를 높이는 듯한

9 오사와 마사치, 『虚構の時代の果て』, ちくま新書, 1996 → 『増補 虚構の時代の果て』, ちくま学芸文庫, 2009.

형태로 사태는 변용되어 왔다. 그렇지만 오늘날은 이러한 경향성을 전제로 할 경우에 이해하기 힘든 역현상을 눈앞에서 목격하고 있다. '현실'로의 도피라고도 부를 수 있는 현상이 폭넓게 나타나고 있는 것이다. 일반적으로는 현실에서 이상과 허구의 세계로의 도피가 문제시되어 왔다. 하지만 이것과는 반대로 '현실'로, 통상의 현실 이상의 현실적인 것으로, 현실 중의 현실로, 극도로 폭력적인 현실로 도피하고 있다고 해석될 수 있는 현상이 여러 곳에서 보인다.

가장 단순한 사례는 리스트컷으로 대표되는 자해 행위이다. 자신의 신체상에 일어나는 직접적인 아픔은 어떤 현실보다도 현실적이며, 현실을 현실화시키는 본질을 순화시킨 것이라고 말할 수 있다. 세계 최종전쟁이나 테러, 혹은 전쟁과 같은 극한의 폭력을 지향하는 다양한 유형의 열광 또한 '현실'로의 도피 중 하나이다. 혹은 혹독한 사건이나 전쟁 현장에 가보고 싶다는 젊은이들의 충동도 동일한 경향에 포함되는 것이다. 또는 —일본보다 서양에서 유행되고 있지만— '허구'의 드라마에 만족하지 못하는 시청자가 '리얼리티 쇼'와 같이 실로 '현실' 그 자체를 쇼로서 정수하는 것 또한 그렇다.

이러한 현실 이상의 현실이라는 '현실'로의 도피는 허구의 시대라는 틀 안으로 취합하는 것이 불가능하다. 이는 90년대 중반 이후 우리가 전후 정신사의 제3국면에 들어와 있다는 것을 가리키는 징후이다. 여기서 자세하게 설명하기는 힘들지만, 필자는 제3의 국면을 '불가능성의 시대'라고 부르고 있다. 이상과 허구의 시대를 대신하여, 이 제3국면이 지향하고 있는 반현실의 양태는 불가능성이다. 불가능성이란 바로 불가능한 것을 말한다. 따라서 그것은 무언가로 대리되는 것에 의해서만 욕망의 대상이 될 수 있다. 불가능성의 대리물은 정의상 허구(가능 세계)를 부정하는 허구여야 한다. '현실', 폭력적인 현실 이상의 현실은 바로 이러한 허구, 허구로부터의 탈출인 듯한 허구이기에 불가능성의 대리물이 될 수 있다. 이렇게 하여 불가능성에 대한 지향이 '현실'로의 도피로서 반전하여 나타나는 역설이 생기는 것이다. '현실'의 만연은 불가능성에 대한 지향을 증명하고 있다.[10]

한편, 우리가 지금 주제로 하고 있는 '보수화'와 '우경화'는 바로 이 제3의 국면, 불가능성의 시대와 함께 시작되고 있는 것이다. 동시에 허구의 시대 후기에 시대의 산물처럼 산출된 오타쿠는 허구의 시대와 그 이후 불가능성의 시대를 잇는 역할을 맡고 있다고 말할 수 있다. 오타쿠는 말하자면 두 시대의 이음매이다.

오타쿠

오타쿠는 무엇인가? 그것은 옛날부터 있었던 마니아와는 어떻게 다른가? 혹은 전문가와는 어떻게 다른가? 물론 오타쿠는 애니메이션, 만화, 컴퓨터 등의 특정한 주제로 구획될 수 있는 영역에 몰두하는 사람들이다. 하지만 이것만으로는 마니아나 전문가와의 구별이 어렵다. 오타쿠를 전문가나 일반적인 마니아와 구분하는 특징은 의미의 무게와 정보 밀도 사이에 있는 극단적인 불균형이다. 일반적

10 오사와 마사치, 『不可能性の時代』, 岩波新書, 2008.

으로 의미의 무게와 정보 밀도 사이에는 비례적인 관계가 있다. 요컨대 의미가 있기 때문에 정보가 집적되는 것이다. 하지만 오타쿠에게는 이러한 법칙이 성립되지 않는다. 정보는 유의미성에 대한 참조가 결여된 채, 즉 의미로 이어지는 탯줄을 갖지 못한 채 그 자체로서 추구되고 모이는 것이다. 어떤 사항의 '의미'는 항상 좀 더 포괄적인 문맥인 외부 문맥에 대한 참조가 전제되어 있다. 그에 반해 '정보'는 그러한 외부 문맥에 대한 참조가 결여되어 있다. 오타쿠는 정보의 차이에 대해 자신들이 관심을 두는 정보를 좀 더 포괄적인 문맥에 두기 때문에 그 중요도를 설명할 수 없는 것이다.

하지만 오타쿠에 대해서, 그들이 매우 특수하고 한정된 영역에만 관심을 둔다는 점, 협소하고 특수한 주제 영역의 외부에 대한 관심이 매우 희박하다는 점에만 집중하게 되면 오타쿠의 본질을 이탈하게 된다. 그 특수한 영역을 통해 포괄적인 보편성이 분절되고 있다는 점에 오타쿠의 본질적인 특징이 있기 때문이다. 오타쿠에게는 그 특수한 영역에 포괄적인 보편성(말하자면 우주)이 총체로서 대응되고 있는 것이다. 정말로 욕망되고 있는 것은 이 보편성이다. 보편성이 그 정반대물로서 나타나는 것을 통해 직접적 욕망의 대상이 되는 것, 이것이야말로 오타쿠에 대한 신비의 핵심이다. 오타쿠가 특수하게 한정된 자신의 주제 영역 외부에는 전혀 관심을 둘 수 없는 것은 그들의 욕망의 대상이 보편성이라는 것의 역설적인 결과이다. 만약 그 특수한 영역이 보편성(우주)과 등치되고 있다고 한다면, 정의상 그 외부는 존재하지 않기 때문이다.

지금 오타쿠를 둘러싼 이 역설을 자세하게 논의할 여유는 없다.[11] 여기에서는 이해를 돕기 위한 약간의 사실만 언급해 두자. 예를 들면 오타쿠들이 즐기는 허구의 작품 가운데 '세카이계世界系'라고 불리는 유력한 카테고리가 있다. 오타쿠들 사이에서 압도적인 인기를 얻었던 작품 전체가 그렇지는 않지만, 상당수의 작품이 세카이계에 속한다고 말해도 지나치지 않다. 세카이계란, 주인공과 그 주변의 매우 좁고 친밀한 인간관계를 —중간 집단이나 중간 규모의 공동체 등의 매개적인 수준을 거치지 않고— 느닷없이 직접적으로 '세계의 위기'라든지 '이 세상의 종말'이라는 우주론적인 테마와 결부시키는 듯한 상상력의 존재 방식을 가리킨다.

「신세기 에반게리온」도, 앞서 소개한 「코드기어스」도 세카이계 작품이다. 「코드기어스」에서 주인공 를르슈는 실은 자신과 여동생이 둘이서 행복하게 살 장소를 찾고 있을 뿐이다. 이를 위해서 그는 세계 전쟁까지 불러일으키는 것이다. 달리 말하면, 그에게는 여동생과의 행복이 그대로 보편적 정의와 등치되고 있는 것이다. 방금 필자는 오타쿠를 특징짓는 것은 보편성을 특수성에 대응시키고 있는 점이라고 언급했다. 이렇듯 오타쿠를 특징짓고 있는 관계를 하나의 이야기 속으로 집어넣었을 때 도출되는 것이 세카이계 작품이라고 말할 수 있지 않을까?

아즈마 히로키東浩紀에 따르면 현재의 오타쿠들이 정수하고 있는 대상은 개개의 이야기가 아니라 데이터베이스(캐릭터들의 데이터베

11 자세한 것은 오사와 마사치 『불가능성의 시대(不可能性の時代)』의 제3장을 참조.

이스)이다.[12] 캐릭터는 개개의 이야기라는 문맥에서 분리되어 오타쿠들의 욕망을 유발하는 관여적인 성질(푹 빠져드는萌え 요소)을 기준으로 분류된다. 소비 대상으로서는 개개의 이야기보다도 (상상력 속에서 구축된) 데이터베이스 쪽이 중요한 것이다. 왜인가? 데이터베이스란 거기에서 임의의 이야기가 짜여 나오는 모태이다. 개개의 특수한 이야기가 아니라 이야기의 보편적인 집합이 욕망되고 있을 때, 그 집합은 데이터베이스의 형태를 취하게 되는 것이다.

정치적 유효성 감각

다음으로 보편성과 특수성과의 이러한 단락적 접합은 그 부산물적인 귀결로서 정치적 유효성 감각에 독특한 영향을 남긴다고 생각할 수 있다. 정치적 유효성 감각이란, 자신의 활동이 정치에 효과를 주고 있다는 감각이다. 정치적 유효성 감각은 선거, 서명 활동, 데모 등 개인의 정치적 행동이 있을 때마다 측정할 수 있다. 예컨대 자신들의 투표로 일본 정치를 움직일 수 있는지, 혹은 데모에 의해 정책이 변경되거나 정권 교체를 가져올 수 있는지, 또한 여론이 정치에 반영되고 있는지 등이 정치적 유효성 감각이다.

보편적인 우주를 특수한 영역에 대응시킨다는 것은 특수하고 친밀한 영역을 조작하는 것과 마찬가지로 보편적인 우주에도 영향

12 아즈마 히로키, 『動物化するポストモダン』, 講談社現代新書, 2001. [이은미 옮김, 『동물화하는 포스트모던』, 문학동네, 2007.]

을 끼쳐야 한다는 감각을 산출하게 된다. 예컨대 여동생을 행복하게 만드는 것과 동일하게 세계 평화도 틀림없이 가져올 수 있다고 말이다. 이러한 기저적인 감각은 —어떤 매개 변수의 유무에 따라— 정치적 유효성 감각에 대하여 긍정적으로도 부정적으로도 작용할 수 있다.

우리들의 사회는 대단히 복잡하고 규모가 크므로 누구라도 전체에 개인이 의도한 결과를 초래하기란 불가능하다. 이때 사회는 각 개인에게 소외된 실체로서 나타난다. 즉, 각 개인의 의지로부터 독립한 물상화된 실체로서 나타나는 것이다. 보편성과 특수성을 접합시키는 듯한 감각을 가지고 이러한 상황을 대하는 경우, 즉 자신의 친밀한 관계와 연속된 지점에 사회적 보편성이 있어야 한다는 감각을 지닌 경우에는 사회 전체성에 대한 소외감은 훨씬 더 커질 것이다. 이때 바람과 현실 사이에 격차가 크다고 느껴지고, 사회의 불투명성과 개인의 무력감이 강화되는 것이다. 즉 정치적 유효성 감각은 작아지게 된다.

현대의 간접 민주주의 아래에서는 개인의 의지와 사회 전체성을 잇는 요소는 '대표'라는 제도이다. 사회 전체성에 대한 개인의 소외는 직접적으로는 대표제의 기능장애로서 나타난다. 사람들은 '우리의 의지를 누구도 대표해 주지 않는다', '우리를 대표하는 자는 어디에도 없다'라는 감각을 갖게 되는 것이다. 이른바 '무당파성'의 감각이야말로 그렇다. 사람들은 어떤 정당일지라도 자신들을 투명하게 대표하지 않는다고 느끼는 것이다.

하지만 이러한 감각이 생기기 위해서는 하나의 조건이 필요하다. 앞서 언급했듯이, 각 개인의 의지와 직결되지 않는 곳에 전체적인 사회가 존재하고 있다는 실감, 전체 사회의 실재성에 대한 감각이 없으면 강한 소외감은 발생하지 않는다. 사적이고 특수한 영역을 보편성과 접합시키는 세카이계적인 감각은 곧 소원한 실체로서의 사회의 실재에 대한 감각을 무디게 한다. 이때 보편성과 특수성의 접합은 반대로 정치적 유효성 감각을 고양하도록 작동하는 것이다. 자신들의 개인적인 행동에 의해 사회가 변화될 수 있다 —현실에서 변화했다— 라는 감각이 생기기 때문이다.

한 발 더 나아가 '자신들은 누구에게도 대표되고 있지 않다'라는 감각, '대표로부터의 소외 감각'을 대표하는 듯한 정치가나 정치적 행위자가 출현하는 일이 있다. 예컨대 마르크스는 『루이 보나파르트의 브뤼메르 18일』에서 나폴레옹 3세는 누구도 대표하지 않았던 빈농(분할지 농민)을 대표했다고 분석하고 있는데, 여기서 도출되고 있는 것은 대표로부터의 소외 자체의 대표, 대표의 기능장애를 전제로 한 대표라는 역설이다. 이때 정치적 유효성 감각은 더욱 고양되는 것이다.

쉽게 추론할 수 있듯이 정치적 유효성 감각은 자기강화적인 인과 관계를 초래한다. 정치적 유효성 감각이 강한 사람은 정치적 행동에 적극적이다(투표에 참여하고, 데모나 청원 활동에 참가하거나 한다). 이러한 사람들이 충분히 많아지면, 이것이 실제로 정치에 변화를 초래한다. 그러한 '성과'가 다시 정치적 유효성 감각을 강화한다. 이러한 인과 관계를 발동시키는 것이다.

이러한 이론적인 고찰을 뒷받침하는 데이터를 제1절에서 활용

[선거]

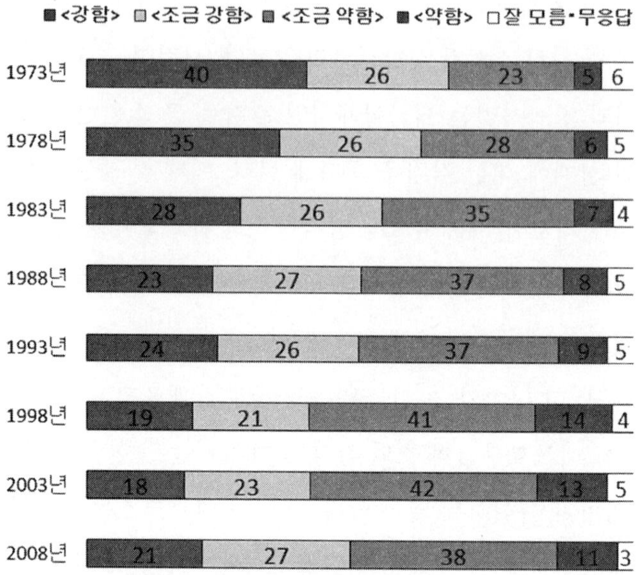

【도표 9】 정치적 유효성 감각(『현대일본인의 의식구조』 [제7판] 75쪽)

한 『현대 일본인의 의식구조』에서 얻을 수 있다. 이 조사에는 '선거', '데모', '여론', 이 세 가지에 관하여 정치적 유효성 감각을 조사한 질문이 들어있다. 【도표 9】는 선거에 대한 정치적 유효성 감각의 추이를 나타내고 있다. 1973년의 처음 조사 이후, 유효성 감각은 계속 하락하고 있다. 하지만 1998년에 최저치를 기록한 이후 유효성 감각이 상승하기 시작했다는 것을 알 수 있다. 정치적 유효성 감각은 일단 하락하고 난 뒤 상승할 것이라는 이론적 예상과 합치되는 결과를 보여주고 있다.

문제는 최근의 상승이 젊은이들의 의식 때문인가 아닌가에 있다. 이에 대해서는 【도표 10】의 그래프에서 확인할 수 있다. 이 그래프는 선거·데모·여론에 관한 정치적 유효성 감각을 종합하여 수치화한 뒤에 이를 생년별로 정리한 것이다. 각 꺾은선이 각각의 시점의 조사에 대응하고 있다. 그래프를 보고 바로 알 수 있는 것은 1924년에서 1928년 사이에 태어난 자가 정치적 유효성 감각이 가장 높다는 점이다. 이 세대는 패전의 시점에 10대 후반에서 20대 초반이었던 사람, 즉 성인이 됨과 동시에 전후의 민주주의를 경험한 최초의 세대에 해당한다. 이 세대를 정점으로 하여 젊은 세대일수록 정치적 유효성 감각이 낮아지고 있는 듯이 보인다.

하지만 그래프를 잘 살펴보면 왼쪽의 하향 패턴이 꺾은선의 왼쪽 끝에서 무너지고 있다. 1947~1978년생보다 더 젊은 세대는 그 윗세대보다도 정치적 유효성 감각이 높기 때문이다.[13] 【도표 9】에서 본 것처럼, 최근의 정치적 유효성 감각이 약간 상승한 것은 상대적으로 정치적 유효성 감각이 높은 젊은 세대가 늘어났기 때문이다. 이는 우리들의 이론적인 추론을 뒷받침하는 것이다.

정치적 유효성 감각에 대한 이상의 고찰은 어찌 되었든 부산물이다. 이 절의 '오타쿠'에 관한 고찰에서 우리가 도출할 수 있는 중요

13 【도표 10】의 그래프는 이 외에도 흥미로운 점을 많이 시사한다. 5개의 꺾은선이 대체로 묶음으로 나타나는 이유는 동일한 해에 태어난 자, 즉 같은 세대는 어느 조사 시점에서도 거의 동일한 정치적 유효성 감각을 보이고 있기 때문이다. 즉 정치적 유효성 감각은 일생 동안 거의 변하지 않는 것이다. 최초에 강했던 자는 마지막까지 강하고, 약했던 자는 시대 변화에 관계없이 약하다. 좀 더 자세히 보면, 1964년생 이후의 세대에서는 20대 초반의 정치적 유효성 감각이 그대로 지속되고 있다는 것을 알 수 있다. 선거권을 갖지 않는 10대 후반 쪽이 정치적 유효성 감각이 높고, 선거권을 갖는 무렵에는 —즉 정치에 영향을 행사하기 위한 제도적인 경로를 획득한 무렵에는— 반대로 하강하고, 그대로 계속 고정되는 것이다. 한편, 1964년 이후 출생이라는 것은 거의 오타쿠 최초의 세대에 대응한다. 그들이 실제로는 정치에 참가하고 있지 않은 상태에서(10대 초반의 시점에서) 정치적 유효성 감각이 높은 것은 흥미롭다고 할 수 있다.

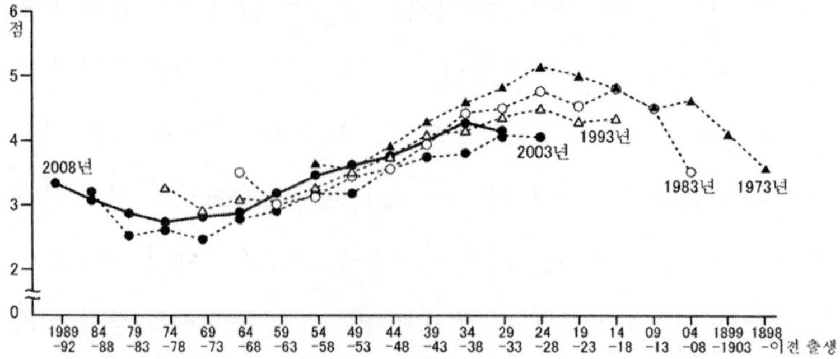

【도표 10】 정치적 유효성 감각 점수(생년별) (『현대일본인의 의식구조』 [제7판] 80쪽)

한 교훈은 다음과 같은 점이다. 보편성이 그 반대물, 즉 특수성으로 분절화되고 대상화될 수 있다는 점이다. 이 교훈을 기초로 하여 '보수화'의 문제로 회귀하도록 하자.

5

아이러니한 몰입

다문화주의적인 전회—'믿지 않는다는 것을 믿고 있다'

구보즈카 요스케는 보통이었다면 내셔널리즘의 약화를 촉진시킬 것으로 생각할 수 있는 듯한 시점의 탈중심화를 통해 오히려 내셔널리즘으로 접근해 갔다. 즉 그는 민족적인 귀속으로부터 자유로워지고자 하는 재일 코리안에 대한 상상적 동일시를 통해 일본의 국수주의자로 전환한 것이었다. 동일하게 「코드기어스」의 주인공은 외국인의 시점을 통해 일본을 지지하는 내셔널리즘에 가담한다.

그렇다고 한다면 오히려 이렇게 말할 수도 있지 않을까? 구보즈카의 경우 다양한 문화, 다양한 생활양식, 다양한 내셔널리즘을 다문화주의적으로 상대화할 수 있는 보편적인 시점을 경유함으로써 내셔널리즘으로 향했던 것이라고 말이다. 그렇기에 우리는 다문화주의적인 보편성이 내셔널리즘으로 전회해 간 메커니즘을 해명할 수 있다면 문제를 풀 수 있게 되는 것이다. 세계적으로 보수화·우경화되어가는 과정 속에서 다문화주의는 좌파의 중심적인 사상이다. 따라서 우리가 해명해야만 하는 것은 좌파적인 다문화주의와 보수화·우경화 사이의 공범적인 관계이다.[14]

다문화주의자가 다양한 문화나 신앙이 심각한 갈등을 야기하는 일 없이 하나의 사회 공간 안에 평화롭게 공존할 수 있다고 소박하게 전제할 수 있는 것은 왜인가? 다문화주의가 문화와 신앙을 사적인 취미와 같은 것으로 간주하고 있기 때문이다. 신앙은 원래 진리로의 참여이다. 하지만 그러한 신앙은 허용될 수 없다. 진리는 정의상 보편적이며 따라서 배타적이기 때문이다. "나는 당신이 이슬람교를 믿는 것을 인정합니다. 단 사적인 취미라고 한다면"이라는 것이다.

거듭 확인하자면 다문화주의는 다양한 종교, 다양한 생활양식의 관용적인 공존을 강조하는 것이지만, 신앙을 사적인 취미와 같은 것으로 간주하기에 그것을 허용할 수 있는 것이다. 달리 말하면, 보편적인 진리로서 교의에 참여하는 듯한 신앙은 허용될 수 없다. 그렇다면 솔직히 말해 진실로 믿어서는 안 된다는 것이 아닌가? 이는 오히려 신앙의 부정이다. 좀 더 섬세하게 바꿔 말하면, 다문화주의

14 시오바라 요시카즈(塩原良和), 「ネオリベラル多文化主義の台頭と移民の選別/管理/排除」, 2007, 関東社会学会.

적인 관용이 성립할 때 모두는 믿고 있는 시늉을 하고 있는 것이다. 믿는 시늉을 하는 사람이 그렇게 하리라고 행동하는 것은 허용되는 것이다. '나는 믿는 시늉을 한다', '당신도 그렇게 해도 개의치 않겠다', '서로 믿는 시늉을 하자는 것이지 않은가'라는 것이다.

하지만 여기에는 한층 더한 전회의 씨앗이 내포되어 있다. 예컨대 나는 신을 믿지는 않지만 교회에서의 기도나 예배에는 예의 바르게 동참하겠다. 즉 믿는 시늉을 한다. 왜인가? 내가 아닌 누군가가 믿기 때문일 것이다. 나의 행동은 그 '누군가'가 믿는다는 것을 전제하고 있으며, 그 누군가의 신앙 권역에 속해 있는 것이다.

여기서 로버트 팔러R. Pfaller와 슬라보예 지젝이 '상호수동성inter-passivity'이라고 부른 현상을 매개항으로 하여 해석하면 설명이 쉽다. 예를 들어, 텔레비전의 버라이어티쇼에는 빈번하게 '스튜디오 관객'이 참가하고 있다. 그들은 무엇을 위하여 있는 것일까? 그들은 쇼를 보며 놀라거나 웃거나 한다. 하지만 진정한 관객은 '우리', 텔레비전의 이편에 있는 우리가 아닌가? 그들은 '우리'를 위하여 '우리'를 대신하여 쇼를 즐기고 있는 것이다. 나는 어느 것 하나도 재미없어서 웃을 수 없었다고 하자. 혹은 나는 오늘은 피곤하여 크게 웃을 기운이 없었을 수도 있다. 그렇지만 나는 텔레비전의 스위치를 끄지 않는다. '스튜디오 관객'이 나를 대신하여 분위기를 띄워주고 있기 때문이다. 그런 이상, 이때 나는 결국 즐긴 것이 되는 것이다. '스튜디오 관객'은 몇몇 민족에게 보이는 '곡비哭婢'의 기능을 담당하고 있다. '곡비'란 장례식에 참가하여 다른 참석자 대신에 울면서 슬퍼해 주는 여자를 말한다. 이로 인해 실제로는 울지 않았던 참석자도 운 것이 되는 것이다.

그렇다면, '믿는 시늉을 하는 것(사실은 믿지 않는 것)'은 —믿고 있는 누군가를 전제로 하는 이상— 한 단계의 반전을 거쳐 '믿는 것'이 되는 것이다. 여기서 제2절에서 언급한 스탈린 체제하에서의 '베리아'의 항목을 둘러싸고 발생한 우스꽝스러운 사건을 떠올려보자. 그런 소란스러움을 통해서는 어떤 특정한 개인도 직접적으로는 속지 않는다. 즉 당의 공식 견해를 그대로 믿는 개인을 발견할 수는 없다. 그렇다고 한다면 누가 속고 있는 것인가? 누구를 위하여 저런 번거로운 일을 벌이고 있는 것일까? 속고 있는 자, 당의 표면적인 견해를 문자 그대로 받아들이는 자, 그는 어떤 특정한 개인, 어떤 구체적인 신체와도 동일시될 수 없는 추상적인 '제3자의 심급'이다.

어떻든 여기서 중요한 것은, 믿지 않을 작정이었다 하더라도 믿고 있는 타자를 전제로 하여 행동하고 있다면 결국은 믿는 것이 된다는 점이다. 『소비에트 대사전』의 독자들은 아무리 각성된 눈으로 당의 꼴사나운 행동을 주시하고 있다 하더라도, 결국은 스탈린 체제 속에 깊이 매몰되어 있었다고 생각해야만 한다.

다문화주의 아래에서 사람들은 그런 것을 알아채지 못한 채 믿고 있는 것이다. 필자는 이러한 상태를 '아이러니한 몰입'이라고 불러왔다. 아이러니한 몰입이란, 의식과 객관적인 행동 사이의 독특한 역립逆立 관계를 가리키는 것이다. 의식적 차원에서는 대상에 대하여 아이러니한 거리를 두고 있다('사실은 믿지 않는다'고 생각하고 있다). 하지만 행동의 차원에서 판단하면, 그 대상에 몰입하고 있는 것과 동일한 상태에 있다(실제로는 믿고 있다). 다문화주의적인 사회란 사람들의 아이러니한 몰입에 의해 성립되고 있는 것이다.

아웃소싱과 그 실패

아이러니한 몰입은 진심으로 믿고 있는 타자의 존재를 외부에 전제하고 있을 때 귀결된다. '신앙'이 그 타자에 전이되는 것이다. 현대사회에서 그런 타자는 있는가? 있다. 어디에 있는 누구인가? 예를 들어 제3세계의 원리주의자가 그렇다.

다문화주의적인 상대화가 시대사조인 상황 속에서 동시에 원리주의적인 절대화가 힘을 얻는 현상의 근거를 '아이러니한 몰입'의 메커니즘을 기초로 하여 생각해보면 이렇다. 만약 신앙을 전이시켜야 할 타자를 이미 외부에 상정할 수 없는 상태에 이르렀다고 한다면 어떨까? 즉 '바바누키(ババ抜き)'[15]의 '바바(조커)'를 누구에게도 건넬 수 없는 상태에 이르렀다고 한다면 어떨까? 직접적인 신앙이 회귀하게 될 것이다. 원리주의란 이러한 상태, 즉 '믿는 시늉을 하는 자신'과 '신앙을 그 위에 전이당한 타자'가 합치되어버린 상태가 아닌가?

현재의 글로벌 자본주의하에서는 '아웃소싱'이 광범위하게 활용된다. 기호분석가가 담당하는 일(기획, 디자인, 광고, 회계 등)은 '선진국'에 있는 모회사가 맡지만, 이른바 3K의 일(직접적인 물질적 생산)은 주로 '제3세계'에 있는 자회사에 위탁하는 것이다. 이와 유사한 형태로, 신앙도 말하자면 아웃소싱 되고 있는 것이다. 때로는 아웃소싱 전략을 빌려, 환경 기준 등 선진국의 엄격한 법적 규제를 피하려는

15 트럼프 놀이의 한 가지. 같은 수의 패 두 장이 짝지워질 때마다 판에 버려지는데, 마지막에 바바(보통은 조커)를 가진 사람이 지게 되는 게임이다. - 역자 주.

기업이 있다. 하지만 규제가 느슨한 외국 기업에 아웃소싱 한다 하더라도, 본질적으로 환경 파괴를 하고 있다는 점에는 변화가 없다. 신앙도 마찬가지이다. 아웃소싱 한다고 해서 광신의 죄에서 달아날 수는 없는 것이다.

그러나 '믿고 있는 타자'를 반드시 제3세계로 상정할 필요는 없다. 예컨대 생산을 어떤 나라의 기업이나 노동자에게 아웃소싱 한다고 하더라도 기대하던 만큼 고품질의 제품이 생산되지 못하는 경우도 있을 것이다. 그때는 어떻게 할까? 본국의 모회사가 자신들과 직속된 본국의 공장에서 생산하거나, 혹은 적어도 생산기술을 그 나라의 노동자들에게 직접 지도할 수밖에 없으리라. 신앙에 대해서도 마찬가지이다. 제3세계의 원리주의자를 '신용'할 수 없게 된다면, 그 역할을 선진국에서 떠맡을 수밖에 없다. 이렇게 하여 도출되는 '우리 사회' 안의 '믿고 있는 타자'야말로 보수화나 우경화를 짊어진 다소 철 지난 인상을 주는 국수주의자이다.

정리하자. '아이러니'와 '몰입'의 측면은 엄밀하게 상호의존적인 관계이다. 동시에 때로는 그 두 가지 측면을 한 사람의 개인이 혼자서 도맡아야 하는 때가 있다. 예를 들어 스탈린 체제하의 스탈린 자신도 그러했다. 오늘날의 보수화나 내셔널리즘의 담당자 또한 그렇다. 그렇기에 그들은 다문화주의로 진단되는 상대화를 경유한 뒤에야 내셔널리즘이나 우파적인 사상에 몰입하는 것이다.

한편으로, '일본은 일류 국가라고 생각하는가'라든지 '이제 국외로부터 배워야 할 것은 없다고 생각하는가'라는 질문을 정면에서 받으면 '그렇지 않다', '그럴 정도는 아니다'라고 답하면서 각성된 의식을 나타낸다(아이러니). 하지만 다른 한편으로, 어떤 만화나 애니메이션의 내용에 열광하고, 인터넷에 댓글을 쓰는 행위 등에서 나타나는 그들의 행동을 보면 거기에는 국수주의자적인 몰입을 인정하지 않을 수 없다.

동일한 것을 신앙에 대해서도 말할 수 있다. 한편으로, 신이나 부처 등의 전통적인 신앙 대상에 대해서는 그것을 조소하는 듯이 각성된 의식으로 접근한다. 하지만 다른 한편으로, 기적이나 저 세상, 혹은 영성 등의 대상에는 몰입적인 참여를 나타낸다. 아이러니의 측면과 몰입의 측면은 천칭과 같이 균형 잡혀 있으며, 서로가 서로를 지탱해주는 듯이 성립하고 있는 것이다.

암묵의 반反규범

그러나 아직 남은 문제가 있다. '믿고 있는 타자'의 신앙 내용이다. 그들은 왜 내이션의 대의大義, cause라든지, 비합리적인 종교 등 시대착오적인 것을 믿고 있는 것인가? 어째서 그들은 사회학적인 필연성이 결여된 지역적이고 특수한 이데올로기에 집착하는 것인가? 좀 더 단적으로 말하면, 그들은 왜 '인권의 이념'이나 '페미니즘'과 같은 '보편적' 가치를 주장하지 않는 것인가? 여기에는 '오타쿠'를 언급하면서 도출했던 원리가 들어맞는다. 보편성이 특수성 위로 대응되고 분절화된다는 원리 말이다.

보수화의 담당자들이 예컨대 '인권'과 같은 정치적 올바름Political Correctness을 지닌 '보편적 이념'에 대해 갖는 인상은 그것들이 기만적이고 위선적이라는 것이다. 그러나 최근의 좌파가 이전보다도 성격이 나쁘고 위선적인 사람이 많아졌다는 것은 물론 아니다. 그런 것이 아니라, 이러한 계몽적·근대적인 '보편성'을 기만적인 것으로서 나타나게 하는 구조적·사회적인 원인이 있는 것이다.

원래 다문화주의 같은 사상이 주창된 것은 오늘날에는 이미 어떠한 적극적인 가치나 이념도 그 보편성을 표방하는 것이 불가능해졌기 때문이다. 이전의 보편적이라고 믿어 왔던 계몽사상에서 유래한 근대적인 이념도 특수한 서양적인(지역적인) 것에 불과하다고 간주되고 있다. 요컨대 보편성은 오늘날에는 불가능한 것이다. 인권이나 평등과 같은 근대적인 '보편 개념'이 기만적인 인상을 가져다주는 것은 이 때문이다.

보편성이 불가능하다고 한다면, 거기에 생긴 공백은 보편성을 노골적으로 부정하고 유린하는 듯한 가치로 메꿔질 것이다. 또한 보편성을 노골적으로 거부하는 것이, 달리 말하면 특수성을 노골적으로 지지하는 것이 남겨진 유일한 조건에 솔직하게 기만 없이 응할 수 있는 방법이기 때문이다. 내셔널리즘이나 주술적인 신앙은 바로 그러한 '보편성의 대리'로서 기능하는 특수성인 것이다.

여기에서 개념적으로 설명한 원리는 우리가 경험적으로 잘 알고 있는 것이다. 대부분의 공동체는 '보편적'이고 올바른 명시적인 규범과 동시에, 그것을 모조리 부정하는 듯하지만 결코 명시되는 일 없는 모독적인 반反규범을 갖고 있다. 예컨대 몇몇 군대에서는 동성애가 명시적으로 금지되고 있지만 암묵적으로는 허용되며, 때로는 장려되기도 한다. 이러한 노골적인 예는 나치스의 친위대이다. 혹은 몇몇 가톨릭 교회에서는 때때로 스캔들로 보도되듯이 사제들이 소년애와 같은 도착적인 성행위에 탐닉하기도 한다. 혹은 사춘기 또래 집단에서는 음주나 흡연과 같이 사소한 행위라도 불가결한 '모독'으로서 활용된다. 한편으로는 학급위원장이 옹호하는 올바른 교칙이 있고, 다른 한편으로는 그것을 유린하는 듯한 교칙 위반이 있는 것이다.

공동체 성원에게는 때로 후자의 암묵적인 반규범쪽이 더 중요하고 구속력도 강하다. 명시적인 규범, 올바른 '보편적'인 규범에서 이탈해도 공동체로부터 배제되는 일은 없다. 하지만 후자의 반규범을 무시한다면 성원으로서의 자격을 실질적으로 잃게 되는 것이다. 예컨대 학생 수첩에 기재되어 있는 학교 규칙의 한두 가지를 위반하여도 친구들로부터 왕따는 당하지 않지만, 모두가 은밀하게 음주를 즐기고 있을 때 올바른 아이로서 그것을 거부하면 정말로 왕따를 당하게 된다. 이렇듯 결속력이 강한 공동체에는 일반적으로 명시적인 규범과 그것을 부정하는 암묵의 반규범이 있으며, 후자 쪽이 성원으로서의 자격에 있어서 더욱 중요하다.

정치적 올바름을 강조하는 좌파의 주장과 보수파의 위악적인 주장 사이의 관계는 결속력이 강한 공동체에서 발견되는 명시적인 규범과 암묵적인 반규범 사이의 관계와 유비적이다.[16] 좌파로서는

16 일찍이 좌파적인 행동이야말로 일탈적인 반규범을 대표하였다. 그러나 오늘날 그 관계는 역전되었다. '일찍이'란 언제인가? 이는 이상의 시대(1945~1970)까지를 말한다. 허구의 시대(1970~1995) 이후, 규범을 둘러싼 좌파와 우파의 위치가 역전된 것이다. 왜 역전되었는가? 그 직접적인 원인은 본문에서 설명한 바와 같다. 보편성을, 보편적인 가치의 타당성을 이제는 믿지 않기 때문이다.

보수파의 주장을 도덕적으로 규탄해도 그다지 효과는 없으리라. 군기를 앞세워 동성애를 비판하여도, 군대에서 벌어지는 은밀한 동성애가 사라지는 일은 없는 것처럼 말이다. 학급위원장이 교칙을 인용하면서 주의를 준다 해도, 젊은이들의 일탈 행위가 멎는 일은 없다. 암묵의 반규범은 명시적인 규범이 자신의 한계를 통해 산출해낸 자신의 보완물과 다름없기 때문이다.

역자 후기

그는 결에 거슬러서 역사를 솔질하는 것을 자신의 임무로 여긴다.

-발터 벤야민-

주지하듯이 제1차 세계대전이 촉발했을 때, 각국의 사회주의 정당과 노동조합의 연방 조직인 제2인터내셔널은 각국의 전쟁 참가를 지지했다. 사회주의자들의 이런 애국주의적인 태도는 하나의 역설을 시사하고 있다. 보편주의자들이 완전히 특수주의적으로 행동했다는 역설 말이다. 보편주의로서의 마르크스주의에 준거한다면 그들은 국적이나 민족과 관계없는 보편적 이념에 기초하여 서로 연대하고 이상 사회를 위한 혁명에 종사해야 한다(만국의 노동자여 단결하라!). 하지만 그들이 실제로 준거한 것은 국가별로 특수한 이해와 대의였다. 이 역설을 우리는 어떻게 해석해야 할까? 일종의 도착perversion과도 같은 보편주의의 내셔널리즘으로의 반전은 단지 이 사건에 국한된 예외적 사건일까? 아이러니하게도 현대사회에서 이러한 반전(공존)은 곳곳에서 발견되고 있다.

현대사회에서 가장 보편주의적인 사회사상은 무엇일까? 다문화주의가 아닐까 생각된다. 다문화주의는 오늘날의 시대적 유행사상이다. 2000년대 새로운 세기의 벽두에 혼종성을 주장하며 세계의 주목을 이끈 『제국』의 논자들의 실천적인 함의 역시, 비록 그들이 전형적인 다문화주의의 옹호자라는 포스트모더니스트들에게는 비판적이었다고 하더라도 결국은 다문화주의적인 공생을 옹호하는 것이 된다.

일찍이 지젝은 한 시대의 핵심을 담아내는 가장 좋은 방법은 그것의 사회적이고 이데올로기적인 건축물을 규정하는 뚜렷한 특징들이 아니라, 한 시대에 늘 붙어 다니는 거부된, 그럼에도 불구하고 존속하고 있고 계속하여 효력을 발휘하는 망령들에 초점을 두어야 한다고 말한 바 있다(『무너지기 쉬운 절대성』). 그렇다면 이론적으로든 실천적으로든 다문화주의에 끊임없이 붙어 다니며 거부되고 있는 망령이란 무엇인가? 바로 '내셔널리즘'이다.

오늘날 강력한 '보편성'의 옹호자로서 규정되고 있는 다문화주의는 '특수성'에 머무는 내셔널리즘에 대하여 유효한 비판적인 관점을 제시하고 있다고 생각된다. 하지만 실제로 다문화주의는 현대 내셔널리즘과 엄밀히 연동하며 공진하고 있는 것이다. 오히려 보편성이 제대로 기능하지 않는 오늘날에야말로, 내셔널리즘은 '예외적 보편자'로서 강력하게 회귀하고 있다. 다문화주의는 이러한 회귀하는 내셔널리즘의 비판자이기는커녕, 오히려 그 한 가지 표현이기도 하다. 이것은 자본주의 시스템의 도식적인 발전 모델과의 연관 속에서 다문화주의를 파악할 때 쉽게 드러난다.

현대 사회가 '제국'이라는 네그리 등의 묘사에 설득력을 부여하고 있는 것은 국경을 부정하는 듯한 다국적기업을 비롯하여 자본의 자유로운 흐름에 있다. 이러한 흐름은 우리에게 '제국'이라는 세계적인 통일적 주권이 성립하고 있다는 주장에 설득력을 부여하고 있는 것이다. 이제 국민국가가 정치적·경제적인 경쟁에 봉사하고 있다는 고전적인 묘사는 완전히 빛바랜 것이 되었다. 이 점을 염두에 두면서 자본주의의 발전을 도식적인 이념형으로서 정리해보자.

첫 번째 단계로, 자본주의가 주로 국민국가의 영역 내에서 전개되는 단계가 있다. 노동력의 공급원도 소비자도 국내시장에 있다. 물론 이 단계에서도 국가 간의 무역이 수반되고 있지만 중심은 어디까지나 국내시장에 있다.

두 번째 단계로, 자본주의가 국민국가의 범위를 넘어서 확대되고 식민지 관계가 생기는 듯한 단계로 들어간다. 자본주의의 외부로의 이러한 확대는 자본주의가 '생산자로서의 노동자 / 소비자로서의 생산자'의 차이에 의존하고 있는 이상(즉 노동자가 소비하는 것보다 많은 것을 생산하지 않으면 안 되는 이상)은 불가피하다. 이른바 자본의 유기적 구성(자본 전체에 불변자본이 점하는 비율)이 상승하는 것에 반비례하게 노동자의 구매력은 생산된 상품에 대하여 상대적으로 저하되지 않을 수 없기 때문이다. 잉여가치를 실현하고 과잉생산에 의한 이윤의 감소를 회피하기 위해서는 자본주의는 윤택한 소비자가 있는 외부 시장을 필요로 한다. 이렇게 자본의 외부에서 발견된 시장이 자본주의로 내부화되는 것이다.

이처럼 외부로의 확대를 통한 자본주의적 관계란 우선은 종주국이 식민지화한 나라들을 경제적으로 착취하고 문화적·정치적으로 지배하는 관계이다. 이것이 '세계시스템론'에서 말하는 '중심-주변' 관계의 전형이다. 이는 식민지가 독립한다 해도 실질적인 관계는 끝나지 않는다. 즉 제도화된 정치적 지배는 종결하지만, 실질적인 경제적 착취는 남아 있는 듯한 시스템이 지속되는 것이다. 요컨대 식민지가 독립한 '국민국가'가 되고 형식적인 주권을 획득하여도, '중심'인 옛 종주국에 착취되는 종속적인 '주변'으로서의 지위를 이탈할 수 없는 것이다. 중심국에 의한 주변국의 이러한 경제적·정치적 지배가 이른바 제국주의이다.

이상의 두 단계, 즉 국민국가의 단계와 그 확대로 인해 생긴 제국주의의 단계는 아직 '제국' 이전의 질서에 속해 있다. 여기서 주목할 것은 다문화주의는 이러한 단계, 특히 두 번째 자본주의 단계의 이데올로기적인 표현이 되었다는 점이다. 다문화주의는 다양한 문화와 생활양식의 평등한 공존과 존중을 지지하는 보편주의에 입각해 있다. 이 관계는 사실 세계 시스템 안에서 각각의 국민국가에 완전히 평등한 주권이 부여되는 상태와 동형인 것이다.

그러나 자본주의의 발전 모델이 시사하고 있는 것은 이러한 시스템의 파악에는 기만이 있다는 점이다. 형식적인 평등이 중심국의 실질적인 정치적·경제적인 지배, 즉 제국주의적인 관계를 은폐하고 있기 때문이다. 다문화주의 역시 이러한 기만적인 보편성에 기초하고 있다. 확실히 다문화주의는 보편주의적인 관용의 태도를 보이고는 있지만, 그것은 실질적으로는 서유럽의 특수한 문화적 패권을 전제로 하고 있기 때문이다. 다문화주의에서 관용성의 전제가 되는 공공적인 공간은 특수한 지역으로서의 서유럽에 유래하는 이념과 규범에 의해 규제되고 있는 것이다. '식민화하는 국민국가 없는 식민화'라는 역설을 내포하고 있는 전 지구적 자본주의와 마찬가지로 오늘날의 다문화주의는 특수한 지역적 문화들에 대한 시혜적인 유럽중심주의적 존중이라는 역설을 내포하고 있다.

그뿐만이 아니다. 다문화주의자가 다양한 문화나 신앙이 심각한 갈등을 일으키지 않고 하나의 사회 공간 속에 평화롭게 공존할 수 있다고 소박하게 전제할 수 있는 것은 왜인가? 저자가 지적하고 있듯이, 다문화주의는 문화와 신앙을 '사적인' 취미와 같은 것으로 간주하고 있기 때문이다. 신앙은 원래 진리로의 참여이다. 진리는 정의상 하나이기에 배타적일 수밖에 없다. 하지만 다문화주의에서 그러한 신앙은 허용될 수 없다. 그것이 허용되기 위해서는 진리에 참여하는 것이 '사적인' 취미와 같은 것이어야 한다. '나는 당신이 이슬람교를 믿는 것을 인정합니다. 단 사적인 취미라고 한다면'이라는 것이다.

다문화주의는 다양한 종교, 다양한 생활양식의 관용적인 공존을 강조하는 것이지만, 결과적으로 각각의 종교와 생활양식을 사적인 취미와 같은 것으로 간주한 뒤에야 그것을 허용한다. 이는 달리 말하면 보편적인 진리로서 교의에 참여하는 듯한 신앙, 즉 다른 진리를 인정하지 않는 신앙은 부정되어야 한다는 것이다. 이는 진정한 신앙의 부정과 다름없다. 이것이 다문화주의가 은폐하고 있는 '보편성의 기만'이다. 따라서 현재 진행되고 있는 다문화주의의 가면 속에는 '보편성의 기만'으로서의 내셔널리즘의 망령이 들러붙어 있다고 볼 수 있다. 원래 다문화주의 같은 사상이 주창된 것은 오늘날에는 이미 어떠한 적극적인 가치나 이념도 그 보편성을 표방하는 것이 불가능해졌기 때문이다. 신의 죽음 이후 보편적이라고 믿어 왔던 계몽사상에 유래하는 근대적인 어떠한 이념도 이제는 특수한 것에 불과하다고 간주되고 있다. 오늘날 보편성은 불가능한 것이다. 내셔널리즘은 이러한 불가능한 '보편성의 대리'로서 기능하는 특수성인 것이다.

그렇다면 문제는 역시 내셔널리즘이다.

*

이 책 『내셔널리즘의 역설—상상의 공동체에서 오타쿠까지』는 이러한 보편주의의 도착이야말로 현대 내셔널리즘의 본질이라고 주장한다. 저자에 따르면 내셔널리즘은 상호 배반하는 두 가지 지향성의 교차, 즉 '특수주의와 보편주의의 교차' 위에서 성립한다.

일찍이 앤더슨이 '상상의 공동체'를 통해 제기했던 내셔널리즘의 역설, 즉 근대적인 내셔널리즘이 고대적인 현상으로 보이는 역설에서부터 오늘날 다문화주의하의 젊은이들이 국수주의자로 변모하는 아이러니한 현상의 배후에는 이러한 '특수주의와 보편주의의 교차'라는 내셔널리즘의 메커니즘이 작동하고 있는 것이다.

오늘날 내셔널리즘의 융성은 현대사회에서의 '보편적 규범의 허무화'에 대응한 일종의 심리적 방어기제이다. 우리에게 삶의 의미를 제공했던 근대적 유토피아의 이상이 파국의 가능성으로 폭로 되면서 이제 계몽된 우리의 지적인 머릿속에는 적나라한 현실과 관습적인 외양 사이에서 우아하게 부유하는 '세속적 지식'만이 쌓여간다. 페터 슬로터다이크는 이러한 지식의 형국을 '냉소적 이성'이라고 명명한 바 있다. 현대 젊은이들의 냉소적 이성은 의식적 차원에서는 이데올로기의 작용을 비웃으면서도 현실적 차원에서는 여전히 그것이 유효하다고 생각하고 유순하게 그것을 따른다. 이러한 태도를 저자는 '아이러니한 몰입'으로 해석한다. 그들은 이데올로기적 가면과 실재 사이의 거리를 잘 알고 있음에도 불구하고 아이러니하게 가면에 몰입하는 것이다. 내셔널리즘은 허무를 가리는 일종의 가면이다.

저자는 그의 다른 저작 『내셔널리즘의 유래』에서 내셔널리즘을 카프카의 「법의 문」의 메타포로서 읽어내고 있다. 주지하듯이 카프카의 『심판』 안에 들어 있는 유명한 이야기 「법의 문」의 내용은 다음과 같다.

법의 문 앞에 시골에서 온 남자가 다가온다. 문 앞에는 문지기가 있다. 시골에서 온 남자는 문 안으로 들어가기를 요구하지만, 언제까지고 문지기로부터 들어가라는 허락은 내려지지 않는다. 그렇지만 실제로 문은 크게 열려 있으며 남자는 마음만 먹으면 얼마든지 문을 통과할 수 있다. 그럼에도 불구하고 시골 남자는 이해할 수 없을 정도로 유순하게 오로지 문지기의 허락만을 기다리고 있다. 결국 마지막까지 허락을 받지 못한 채 남자는 죽어 가게 되는데, 그때 하나의 비밀이 풀린다. 남자는 수년 동안 문 앞에서 기다렸지만 그동안 자신 이외의 누구도 문에 들어가기 위해 온 사람이 없었던 이유가 무엇이냐고 문지기에게 물었다. 이에 문지기는 "이 문은 단지 너만을 위한 것이다."라고 답했다. 그리고 남자가 눈을 감자마자 문지기가 처음으로 법의 문을 닫고 떠났다.

카프카의 「법의 문」에서 법은 순수한 형식으로까지 환원되어 있다. 즉 여기에서 법은 의미가 거의 무無화 되어 있으면서 효력만은 유지되고 있는 규범인 것이다. '이 문을 통과해서는 안된다'는 명령에는 어떠한 근거도 대의도 없음에도 불구하고, 시골에서 온 남자의 행동을 완전히 포획하고 있기 때문이다. 한편, 오늘날의 종교적 원리주의의 융성, 내셔널리즘의 세계적인 유행을 생각해 보면, '법의 문'의 에피소드는 단지 순수한 공허, 순수한 사고 실험에 머무르지 않는다. 에스노 내셔널리즘이나 종교적 원리주의는 카프카적인 의미에서 순수히 형식화된 법(규범) 지배의 일종으로 볼 수 있다. 내셔널리즘과 종교적 원리주의에는 그것들을 유효화하거나 정당화하는 어떤 근거나 대의도 현대의 후기자본주의사회 안에는 존재하지 않는 듯이 보이기 때문이다. 즉 이것은 아무것도 아닌 '무'이다. 내셔널리즘과 원리주의가 횡행하고 있는 현재, 우리는 법의 문 앞에 서있는 시골 남자와 마찬가지로 이해할 수 없이 유순하게 저 '무'를 따르고 있는 것이다.

저자가 이 책에서 '천황의 신체'를 통해 확인했듯이, 근대사회에서 자신이 따라야만 하는 규범은 왕과 같은 구체적인 신체성과 독립하여 극도로 추상화된다. 오늘날 이 극도로 추상화되어 0도로 환원되어 버린 규범(저자의 용어로는 '제3자의 심급')을 대리하는 것이 바로 내이션이라는 '상상의 공동체'인 것이다. 보편주의에 대한 무한의 지향성이 이른바 역설적인 방식으로 특수주의적인 공동체로 반전되었을 때 나타나는 것, 이것이야말로 현대 내셔널리즘의 '역설'이다.

*

이제 내셔널리즘의 문제를 우리의 문제, 즉 한일 관계를 축으로 생각해 보자. 저자는 이 책에서 일본의 전후에 대해 '원죄'를 짊어진 출발이었다고 말하고 있다. 원죄란 물론 근대적인 국민국가로 성립한 이래 일본이 관여해 온 전쟁에 대한 죄, 특히 제2차 세계대전의 일환이 된 아시아 침략 전쟁에 대한 죄를 말한다.

그렇기에 전후 일본에서 '내셔널리즘'이라는 용어는 줄곧 좋지 않은 이미지로 여겨져 왔다. 일본에서의 진보파는 내셔널리즘의 징후에 대하여 항상 경계와 비판의 태도를 취하며 내셔널리즘의 담론이 전쟁 이전의 회귀나 군국주의의 부활로 이어지지 않을까 주시했으며, 보수파 역시 아메리카 민주주의라는 명분에 따라 일부러 정치적 풍파를 일으키지 않겠다는 제스처 속에서 내셔널리즘은 표면적으로 부정되고 봉인되어 왔다. 이런 점에서 일본에서 '내셔널리즘'이라는 기표는 이른바 사고 금지의 상징이었다.

그러나 실제로 일본의 내셔널리즘은 고도경제 성장의 그늘에 은폐되고 억압된 채, 갖가지 형태로 변형되며 내부로 잠식해 가고 있었다. 내셔널한 문제가 금기와 터부로 여겨져 공론장에서 거론되지 못하는 사이, 이에 대한 반동으로 오히려 일본인 한 사람 한 사람의 내면 깊숙이 내셔널리즘의 의식이 침투되었던 것이다. 억압되었던 내셔널리즘은 90년대 이후 버블 경제의 거품이 사라지고 장기 불황이 계속되면서, 미국에 대한 의존, 종속의 한계로 의식되었고, 경제 불황에 대한 불안, 아시아 국가들의 사죄 요구에 대한 불만, 중국과 한반도에 대한 공포 등을 매개로 오늘날 위로는 일본의 정치인에서부터 아래로는 일본의 젊은이들에 이르기까지 네오내셔널리즘이 일본 전체를 뒤덮는 형태로 대두하고 있다. 이러한 현상은 90년대 '역사 교과서 다시 쓰기' 운동을 시작으로 현재 아베 내각에서 보이듯이 원죄로 여겨져 온 과거 전쟁을 정의의 전쟁으로 둔갑시키고, 미국으로부터 강요당한 헌법 제9조의 전쟁포기조항은 폐기되어야 한다는 주장에서 내셔널리즘의 정점을 이루고 있다. 즉 전후 내셔널리즘의 억압이 역설적인 방식으로 오늘날 일본의 네오내셔널리즘으로 반전되어 나타나고 있는 것이다.

사죄와 망언을 반복하며 자신의 잘못을 인식하고 있음에도 그것을 인정하지 못하는 일본의 이러한 '비틀린' 구조를 저자는 한국어판 서문에서 정신분석학 용어를 빌려 '부인否認'의 메커니즘으로 설명하고 있다. 즉 자신들(일본인)이 저지른 잘못이 너무 커서 그것들을 받아들였을 때 '일본인'이라는 정체성이 훼손당하게 되면, 그 잘못을 부인하고자 하는 메커니즘이 작동하며 잘못에 대해 적극적으로 사죄하거나 책임지는 것이 불가능해진다는 원리이다. 즉 '일본' 또는 '일본인'이라는 정체성에 자기애自己愛적으로 집착하는 한, 일본인은 한국인들에게 사죄하거나 그에 상응하는 행동을 취하는 것이 어려워진다.

근대적 계몽의 이념이 소실되고 근대적 이성의 텅 빈 자리를 메꾸며 등장한 현대의 냉소적 이성 역시 국민적 정체성에 대한 자기애적 집착을 강화시킨다. 나는 내가 지금 무엇을 하고 있는지를 잘 알고 있다. 하지만 나의 상황이 나를 이렇게 하도록 만든 것이라는 자신의 행동에 대한 영구적 회의를 내면에 설치함으로써 자기 자신을 희생자로 설정하고 자신에게 이해심을 보이는 필사적인 '자기 보존 윤리'의 형태를 취하면서 말이다.

여기에 내셔널리즘의 역설이 있다. 한편으로는 과거의 역사에 비추어 일본인이 한국인들(아시아인들)에 대해 잘못했던 점을 인정하고 그것에 대해 어떤 식의 책임을 자각하기 위해서는 당연히 '일본인'이라는 정체성을 수용해야 한다. 그러나 다른 한편으로는 '일본인'으로서의 자존심을 지키고자 하면 할수록 일본인은 동일한 잘못을 도저히 받아들이기 힘들어지며 자신들 역시 희생자라는 감각을 강화시키게 되는 것이다. '한국인' 역시 국민으로서의 정체성에 준거하는 한 일본의 과거에 대한 비난과 반일 감정은 끊이지 않을 것이다. 그러나 동시에 '한국인'으로서의 정체성을 받아들인 주체가 아니고서는 일본인을 질책하거나 반대로 용서할 수 있는 자격은 없다. 이러한 내셔널리즘의 딜레마야말로 앞으로 한일 관계의 새로운 구축을 위해 우리가 풀어내야 할 과제인 것이다.

*

이 책의 원제는 원래 『근대 일본의 내셔널리즘近代日本のナショナリズム』이다. 그러나 번역을 위해 읽기를 수차례 반복할수록 제목을 '근

대 일본'으로 한정시키기에는 너무 협소하다는 인상을 지울 수 없었다. 책의 본문을 읽으면 이 말의 의미를 곧 파악할 수 있겠지만, 본문 내용은 결코 일본만의 내셔널리즘으로 한정되지 않으며, 고전적 내셔널리즘과 현대적 내셔널리즘을 아우르는 총괄적 내셔널리즘론에 더욱 가깝다고 볼 수 있다. 따라서 한국어판은 주제의 범위를 좀 더 포괄적으로 담아내고 저자가 의도하는 바가 잘 전달될 수 있도록 『내셔널리즘의 역설—상상의 공동체에서 오타쿠까지』로 바꾸었다. 여기에는 '일본'의 내셔널리즘으로 협소하게 명명됨으로써, 혹시 '일본' 외부에 있는 독자와 만날 기회가 상실되지는 않을까 하는 안타까움과 이 책의 감수성을 더 많은 독자와 공유하고픈 역자의 기대가 함께 반영되어 있다.

한국어판 제목 『내셔널리즘의 역설—상상의 공동체에서 오타쿠까지』는 역자의 사고 실험 반복을 통해 도출된 것이다. 생각해보면 『회귀하는 내셔널리즘』, 『파국과 구원의 내셔널리즘』, 『내셔널리즘의 귀환』, 『내셔널리즘이라는 수수께끼』 등 제목에 대해 많은 선택의 가능성이 있었다. 『내셔널리즘의 역설—상상의 공동체에서 오타쿠까지』로 이미 정하고 나서도, 최종적으로 이 제목이 적절한지에 대한 확신은 여전히 없다. 여하튼 원제를 번역자의 해석에 맞추어 바꾸는 일은 쉽지 않은 결단이며 이미 번역자의 손을 떠난 지금도 불안함과 조심스러움이 마음을 짓누르지만, 이 제목이 저자와 독자에게 누가 되지 않기를 바랄 뿐이다.

*

이 책을 번역하면서 가장 감사드려야 할 분은 이 책의 저자이신 오사와 마사치 교수님이다. 개인적으로 이 책의 번역은 역자의 유학 시절 은사님이셨던 오사와 교수님께 드리는 제자의 작은 보답과 같은 것이다. 그 큰 가르침에 어떻게 견줄까마는 은사님의 책을 번역하는 작업은 일본 유학 중에 늘 꿈꾸던 작은 소망 중 하나였다. 하지만 배움의 시간이 길어질수록, 자신의 부족한 지적 역량만 스스로 확인하는 꼴 같아 쉽사리 엄두를 내지 못했다. 아직도 부족하기 그지없지만, 이제야 자신과의 화해를 통해 미약하게나마 보답의 기회를 가지게 된 것에 감사하고 기쁘다. 언어도 잘 안 되는 상태에서 무작정 일본의 내셔널리즘에 대해 공부하고 싶다며 일본 유학을 선택했던 시절의 무모함과 젊은 치기를 떠올리면 지금도 얼굴이 뜨거워지고 헛웃음이 나온다. 지금에서야 웃을 수 있다고 말하지만 그때는 알 수 없는 상실감과 폐배감에 괴로웠으며 내 존재의 의미를 찾을 수 없어 애태우고 방황하던 시기였다. 그저 알 속에서 웅크린 채 마냥 고통스럽기만 하던 시기에 교수님과의 만남은 이 어둠의 시간을 종언시키는, 마치 역사의 바깥에서 섬광처럼 오는 메시아적 구원과도 같았다. 처음 하나의 세계가 깨지는 순간이었다. 번역 과정에서 다시금 그 시절을 상기하면서, 지금껏 자신의 지난했던 삶을 애도한다는 명목으로 애써 그 시간들을 부인하고자 했던 사실에 미안해지고 숙연해졌다. 어쩌면 그것은 의식할 새 없이 잠입해 들어오는 역사(기억)의 타자성에 대한 일종의 폭력이었는지 모른다.

이 책의 제3장에도 쓰여 있지만 우리는 사후적 시점에서 역사를 재구성한다. 사후적 시점에서 역사는 '지금 여기'로 다다를 필연의 연쇄로 보이지만, 사실 역사의 과정에 참가하고 있는 자에게 역사란, 매 순간의 우연한 선택에 불과하다. 즉 '다를 수도 있었다'라는 수많은 가능성 안에서 '이것'이 실현되고 또한 선택되어 가는 것의 연쇄였던 것이다. 하지만 사후적 시점에서 역사를 파악하면 역사의 여러 과정 안에 배태되어 있었던 수많은 괴로움 가득한 선택의 계기들, '다를 수도 있었다'라는 가능성은 역사에 기입되지 못한 채 사라지고 망각된다. 그러나 중요한 것은 이 역사의 선택에는 항상 역사 속에 기입되지 못한 '다를 수도 있었다'는 가능성, 오직 이러한 가능성의 영역에서만 의미를 부여받는 사람들 혹은 사건들이 함께 존재했다는 사실 아닐까? 우리는 너무 쉽게 이러한 가능성들을 망각해버리지는 않은가? 벤야민의 말을 빌려 저자도 언급했듯이, 기입된 역사에 메시아적 힘이 있는 것이 아니라, 과거에 실현의 기회를 놓쳐버린 가능태, 즉 '다를 수도 있었다'는 그 실패한 가능성 속에 메시아적 힘이 있는 것이다. 현재의 역사에 등록되지 못한 이 패자의 역사야말로, 수많은 희망과 소망, 간절함의 묘지이기 때문이다.

이 번역 작업은 이러한 기입되지 못한 수많은 희망과 소망, 간절함의 결정체이다. 오사와 교수님은 일본어판 서문에서 이 책이 2011년 3월 11일의 동일본 대지진을 계기로 일본의 내셔널리즘에 관한 성찰을 사변에서뿐만이 아니라 우리들이 살아가는 실천 속에서 실감하고 반성하기를 소망한다고 밝히셨지만, 비단 이는 '일본'에 국한된 것만은 아니리라. 우리는 너무 쉽게 일본의 내셔널리즘은 반성되어야 한다고 요구하면서, 한국의 내셔널리즘에 대해서는 눈감아버리고 있지는 않은가?

3월 11일의 동일본 대지진이라는 파국이 내셔널리즘에 대한 새로운 '성찰'과 '환대'의 가능성을 타진하는 하나의 사건이 되었듯이, 이 책이 현재 파국으로 치닫고 있는 한일 관계에서 서로의 내셔널리즘의 한계와 도착을 넘어 새로운 성찰과 환대의 가능성을 불러내는 구원의 계기가 되길 바란다.

끝으로 이 책이 발간되기까지 많은 노력을 기울여주신 어문학사의 윤석전 사장님을 비롯한 출판사 관계자분들께 감사드리며, 오랜 유학 시절부터 지금까지 변함없는 사랑과 믿음으로 용기를 주시는 부모님 그리고 사카노 유스케 씨에게 깊은 존경과 감사를 전한다.

2014년 1월

역자 김선화

참고 문헌

Anderson, B.(1983), *Imagined Communities : Reflections on the Origin and Spread of Nationalism*, Verso.

Anderson, B.(1990), *Language and Power : Exploring Political Cultures in Indonesia*, Cornell University Press : Ithaca.

Anderson, B.(1998), *The Spectre of Comparisons : Nationalism, Southeast Asia, and the World*, Verso.

Benjamin, W.(1636~1939) *Das Kunstwerk im Zeitalter seiner technischen Reproduzierbarkeit.* (佐々木基一訳〔1999〕, 『技術複製時代の芸術』, 作品社).

Foucault, M.(1966), *Les Mots et les Choses*, Gallimard.

Foucault, M.(1975), *Surveiller et Punir*, Gallimard.

Foucault, M.(1976), *Histoire de la Sexualité Vol I : La Volonté de savoir*, Gallimard.

Fujitani T.(1996), *Splendid Monarchy*, Berkeley : University of California Press.

Gellner, E.(1983), *Nations and Nationalism*, Blackwell Publishing.

Hobsbawm, E.(1992), *Nations and Nationalism Since 1780*, Cambridge University Press.

Juergensmeyer. M.(1993), *The New Cold War? Religious Nationalism Confronts the Secular State*, University of California Press.

Kant, I.(1787), *Kritik der reinen Vernunft.* (宇都宮芳明訳〔2004〕, 『純粋理性批判』 上・下, 以文社).

Kant, I.(1788), *Kritik der praktischen Vernunft.* (宇都宮芳明訳〔2004〕, 『実践理性批判』, 以文社).

Kant, I.(1790), *Kritik der Urteilskraft.* (宇都宮芳明訳〔2004〕, 『判断力批判』 上・下, 以文社).

Kantorowicz, E.(1957), *The King's Two Bodies : A Study in Mediaeval Political Theology*, Princeton University Press.

Levinas, E.(1961), *Totalité et Infini : essai sur l'extériorité*.(熊野純彦訳〔2005〕,『全体性と無限』上·下, 岩波文庫).

Levinas, E.(1980), *Le Temps et l'Autre*.(原田佳彦訳〔1986〕,『時間と他者』, 法政大学出版局).

Marx, K.(1852), *Der achtzehnte Brumaire des Louis Bonaparte*.(植村邦彦訳〔2008〕,『ルイ·ボナパルトのブリュメール十八日』, 平凡社).

Ngri, A.& Hardt. M.(2000), *Empire*, Havard University Press.

Seton-Watson, H.(1977), *Nations and States : an Enquiry into the Origins of Nations and the Politics of Nationalism*, Westview Press.

Smith, A. D.(1986), *The Ethnic Origins of Nations*, Basil Blackwell.

Stalin, J.(1995), *Stalin's letters to Molotov*, Yale University Press.

Yalman, N.(1993), *The Perfection of Man: The Question of Supra-Nationalism in Islam*.(高橋巌根訳,「人間精神の完成―イスラームにおける超ナショナリズムの問題」『思想』, 823号).

Žižek, S.(1992), *Looking Away*, MITPress.

Žižek, S.(1997), *The Plague of Fantasies*, Verso.

Žižek, S.(1998), *Multiculturalism, or the Cultural Logic of Multinational Capitalism*(和田唯訳,「多文化主義, あるいは多国籍資本主義の文化の論理」『批評空間』Ⅱ-17, Ⅱ-18).

Žižek, S.(2008), *Violence*, Profile Books.

赤坂憲雄(1990),『象徴天皇の物語』, 筑摩書房.

東浩紀(2001),『動物化するポストモダン』, 講談社現代新書.

江藤淳·小掘桂一郎編(1986),『靖国論集—日本の鎮魂の伝統のために』, 日本教文社.

大蔵栄一(1971),『二·二六事件への挽歌』, 読売新聞社.

大澤真幸(1996),『虚構の時代の果て』, ちくま新書.

大澤真幸(2002),『文明の内なる衝突』, NHK出版.

大澤真幸 編(2002),『ナショナリズム論の名著50』, 平凡社.

大澤真幸(2004),『帝国的ナショナリズム——日本とアメリカの変容』, 青土社.

大澤真幸(2007),『ナショナリズムの由来』, 講談社.
大澤真幸(2007),「ナショナリズムという謎」『ナショナリズム論・入門』, 有斐閣.
大澤真幸(2008),『不可能性の時代』, 岩波新書.
大澤真幸(2009),『増補 虚構の時代の果て』, ちくま学芸文庫.
折口信夫(1927・1928),「水の女」『民族』Ⅱ-6・Ⅲ-2.
折口信夫(1946),「女帝考」『折口信夫 20』所収, 中央公論社.
柄谷行人(1978),『マルクスその可能性の中心』, 講談社.
柄谷行人(2001),『トランスクリティーク』, 批評空間社.
柄谷行人(2004),「ネーションと美学」『定本 柄谷行人4—ネーションと美学』, 岩波書店.
北田暁大(2005),『嗤う日本の「ナショナリズム」』, NHKブックス.
久野収・鶴見俊輔(1956),『現代日本の思想』, 岩波書店.
窪塚洋介(2001),『GO-窪塚洋介』, ワニブックス.
小林秀雄(1933),「故郷を失った文学」『文藝春秋』5月号.
佐藤卓己(2005),『八月一五日の神話』, ちくま新書.
塩原良和(2007),「ネオリベラル多文化主義の台頭と移民の選別/管理/排除」, 関東社会学会.
高橋哲哉(2005),『靖国問題』, ちくま新書.
武田信明(1995),『＜固室＞と＜まなざし＞』, 講談社.
田中克彦(1981),『言葉と国家』, 岩波書店.
中島岳志(2006),「窪塚洋介と平成ネオ・ナショナリズムはどこへ行くのか」『論座』1月号.
中島岳志(2007),「思想と物語を失った保守と右翼」『論座』7月号.
中村生雄(1995),『折口信夫の戦後天皇論』, 法藏館.
夏目漱石,『草枕』, 岩波書店.
夏目漱石,『三四郎』, 岩波書店.
夏目漱石,『こころ』, 岩波書店.
西田幾多郎(1926),「場所」『哲学研究』6月号.
西田幾多郎(1932),『私と汝』, 岩波書店.
西田幾多郎(1940),『日本文化の問題』, 岩波書店.
野口武彦(1994),『三人称の発見まで』, 筑摩書房.

橋川文三(1960),『日本浪漫派批判序説』, 未来社.

橋川文三(1994),『昭和ナショナリズムの諸相』, 名古屋大学出版会.

蓮實重彦(1991),「'大正的'言説と批評」『批評空間』Ⅱ, 夏季号.

堀田吉雄(1966),『山の神信仰の研究』, 伊勢民俗学会.

益田勝美(1973),「『炭焼日記』存疑」『柳田国男研究』(神島二郎編), 筑摩書房.

松浦寿揮(1995),『折口信夫論』, 太田出版.

三土修平(2005),『靖国問題の原点』, 日本評論社.

柳田国男(1909),「山民の生活」『柳田國男全集5』所収, 筑摩書房.

柳田国男(1909),『後狩詞記』『柳田國男全集1』所収, 筑摩書房.

柳田国男(1910),『遠野物語』『柳田國男全集2』所収, 筑摩書房.

柳田国男(1945),『先祖の話』『柳田國男全集13』所収, 筑摩書房.

NHK放送文化研究所(2010),『現代日本の意識構造(第七版)』, NHK出版.

색인

ㄱ

ㄴ

ㄷ

ㄹ

ㅁ

ㅇ

ㅈ

ㅊ

ㅋ

ㅌ

ㅍ

ㅎ

내셔널리즘의 역설

—상상의 공동체에서 오타쿠까지—

초판 1쇄 발행일 2014년 3월 28일

지은이 오사와 마사치(大澤真幸)
옮긴이 김선화
펴낸이 박영희
편집 배정옥·유태선
디자인 김미령·박희경
인쇄·제본 태광 인쇄
펴낸곳 도서출판 어문학사

서울특별시 도봉구 쌍문동 523-21 나너울 카운티 1층
대표전화 : 02-998-0094/편집부1 : 02-998-2267, 편집부2 : 02-998-2269
홈페이지 : www.amhbook.com
트위터 : @with_amhbook
블로그 : 네이버 http://blog.naver.com/amhbook
다음 http://blog.daum.net/amhbook
e-mail : am@amhbook.com
등록 : 2004년 4월 6일 제7-276호

ISBN 978-89-6184-329-4 93910
정가 16,000원

이 도서의 국립중앙도서관 출판시도서목록(CIP)은 e-CIP홈페이지(http://www.nl.go.kr/ecip)와
국가자료공동목록시스템(http://www.nl.go.kr/kolisnet)에서 이용하실 수 있습니다.
(CIP제어번호 : CIP2014008268)